KB271979

부동산 절세법

합법적으로 덜 내는 부동산 절세법

이환주 지음

원앤원북스

부의 증식보다 중요한 것은
부를 '지키는 힘'입니다

금융의 본질은 고객의 소중한 자산을 안전하게 지키고, 그 가치를 지속 가능하게 키워가는 데 있습니다. 오늘날 부동산 시장의 급격한 변화와 복잡해진 세제 환경 속에서, 이제 부동산 투자는 단순히 '사는 것'을 넘어 어떻게 '관리하고 이전하느냐'의 싸움이 되었습니다.

금융 현장에서 수많은 자산가를 마주하며 느낀 사실은, 아무리 뛰어난 투자 수익률도 정교한 세무 전략 없이는 결코 완성될 수 없다는 점입니다. 절세는 단순히 비용을 줄이는 기술이 아니라, 한 가문의 자산 지도를 그리는 가장 중요한 설계도이기 때문입니다.

2011년 금융권 최초로 상속증여센터를 설립한 하나은행은, 10년이 넘는 기간 동안 손님 분들의 다양한 세금이슈를 해결해 드리는 종합자산관리 서비스를 제공하고 있습니다. 과거의 상속이 법적 절차와

합법적으로 덜 내는 부동산 절세법

세금문제에 매몰되었다면, 현대의 상속은 '유연성'과 '통제권'이 핵심입니다. 유언대용신탁은 유언장의 엄격한 형식의 한계를 넘어, 생전에는 내가 자산을 운용하고 사후에는 수익자에게 원하는 시점과 방식으로 배분할 수 있는 탁월한 도구입니다. 더 나아가 생전에는 내 마음대로, 사후에는 손님의 뜻을 유지할 수 있는 맞춤형 구조를 설계함으로써 보다 완벽한 솔루션을 제공하고 있습니다.

하나은행 패밀리오피스센터에 몸담고 있는 이 책의 저자 이환주 센터장은 10년이 넘는 기간 동안 손님에 대한 세무 상담뿐 아니라, 다양한 매체에 기고·강연을 통해 대중들에게 세금의 중요성을 전파하고 있습니다. 나아가 세금 문제 해결부터 유언대용신탁 등을 활용하여 가족 간 분쟁까지 관리하는 신탁컨설팅까지 제공함으로써 전문성을 인정받았습니다.

이 책에는 현장에서 치열하게 고민하며 얻어낸 이환주 센터장만의 실전 노하우가 고스란히 녹아 있습니다. 오랜 기간 많은 손님과의 상담을 통해 축적된 노하우가 담긴 이 책을 통해, 독자께서도 일상생활 속 세금을 둘러싼 크고 작은 문제에 현명한 의사 결정을 하실 수 있는 지혜를 얻으시리라 믿습니다.

마지막으로 이 책의 출간을 진심으로 축하하며 이 책이 많은 독자분들에게 발생할 수 있는 다양한 세금 문제들을 해결하는 실마리가 되기를 바랍니다.

하나은행 은행장 이호성

세금은 '내는 것'이 아니라 '설계하는 것'입니다

부동산 투자의 패러다임이 변하고 있습니다. 과거에는 '어디를 사느냐'가 부의 척도를 결정했다면, 이제는 '어떻게 지키느냐'가 자산의 크기를 결정하는 시대입니다. 수많은 상담 현장에서 제가 마주한 안타까운 진실은, 수억 원의 시세 차익을 올리고도 정교하지 못한 세무 전략 때문에 수익의 상당 부분을 세금으로 납부해야 했던 분들의 뒷모습이었습니다.

절세는 단순히 비용을 줄이는 기술이 아닙니다. 절세는 소중한 자산을 지키는 가장 강력한 '방어 기제'이자, 다음 투자를 가능하게 하는 '종잣돈'의 원천입니다.

최근 몇 년간 우리 부동산 세법은 유례없는 변화를 겪었습니다. 어제의 정답이 오늘의 오답이 되기도 하고, 누군가에게는 당연한 공제가 누군가에게는 감당하기 힘든 가산세로 돌아오기도 합니다. 이러한 변

합법적으로 덜 내는 부동산 절세법

화의 소용돌이 속에서 막연한 불안감을 느끼는 독자들을 위해 이 책을 집필했습니다.

이 책은 취득세, 보유세, 양도소득세는 물론 증여와 상속에 이르기까지, 독자들이 직면할 수 있는 다양한 상황별 시나리오를 바탕으로 실질적인 절세 해법을 담았습니다. 특히 부동산을 양도하는 과정에서 발생할 수 있는 많은 과세사례들을 최대한 많이 담아 독자들에게 도움을 주고자 노력했습니다.

- 1주택 비과세 혜택을 극대화하는 실전 노하우
- 다주택자를 위한 전략적 출구 전략
- 주택임대소득 및 입주권에 대한 필수 지식 배양하기
- 부동산을 활용한 합법적인 증여 및 상속 플랜

그동안 현장에서 치열하게 고민하며 해결했던 수많은 사례를 바탕으로, 독자 여러분이 실전에서 바로 적용할 수 있는 '살아있는 지식'을 담고자 노력했습니다.

이 책이 여러분의 자산 지도를 완성하는 마지막 퍼즐 조각이 되기를 진심으로 바라며, 여러분의 성공적인 자산 관리를 응원합니다.

마지막으로, 완성도 있는 글이 될 수 있게 많은 조언을 마지막까지 해준 안준혁 세무사, 호연회계법인 김재현 회계사, 이 책이 세상에 나올 수 있게 정성껏 만들어 주신 원앤원북스 대표님과 직원분들, 아낌없는 지원을 해주신 하나은행 이호성 행장님, 자산관리그룹 김진우 부행장님, 이은정 본부장님, 매일같이 다양한 사례를 함께 상담하며 공유하는 하나은행 동료들, 그리고 열심히 책을 쓸 수 있게 도와주신 어머님과 아내에게 진심으로 감사 인사 드립니다. 그리고 세상에서 가장 소중한 딸 채원이와 바르게 잘 자랄 수 있도록 항상 하늘에서 지켜보고 계신 아버지에게 이 책을 바칩니다.

이환주

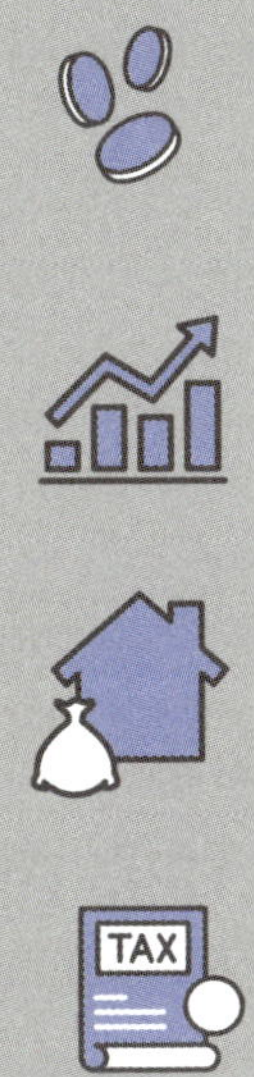

목차

Part 1

부동산 양도에 따른 세금 이해하기

Part 4

합법적으로 덜 내는 주택임대사업자 절세법

Part 5

조합원입주권, 주택 분양권 절세법

Part 6

꼭 알아야 하는 부동산 상속·증여 절세법

Part 7

그 외 기억해야 하는 부동산 절세법

Part 1

부동산 양도에 따른 세금 이해하기

복잡한 세금 공부,
왜 해야 할까?

태어났더니 주민세, 월급을 받기 시작하면서 소득세, 모은 돈을 투자해서 배당을 받으면 배당소득세, 힘들어서 담배를 피우면 담배세, 술을 마시면 주세와 교육세, 열심히 모은 돈으로 차나 집을 샀더니 취득세, 집을 보유하면 재산세, 팔 때는 양도세, 힘들어서 집에서 쉬면 전기세와 수도세, 살아서 주면 증여세, 죽어서 주면 상속세를 납부해야 하는 것이 우리 인생입니다. 그래서였을까요? '미국 건국의 아버지'라 불리는 벤저민 프랭클린이 이렇게 말했습니다. "세상에서 피할 수 없는 두 가지가 있다. 첫째는 죽음이요, 둘째는 세금이다."

이처럼 세금을 우리 삶에서 떼려야 뗄 수 없는 평생의 동반자와도 같습니다. 따라서 세금을 이해한다는 것은 내 재산이 어디로, 어떻게 흘러가는지를 이해하기 위한 첫걸음인 동시에, 우리 모두 염원하는 경제적 자유를 이루기 위해 꼭 알아야 하는 지식이라고 할 수 있습니다.

몰라서 못 냈을 뿐인데, 가산세까지 내라고?

예전에 이런 상담을 한 적이 있었습니다. "1주택자는 월세소득에 대한 소득세 신고의무가 없다고 알고 있어서 소득신고를 하지 않았는데, 세무서에서 연락이 왔어요. 월세소득에 대한 소득신고와 가산세를 납부하라고… 이런 건 국가에서 5월 소득세 신고할 때 안내해줘야 하는 거 아닌가요? 어떻게 일반인이 모든 세금을 다 알아요?"

파트 4 임대소득 편에서 자세히 설명하겠지만, 일반적으로 1주택자의 월세소득은 비과세가 맞습니다. 하지만 1주택자라 하더라도 고가주택(기준시가 12억 원)을 임대해 월세를 받는 경우에는 소득세 신고 및 납부대상이라는 예외규정이 있습니다. 이런 예외적인 것까지 납세자가 다 알아야 할까요?

네, 알아야 합니다. 소득세는 부과고지되는 세목이 아니라 납세자가 스스로 신고하는, 즉 자진신고해야 하는 세금입니다. 따라서 국세청에서 안내해주는 것과는 별개로 납세자가 스스로 챙겨야 하는 세금인 것입니다.

세금신고를 늦게 함으로써 기존에 미납한 세금만 납부한다면 좋겠지만, 이런 경우 두 종류의 가산세가 발생합니다. 첫 번째는 신고의무를 이행하지 않은 것에 대한 가산세로, 무신고가산세 20% 또는 과소

　　　　　　　　　　합법적으로 덜 내는 부동산 절세법

신고가산세 10%가 부과됩니다. 두 번째는 늦게 납부한 것에 대한 가산세로, 이를 '납부지연가산세'라고 합니다. 법에서 정한 법정납부기한(예를 들어 소득세의 경우 매년 5월 31일이 법정납부기한이 됨)의 다음 날부터 자진납부일 또는 납세고지일까지 매일 0.022%(연으로 환산 시 약 8%)의 가산세가 부과됩니다(2026년 6월 30일 이전 지정납부기한 경과 건으로 가정).

2천만 원의 세금을 미납했고 법정납부기한으로부터 180일 경과 후 납부한다고 가정해보겠습니다. 무신고가산세 400만 원(20%), 납부지연가산세 79만 2천 원(2천만 원×0.022%×180일)으로 모두 2,479만 2천 원을 세금으로 납부해야 합니다.

내 재산은 남이 지켜주는 것이 아닙니다. 세무대리인을 통해 어느 정도 해결할 수도 있지만, 스스로 어느 정도의 기본지식이 있어야 세무대리인에게 명확하게 질문할 수 있으며, 해당 내용에 대한 답변을 이해할 수 있습니다. 결국 내 재산을 지키고 불려나가기 위해선 세금 공부는 필수인 시대입니다.

세금 공부가 투자 공부만큼 중요한 이유

세금 공부를 해야 하는 이유는 실질수익률이 변동되기 때문입니다. 특히 부동산은 취득 단계부터 내야 하는 세금의 종류도 많고 다양해서 이를 잘못 판단하면 안 내도 될 세금을 더 내는 경우가 발생할 수도 있습니다.

또한 우리나라 소득세율은 초과누진세율구조(일정 구간을 넘어가면 세율이 높아지는 제도)라서 소득이 높아질수록 납부해야 하는 세금도 많아집니다. 예를 들어 거주하는 집 외에 추가로 한 채를 더 구입해 1년 8개월 만에 3억 원의 수익이 났다고 가정해 보겠습니다. 지금 매도하게 되면 수익금액의 60%인 1억 8천만 원의 세금을 내야 합니다. 다만 잔금지급일을 4개월 정도 늦춰 2년 이상 보유 후 매도하게 된다면 9,400만 원의 세금만 납부하면 됩니다. 즉, 매도시점을 조정함으로써 약 3천만 원의 절세가 가능하게 되는 것이죠. 이는 현재 양도소득세율이 2년 이상 보유 시부터 일반세율을 적용받고, 그 이전에 팔면 높은 단일세율을 적용하는 구조이기 때문입니다.

주택 양도소득세율(2년 이상 보유)

과세표준	세율	누진공제
1,400만 원 이하	6%	-
1,400만 원 초과~5,000만 원 이하	15%	1,260,000원
5,000만 원 초과~8,800만 원 이하	24%	5,760,000원
8,800만 원 초과~1.5억 원 이하	35%	15,440,000원
1.5억 원 초과~3억 원 이하	38%	19,940,000원
3억 원 초과~5억 원 이하	40%	25,940,000원
5억 원 초과~10억 원 이하	42%	35,940,000원
10억 원 초과	45%	65,940,000원

※ 과세표준: 양도차익 - 기본공제 250만 원 - 장기보유특별공제

   합법적으로 덜 내는 부동산 절세법

과세표준	세율	누진공제
1년 미만	70%	
1년 이상~2년 미만	60%	기본세율보다 높은 단일 세율 적용

같은 아파트를 같은 가격에 매도했는데, 수익이 다르다?

같은 아파트를 매수해서 같은 날, 같은 가격에 매도했다 하더라도 해당 아파트의 비과세 요건을 갖추었는지, 다주택자인지, 또는 다주택자이면서 조정대상지역의 주택을 매도했는지에 따라 양도소득세율이 달라집니다.

10년 전에 5억 원에 취득한 주택을 12억 원에 양도한다고 가정했을 때, 1세대 1주택인지, 조정대상지역의 2주택자인지, 조정대상지역 외 2주택자인지 등에 따라 세 부담의 차이가 다음 페이지 표와 같이 발생합니다.

1세대 1주택 비과세 vs. 일반과세 vs. 다주택 중과 시 세 부담 차이

양도소득세	1세대 1주택	조정대상지역 외 1세대 2주택	조정대상지역 내 1세대 2주택	조정대상지역 내 1세대 3주택
양도차익	700,000,000	700,000,000	700,000,000	700,000,000
장기보유특별공제	-	140,000,000	-	-
양도소득금액	0원	560,000,000	700,000,000	700,000,000
적용세율	0%	42%	62% (20% 중과세율 적용)	72% (30% 중과세율 적용)
양도소득세 (지방소득세 포함)	0원	218,031,000원	436,161,000원	512,886,000원

1세대 1주택 비과세 규정을 잘 활용하면 많은 세금을 줄일 수 있다는 것을 알 수 있습니다. 이처럼 투자 가치가 높은 주택을 구입하고자 한다면 세금 공부가 더욱 중요합니다. 세금이 줄어야 실질적인 수익률을 높일 수 있기 때문입니다.

양도소득세
기본구조 이해하기

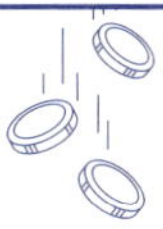

부동산 투자를 하면서 꼭 알아야 하는 것이 세금이라고 이야기했습니다. 물론 복잡한 계산과정 때문에 신고할 때는 세무대리인을 고용하는 것이 좋지만, 그 이전에 대략적인 세금구조를 이해하고 있으면 세무대리인과 상담할 때도 더 많은 것을 이해할 수 있기에 큰 도움이 됩니다. 부동산 양도 시 발생하는 양도소득세는 다음의 과정을 거쳐서 계산됩니다.

양도가액
(-) 취득가액
(-) 필요경비
(=) 양도차익
(-) 장기보유특별공제
(=) 양도소득금액
(-) 양도소득 기본공제
(=) 양도소득 과세표준

양도소득 과세표준
(×) 세율
(=) 산출세액
(=) 납부할 양도소득세
(×) 세율(양도세액의 10%)
(=) 지방소득세

위 산식을 보면 복잡해 보이지만 의외로 간단합니다. 양도소득세
는 딱 세 가지만 기억하면 됩니다.

1단계: 양도차익 구하기(양도가액 – 취득가액 – 필요경비)

양도차익은 양도가액에서 취득가액 및 필요경비를 차감한 값을 의미
합니다. 양도가액이란 부동산을 '실제로' 양도한 가격, 취득가액은 부
동산을 '실제로' 산 가격입니다. 5억 원에 산 아파트를 10억 원에 판
다면, 아파트를 팔면서 5억 원의 이익이 발생한 것입니다.

그런데 아파트를 사고팔 때는 다양한 비용이 발생하며, 이를 필요
경비라고 합니다. 대표적인 필요경비로는 취득세, 공인중개사 수수료,

세무사 양도소득세 신고대행 수수료 등이 있습니다. 이러한 것들을 부동산을 사고팔 때 필요한 경비라고 해서 양도세 계산 시 차감해줍니다. 따라서 양도세를 줄이려면 이런 필요경비를 많이 인정받을 수 있으면 좋습니다. 필요경비는 종류가 다양하고 인정되는 것과 인정되지 않는 것의 구분이 중요하므로 28쪽 '필요경비를 활용한 절세법'에서 자세히 설명하겠습니다.

2단계: 과세표준 구하기(장기보유특별공제, 기본공제 빼주기)

세금에서는 과세표준이 가장 중요합니다. 과세표준이 얼마인지에 따라 세율이 결정되기 때문인데요. 양도소득세에서 과세표준은 앞서 계산한 양도차익에서 장기보유특별공제와 기본공제를 차감하면 나오는 값입니다.

장기보유특별공제란 부동산을 오래 보유(장기보유)하면 보유기간에 따라 양도차익의 일정 비율을 공제(특별공제)해주는 제도를 의미합니다. 이 또한 51쪽 '장기보유특별공제에 따라 절세액의 크기가 달라진다'에서 자세히 설명하도록 하겠습니다.

이외 함께 1년에 한 번 부동산 양도 시 기본공제 250만 원을 차감합니다.

3단계: 세율 적용하기(초과누진세율 이해하기)

양도소득세율은 종합소득세율과 동일합니다. 많이 벌수록 세율이 올라가는 누진세율 구조입니다. 이를 '초과누진세율'이라고 하는데, 초과된 부분만 더 높은 세율을 적용하는 방식입니다. 예를 들어 1억 원에 대한 세금은 1억 원의 35%인 3,500만 원이 아니라 1,956만 원이 됩니다. 1,400만 원까지는 6%, 그다음 단계인 3,600만 원(1,400만~5천만 원)까지는 15%, 3,800만 원(5천만~8,800만 원)까지는 24%, 나머지 1,200만 원에 대해서는 35%를 적용하여 나온 값을 더해서 세금을 계산하기 때문입니다.

1억 원에 대한 양도소득세

구간	차액	세율	금액
~ 1,400만 원	1,400만 원	6%	84만 원
1,400만~5,000만 원	3,600만 원	15%	540만 원
5,000만~8,800만 원	3,800만 원	24%	912만 원
8,800만~1억 원	1,200만 원	35%	420만 원
합계	1억 원		1,956만 원

누진공제액을 활용한 간편 계산법 이해하기

그런데 위와 같이 계산하려면 너무 번거로운 것은 사실입니다. 따라서 실무적으로는 누진공제액을 활용해 간단하게 양도소득세를 계산합니다. 즉, 과세표준에 해당하는 양도소득세율을 적용해 계산한 후 그 과세표준에 해당하는 누진공제액을 차감하는 방식입니다. 앞의 예를 활용해보겠습니다. 과세표준이 1억 원이면 35%를 곱한 후 누진공제액 1,544만 원을 차감하면 앞서 계산한 것과 동일한 1,956만 원이 나옵니다. 과세표준에 따른 양도소득세 세율과 누진공제액은 다음과 같습니다.

과세표준에 따른 양도소득세 세율과 누진공제액

과세표준	세율	누진공제액
10억 원 초과	45%	6,594만 원
5억~10억 원	42%	3,594만 원
3억~5억 원	40%	2,594만 원
1.5억~3억 원	38%	1,994만 원
8,800만~1.5억 원	35%	1,544만 원
5,000만~8,800만 원	24%	576만 원
1,400만~5,000만 원	15%	126만 원
1,400만 원 이하	6%	-

필요경비를 활용한
절세법

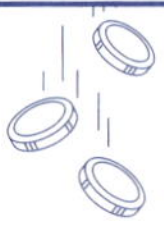

현재 보유 중인 아파트를 양도하려고 합니다. 1년 전에 해당 아파트 리모델링 공사로 3천만 원을 지출했습니다. 해당 비용 중 도배, 화장실 수리 등도 필요경비로 인정받을 수 있을까요? 그런데 이 지출 내역은 업체 계약서와 통장 내역은 있지만, 세금계산서나 현금영수증, 신용카드 내역은 없는 상황입니다. 그래도 필요경비로 인정받을 수 있을까요?

최근 몇 년 사이 부동산, 특히 주택 가격이 많이 상승했습니다. 특히 서울과 서울을 둘러싼 경기도 지역의 경우 12억 원을 초과하는 아파트를 찾아보기가 그렇게 어렵지 않는 시대가 되었습니다. 1세대

1주택자의 경우 12억 원이 넘지 않으면 비과세이고 과거에는 12억 원을 넘는 주택이 그렇게 많지 않았기 때문에 필요경비에 대한 중요성이 그렇게 크게 부각되지는 않았습니다. 다만 지금처럼 12억 원을 넘는 고가주택의 경우 하나하나의 경비를 챙김으로써 내야 할 세금을 줄일 수 있기 때문에, 이제는 세법상 인정받을 수 있는 비용이 어떤 것이 있는지 알아야 할 필요가 있습니다.

우리가 흔히 양도세라고 하는 것은 부동산을 취득해 보유하다 팔게 될 경우 발생하는 이익에 대해 부과하는 세금을 의미합니다. 이때 세법상 양도차익이라고 하는 계산구조는 다음과 같습니다.

양도세 계산구조

양도가액 - 필요경비(취득가액 + 자본적 지출액 + 양도비)

지금부터 양도가액에서 차감할 수 있는 비용에 대해 하나씩 살펴보도록 하겠습니다.

취득할 때 공제받을 수 있는 항목

주택을 취득하는 방식은 크게 두 가지입니다. 완성된 주택을 타인으로부터 매입하는 경우와 자기가 직접 건설하는 경우입니다. 먼저 타인으로부터 매입한 경우에 인정받을 수 있는 비용은 취득세, 취득 관련 법무사 비용, 취득중개수수료 등 기타 부대비용이 있습니다. 자기가 제조·생산 또는 건설 등에 의하여 취득한 경우에는 원재료비·노무비·운임·하역비·보험료·공과금(취득세 포함)·설치비 등 기타 부대비용이 있습니다. 몇 가지 예를 들어보겠습니다.

법정 요율보다 높은 부동산 중개수수료

우리가 복비라고 부르는 부동산 중개수수료는 당연히 필요경비로 인정받습니다. 그런데 간혹 법에서 정한 요율보다 더 많은 수수료를 지급하는 경우도 발생합니다. 이런 경우 모두 필요경비로 인정해줄까요? 일반적으로 중개수수료 명목으로 지급한 액수가 법령에서 규정한 수수료 요율을 초과해 지급한 경우라도 실제로 이를 지불했다면 필요경비로 인정해주는 판례가 있습니다(대법91누2250, 1991.07.12).

다만 실제 거래에 따라서 지급되었더라도 일반적인 거래로 납득하기 어려울 만한 금액인 경우에는 부인될 수 있으니 주의해야 합니다(대법90누4808, 1990.11.27).

국민주택채권 매각 손실금

「주택도시기금법」에 따라 부동산을 산 사람이 소유권 이전 등기를 할 때 부동산 시가표준액의 일정 비율만큼 의무적으로 매입해야 하는 국민주택채권을 매각하면서 생기는 손실도 필요경비로 인정해줄까요? 대부분은 국민주택을 의무에 따라 구입하고 그 즉시 매각하기 때문에, 당연히 만기 전에 양도해 손실이 발생하며, 그 손실금액을 필요경비로 인정해줍니다.

보유할 때 공제받을 수 있는 항목

우리가 주택을 구입해 보유하는 동안에도 예상치 못한 비용이 발생합니다. 이렇게 발생한 비용 중 양도세 계산 시 인정되는 항목이 있는데, 이를 세법상 자본적 지출이라 하고, 그 외의 비용을 수익적 지출이라 합니다. 즉, 수익적 지출에 해당하는 항목은 아무리 큰돈을 들였다 하더라도 비용으로 인정받을 수 없죠.

이때 필요경비로 공제되는 자본적 지출이란 자산의 가치를 증가시키거나 자산의 내용연수를 연장시키는 비용을 의미하며, 필요경비에 해당하지 않는 수익적 지출이란 본래의 기능을 유지하기 위해 사용된

자본적 지출 vs. 수익적 지출

구분	자본적 지출	수익적 지출
개념	자산의 내용연수를 연장시키거나 당해 자산의 가치를 현실적으로 증가시키기 위하여 지출한 수선비 등	정상적인 수선 또는 경미한 개량으로 자산의 가치를 상승 시킨다기보다는 본래의 기능을 유지하기 위한 비용
필요경비 해당 여부	○	×
사례	① 베란다 발코니 섀시 ② 확장공사비 ③ 난방시설 교체비 ④ 토지조성비 ⑤ 산림복구설계비 ⑥ 싱크대·가스 공사비, 디지털 도어락 설치비 ⑦ 엘리베이터 또는 냉난방장치 설치 ⑧ 피난시설 등 설치	① 벽지 또는 장판 교체 ② 싱크대 또는 주방가구 교체 ③ 외벽 도색, 문짝이나 조명교체 ④ 보일러 수리 ⑤ 옥상 방수 공사 ⑥ 하수도관, 오수정화조설비 교체 ⑦ 타일 및 변기공사 ⑧ 파손 유리 또는 기와 대체 ⑨ 재해를 입은 자산의 외장 복구비용 등

비용을 의미합니다.

만일 매매계약은 체결했지만 실제 소유권을 취득하기 전에 지출한 자본적 지출액이 있다면, 필요경비로 인정받을 수 있을까요? 과세관청에서는 매매계약을 체결하고 소유권 취득 전에 지출한 자본적 지출액 중 증빙서류에 의하여 실제로 지출된 사실이 확인되는 경우에는 양도자산의 필요경비에 해당한다(부동산거래관리과-277, 2012.05.16)고 해석하고 있습니다.

양도할 때 공제받을 수 있는 항목

부동산을 취득할 때와 마찬가지로 부동산 팔 때도 중개수수료가 발생합니다. 이런 중개수수료와 양도세 신고를 위한 세무 신고 비용, 광고비도 필요경비로 인정해줍니다. 또한 2018년 2월 13일 이후 양도분부터는 매매계약에 따라 양도자가 지출하는 명도소송비 등 명도비용도 필요경비로 인정해주고 있습니다.

① 증권거래세

② 양도소득세 신고서 및 계약서 작성 비용

③ 공증비용, 인지대, 소개비

④ 국민주택채권 만기 전 양도에 따른 매각차손

⑤ 매매계약에 따라 양도자가 지출하는 명도비용(2018년 2월 13일 이후 양도분부터)

⑥ 위탁매매수수료(2019년 시행규칙 시행일 이후 양도분부터)

⑦ 농어촌특별세(2019년 시행규칙 시행일 이후 양도분부터)

그 외 필요경비 관련 질문들

부동산매매계약 해약에 따른 위약금, 필요경비로 인정받을 수 있을까?

부동산 가격이 상승하는 시기에는 매도계약서를 작성한 매도자가 계약을 해약하거나 파기하는 사례가 빈번히 발생합니다. 이때 지급한 위약금도 필요경비로 인정받을 수 있을까요?

특이한 경우를 제외하고는 일반적으로 부동산 매매계약의 해제 대가로 지급하는 위약금, 계약위반에 따른 지체상금(재경부재산-1141, 2008.12.31), 사기 피해액(조심20111955, 2011.08.19)은 필요경비로 인정받을 수 없다는 것이 대부분의 판례입니다.

부동산 매매계약의 해제 대가인 위약금은 양도가액에서 제외되거나 필요경비로 처리될 성질의 것이 아님[국승](대법원 2016두37935, 2016.7.14)

그럼에도 불구하고 불가피한 상황에서 예외적으로 필요경비에 포함해주는 경우도 있습니다.

위약금 지급이 불가피한 경우의 위약금

토지를 취득하여 주택조합에 양도한 자가 그 토지의 취득 전 토지의 소유자가 다른 제3자와 당해 토지의 일부에 대한 매매계약을 체결한 사실이 있어 그 매매계약의 해제대가로서 위약금을 지급하였고, 그 양도인이 주택조합과 사이에 체결한 매매계약을 이행하기 위하여 위약금 지급이 불가피하였었다면, 그 비용은 "취득가액"에 포함되는 비용으로 보아야 한다(대법원 95누1651, 1996.11.08).

현금영수증이 없으면 필요경비로 인정받을 수 없을까?

과거에는 지출사실을 입증할 수 있는 계약서 및 영수증으로서 세금계산서, 현금영수증, 신용카드 매출전표 등으로 공급자의 인적사항(사업자등록번호, 주민등록번호, 성명)과 공급물품, 공급일자, 가액 등이 명시되어야 공제가 가능했습니다. 그러나 2018년 4월 1일 이후 양도하는 부동산부터는 계좌이체 등으로 실제 지출이 확인되는 경우에는 현금영수증이나 세금계산서가 없어도 인정해줍니다.

환산취득가액으로 신고 시에도 필요경비로 인정받을 수 있을까?

양도소득세는 실제 양도가액과 취득가액의 차액인 양도차액에 일정 세율을 적용하여 세금을 계산하는 구조입니다. 다만 너무 오래전에 취득한 부동산이라 실제 취득가액을 알 수 없을 때 세법상 취득가액을 환산하여 계산하는 경우가 있습니다. 지금까지 이야기한 필요경비는 '실제 취득가액'으로 양도세를 신고할 경우에만 인정받을 수 있는 비용입니다. 따라서 환산취득가액을 활용할 경우에는 실제 소요된 비용은 필요경비로 인정받을 수 없습니다. 다만 이 경우에는 취득 당시 기준시가의 3%를 필요경비로 일괄 적용해줍니다.

주택 취득 시 어떤 게 좋을까?
부부 공동명의 vs. 단독명의

대학을 졸업하고, 결혼을 하고, 아이를 낳고, 내 집을 장만하는 것은 우리 모두의 꿈이라고 할 수 있습니다. 처음으로 내 집을 장만할 때 고민하는 것이 바로 '누구 명의로 하느냐'입니다. 단독명의냐 공동명의냐에 따라서 내야 할 세금이 달라지기 때문인데, 이 부분에 대해 살펴보도록 하겠습니다.

취득세 및 재산세

부동산 취득하면 가장 먼저 납부하는 것이 바로 취득세입니다. 세금을 부과하는 취득세의 과세표준은 취득 당시의 가액으로 하며, 신고가액이 없거나 시가표준액보다 적을 경우에는 시가표준액을 기준으로 취득세율을 부과합니다. 취득세율은 주택수와 조정대상지역 여부에 따라 1~12%의 비례세율을 적용합니다. 이때 부과하는 취득세는 물건별 과세이기 때문에 단독명의와 공동명의의 차이는 없습니다.

취득세

구분			취득세 (농특세, 지방교육세 포함)
일반세율	신축(원시취득)		3.16%
	매매(승계취득)		4.6%
	주택매매 (6억 원 이하)	85m² 이하	1.1%
		85m² 초과	1.3%
	주택매매 (6억 원 초과)	85m² 이하	1.11~3.29%
		85m² 초과	1.31~3.49%
	주택매매 (9억 원 초과)	85m² 이하	3.3%
		85m² 초과	3.5%
	증여	85m² 이하	3.8%
		85m² 초과	4.0%
	상속	무주택자가 상속	0.96%
		일반 85m² 이하	2.96%
		일반 85m² 초과	3.16%
중과세율	조정2주택, 비조정3주택	85m² 이하	8.4%
		85m² 초과	9.0%

합법적으로 덜 내는 부동산 절세법

| 중과세율 | 조정 3주택, 비조정 4주택,
법인 주택 취득,
조정 & 3억 원 초과 증여 | 85m² 이하 | 12.4% |
| | | 85m² 초과 | 13.4% |

재산세는 취득세와 달리 누진세율을 적용하지만, 이 또한 물건별 과세이기 때문에 명의와 관계없이 부과되는 세금은 동일합니다.

종부세 계산방식과
부부 공동명의 특례제도를 활용한 절세법

종부세 계산구조 및 공제금액

종합부동산세(이하 종부세)는 일명 '부자세'라고도 합니다. 단독명의의 경우 공시지가 12억 원을 넘을 경우에만 납부하는 세금이기 때문입니다. 이런 종부세는 앞서 살펴본 취득세 및 재산세와 달리 인별로 과세합니다. 즉, 부부라 하더라도 각자 보유하고 있는 주택에 대해서 계산하는 구조입니다. 인별로 보유한 토지 또는 주택의 공시가격을 합산하고, 합산한 공시가격에서 일성금액을 공제한 후 공정시장가액비율을 곱한 금액이 과세표준이 되고, 여기에 세율을 적용해 계산합니다.

종합부동산세 = (공시가격 - 공제금액) × 공정시장가액비율 × 세율

이때 일반적으로 주택은 인별로 9억 원을 공제해줍니다. 다만 1세

대 1주택인 경우에는 12억 원까지 공제해줍니다.

단순히 공제액만 기준으로 본다면, 공동명의가 유리합니다. 단독명의 시 12억 원까지밖에 공제되지 않지만, 부부 공동명의라면 각각 9억 원씩, 총 18억 원, 즉 공시지가 18억 원까지는 종부세가 없기 때문입니다.

종합부동산세

주택(2주택 이하)		주택(3주택 이상)	
과세표준	세율(%)	과세표준	세율(%)
3억 원 이하	0.5	3억 원 이하	0.5
6억 원 이하	0.7	6억 원 이하	0.7
12억 원 이하	1.0	12억 원 이하	1.0
25억 원 이하	1.3	25억 원 이하	2.0
50억 원 이하	1.5	50억 원 이하	3.0
94억 원 이하	2.0	94억 원 이하	4.0
94억 원 초과	2.7	94억 원 초과	5.0

단독명의 시 추가세액공제

1세대 1주택 단독명의자의 경우 공제금액 12억 원 외에도 납부하는 세금에서 차감을 해주는 세액공제 혜택이 추가로 있습니다. 바로 주택 보유자의 연령과 보유기간에 따른 추가세액공제입니다. 보유기간에

따라서는 20~50%까지, 그리고 나이에 따라서는 20~40%까지의 공
제율을 동시에 적용받을 수 있으며, 보유기간과 연령에 따른 추가공제
는 중복적용이 가능하지만 최대 80%까지만 적용됩니다.

(제6항) 과세기준일 현재 만 60세 이상인 1세대 1주택자

⇒ 만 60세 이상 65세 미만: **20%**

만 65세 이상 70세 미만: **30%**

만 70세 이상: **40%**

(제7항) 1세대 1주택자로서 과세기준일 현재 5년 이상 보유한 자

⇒ 보유기간 5년 이상 10년 미만: **20%**

10년 이상: **40%**

15년 이상: **50%**

(단, 연령에 따른 세액공제와 합하여 **최대 80%한도**)

누구 명의로 해야 할까?

공시지가는 시세의 70% 수준에서 머물고 있습니다. 시세 약 18억 원
상당의 아파트라면 단독명의여도 상관이 없다는 것이죠. 하지만 주택
가격이 계속 상승할 수 있는 지역의 주택이면서 공시지가 12억 원이 넘
는 고가주택이라면 결국 공동명의가 유리해질 수밖에 없습니다. 단독
명의 추가세액공제를 고려해도 여전히 공동명의가 유리할까요? 대략
공시지가 21억 원을 초과하고 세액공제를 70% 이상 받을 수 있다면
단독명의로 하는 것이 적어도 종부세 측면에서는 유리할 수 있습니다.

단독명의 vs. 공동명의

공시가격	단독명의 과세표준 (추가세액공제 70%)	공동명의 과세표준	유리한 경우
20억 원	2.4억 원	2억 원	공동명의
21억 원	2.7억 원	3억 원	단독명의
25억 원	3.9억 원	7억 원	단독명의

부부 공동명의 특례제도 도입

한 채의 주택을 갖고 있음에도 불구하고 단독명의냐 공동명의냐에 따라 종부세가 달라지는 부분에 대한 문제점이 부각되어, 2021년부터는 1주택자에 한하여 부부 공동명의라 하더라도 단독명의자처럼 신청이 가능해져 납세자에게 유리한 쪽으로 선택할 수 있게 법이 개정되었습니다. 이때 납세의무자는 세법개정으로 2026년부터는 지분율과 무관하게 부부간 합의로 선택해 신청할 수 있습니다. 따라서 5:5 공동명의라면 나이가 조금이라도 더 많은 사람으로 지정해야 추가세액공제를 통해 공제율을 높일 수 있습니다.

다만 부모와 자식 간 공동명의일 경우에는 위 특례규정 적용이 불가하니 주의해야 합니다.

양도소득세! 단독명의와 공동명의, 어떤 게 유리할까?

양도소득세 측면에서 본다면 공동명의가 단독명의보다 무조건 유리하다고 할 수 있습니다. 양도소득세는 6~45%의 초과누진세율구조를 적용하고 있습니다. 따라서 시세차익이 크면 클수록 더 높은 세율을 적용받아 납부해야 하는 세금이 늘어납니다.

예를 들어 10억 원의 양도차익이 발생했고 비과세 등 다른 공제는 없다고 가정했을 때, 42%의 세율을 적용받게 되어 양도세는 약 4억 2천만 원이 나옵니다. 이 주택을 단독명의가 아닌 부부 공동명의로 구입했다면 양도차익이 5억 원이 되어 40% 세율을 적용받을 뿐만 아니라, 6%부터 적용되는 낮은 세율을 한 번 더 적용받기 때문에 각각 납부해야 할 양도세는 약 1억 9천만 원이 됩니다. 결과적으로 공동명의가 단독명의보다 약 4천만 원 정도 절세되는 효과를 볼 수 있는 것이죠.

단독명의와 공동명의의 경우 양도소득세 비교(단위: 원)

구분	단독명의	부부 공동명의	
		남편	배우자
양도차익	1,000,000,000	500,000,000	500,000,000
장기보유특별공제	-	-	-
양도소득금액	1,000,000,000	500,000,000	500,000,000
양도소득기본공제	2,500,000	2,500,000	2,500,000
과세표준	997,500,000	497,500,000	497,500,000

양도소득세	383,010,000	173,060,000	173,060,000
지방소득세	38,301,000	17,306,000	17,306,000
세 부담 합계	421,311,000	190,366,000	190,366,000
최종 납부세액 비교	421,311,000	380,732,000	

상속까지 고려할 경우 유리한 방법은?

피상속인의 사망으로 인하여 발생하는 상속세는 사망 당시 보유하고 있는 모든 재산을 합산하여 부과합니다. 이런 상속세 또한 인별로 과세하는 구조이고, 10~50%의 초과누진세율을 적용합니다. 따라서 상속세 또한 분산될수록 세금이 줄어드는 효과가 나타납니다. 예를 들어 단독명의로 30억 원짜리 아파트를 가지고 있었을 경우(공제액은 고려하지 않음) 약 10억 4천만 원의 산출세액이 나오지만, 5:5 공동명의였다면 각각 4억 4천만 원으로 약 1억 6천만 원의 절세효과를 볼 수 있습니다. 여기에 일괄공제 5억 원, 배우자공제(최소 5억 원에서 30억 원)까지 활용한다면 세금은 더 줄어들 수 있습니다.

　　　　　　　　　　합법적으로 덜 내는 부동산 절세법

상속 시 단독명의와 공동명의의 비교(단위: 원)

구 분	단독명의	부부 공동명의	
		남편	배우자
상속재산 과세표준	3,000,000,000	1,500,000,000	1,500,000,000
산출세액	1,040,000,000	440,000,000	440,000,000
신고세액공제(3%)	31,200,000	13,200,000	13,200,000
세 부담 합계	1,008,800,000	426,800,000	426,800,000
최종 납부세액 비교	1,008,800,000	853,600,000	

* 상속공제액은 없다고 가정

지금이라도 공동명의로 해야 할까?

배우자에게는 6억 원까지는 증여세 없이 증여할 수 있습니다. 다만 고가주택의 경우 6억 원을 넘는 재산을 증여한다면 증여세가 발생할 수 있을 뿐만 아니라, 증여취득에 따른 취득세도 납부해야 합니다. 1세대 1주택자가 증여할 경우에는 4%의 취득세율을 적용하지만, 다주택자의 경우 최대 13.4%의 취득세율을 적용받게 될 수 있으니, 전체적인 절세효과를 고려하여 의사결정을 해야 합니다.

비과세와 감면! 비슷하면서도 다른 혜택

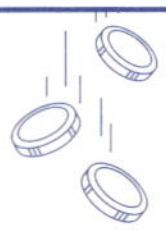

대한민국 국민이라면 납세의 의무를 지는 것이 당연합니다. 다만 국세청은 공익적 성격이 강한 재산 등으로 발생한 이익(대표적인 것이 1세대 1주택 비과세)에 대해 세금을 부과하지 않는 비과세와 정책적 목적이나 사회적 약자 보호를 위해 세금 부담을 완화하기 위한 감면제도를 두고 있습니다. 특히 감면이 100%일 경우는 비과세와 다를 바 없다고 생각하는 경우가 많은데, 두 가지 모두 세금을 줄여주는 것이지만 분명한 차이가 발생합니다.

세법상 거주자만 적용받을 수 있는 비과세제도

비과세는 세법상 거주자만 적용받을 수 있습니다. 세법상 거주자와 비거주자의 판단은 다소 복잡한 개념입니다. 하지만 큰 그림에서 본다면, 거주자란 국적과 상관없이 대한민국을 주요 생활 근거지로 삼아 종국적으로 국내에 납세의무를 지는 사람을 의미합니다. 반대로 대한민국 외의 국가에서 주로 생활하며 해당 국가에서 납세의무가 발생하는 사람을 비거주자라고 이해하면 됩니다. 이처럼 거주성을 엄격히 구분하는 이유는 거주자에게는 국내외 모든 국가에서 발생한 소득에 대해 납세의무가 주어지지만, 비거주자에게는 국내에서 발생한 소득에 대해서만 세금을 부과할 수 있기 때문입니다. 따라서 거주자의 경우에는 1세대 1주택 비과세 혜택이나 10년 단위로 성년인 자녀에게 5천만 원, 배우자에게는 6억 원까지 증여세 없이 증여받을 수 있는 증여재산공제 등의 혜택이 주어집니다.

기간이 정해져 있는 혜택, 감면제도

감면은 대부분 정책적으로 세제혜택을 주는 것이기 때문에 「조세특례제한법」이나 「지방세특례제한법」에 규정되어 있고, 특별법이므로 일반법인 「소득세법」이나 「지방세법」에 우선해서 적용해줍니다. 정부정책에 따라 만들어지거나 소멸하는 법이기 때문에 일반적으로 감면제도는 감면적용기간이 정해져 있습니다.

　부동산 관련 대표적인 감면제도는 부동산 침체기에 부동산 활성화를 위해 2013년 4.1 부동산 대책 때 발표한 「조세특례제한법」 제99조의2입니다. 2013년 4월 1일부터 12월 31일까지 6억 원 이하의 신규 분양 주택이나 미분양 주택 또는 1세대 1주택자가 보유하고 있는 6억 원 이하 혹은 85m² 이하 주택을 구입하는 경우, 5년 동안 양

감면대상기존주택임을 확인하는 날인

■ 조세특례제한법 시행규칙 [별지 제63호의14서식] <신설 2013.5.>

신축주택등 또는 감면대상기존주택임을 확인하는 날인

제   호

[ ] 「조세특례제한법 시행령」 제99조의2(신축주택 등 취득자에 대한 양도소득세 과세특례) 제1항 및 제2항에 따른 신축주택등(신축주택·미분양주택·신축오피스텔 및 미분양오피스텔)

[ ] 「조세특례제한법 시행령」 제99조의2(신축주택 등 취득자에 대한 양도소득세 과세특례) 제3항 및 제5항에 따른 감면대상기존주택(1세대1주택자의 기존주택 및 1세대1오피스텔 소유자의 기존 오피스텔)

임을 확인합니다.

년   월   일

시장·군수·구청장   직인   (담당자:)

(연락처:)

도소득세를 100% 감면해주는 제도입니다.

이러한 감면제도는 세제혜택을 통해 투자 활성화와 같은 정책적인 목표가 있어 비과세제도와 달리 거주자뿐만 아니라 비거주자에게도 혜택을 부여하는 경우가 있습니다. 다만 위에 언급한 「조세특례제한법」상으로 양도소득세가 100% 감면되더라도 감면받은 세액의 20%를 농어촌특별세로 따로 부과하기도 합니다.

비과세와 달리 감면을 받기 위해서는 감면신청서를 관할세무서에 제출해야 세액감면이 가능합니다. 참고로 2008년 이후부터 시·군·구청에서는 감면 대상 주택의 경우 계약서에 '감면대상기존주택임을 확인하는 날인'을 찍어주고 있습니다.

또한 위의 「조세특례제한법」 제99조의2에 따른 감면대상주택은 양도소득세 비과세 주택수를 판정할 때 전체 보유 주택수에서 제외됨

합법적으로 덜 내는 부동산 절세법

니다. 만일 내가 10채의 감면 대상 주택을 보유하고 있고, 별도로 1채의 주택을 더 보유하고 있다면 2년만 보유(조정대상지역의 주택이라면 2년 거주요건 추가) 후 양도해야 1세대 1주택 비과세를 적용받을 수 있습니다.

비과세와 감면의 차이

구분	비과세	감면
국가의 과세권	없음	있음
신고의무	없음	있음(감면신청을 해야 적용)
세금 계산	세액 자체가 없음	세액 산정 후 일정 부분 감액·면제
농어촌특별세 부과	부과하지 않음	농특세 부과 (단, 자경농지감면, 대토감면 등은 면제)
적용사례	• 1세대 1주택 비과세 • 파산선고에 의한 처분으로 인한 소득 • 농지의 교환, 또는 분합으로 인한 소득	• 8년 자경농지 양도세 감면 • 농지대토 양도세 감면 • 각종 특례주택 양도 시 양도세 감면 등

다운계약서 적발 시
부과되는 세금

경기도에 13억 원짜리 아파트를 소유하던 김정훈 씨, 2025년 부동산을 매각하면서 중개업자의 조언에 따라 실제 거래가는 13억 원이었지만 계약서에는 11억 원으로 신고했습니다. 이유는 단 하나였습니다. 신고가를 낮춰 비과세를 적용받기 위해서였죠. 1세대 1주택 비과세 기준이 12억 원이었기 때문입니다. 하지만 몇 달 뒤, 국세청으로부터 통보가 왔습니다. 실거래가와 신고가 차이를 확인한 국세청은 양도소득세를 부과했을 뿐 아니라, '부정행위'로 간주해 40%의 가산세까지 함께 부과했습니다. 국세청은 어떻게 알고 적발했을까요?

시대가 많이 변했음에도 불구하고 절세 방법을 알려준다면서 아직

          합법적으로 덜 내는 부동산 절세법

도 다운계약서를 쓰는 경우를 종종 봅니다. 가파른 집값 상승으로 주택 양도소득세·취득세 부담이 늘면서 다운계약서를 쓰는 사례가 늘고 있습니다. 가격을 조금 낮춰 다운계약을 하는 것을 관행적으로 여기는 경우도 있지만 적발 시 엄격한 처벌로 불이익을 받을 수 있습니다.

다운계약이란 매도인과 매수인이 합의하여 실제 거래가격이 아닌 그보다 낮은 금액으로 계약서를 작성하는 행위를 말합니다. 계약서상 거래가격을 실거래가보다 낮춰 신고함으로써 매도인은 양도차익을 줄여 양도소득세를 줄이고 매수인은 취득가액을 줄여 취득세를 절감할 수 있어 통상 납부할 세금을 줄이기 위해 다운계약을 체결하는 경우가 많습니다.

당장은 더 적은 돈을 쓸 수 있어 보이기 때문에 유혹에 넘어갈 수 있지만, 다운계약서는 사후에 적발될 확률이 상당히 높을 뿐만 아니라 적발될 경우 엄청난 세금을 내야 합니다. 최근 과세자료가 점차 전산화되고 있기 때문에 앞으로는 다운계약서를 통한 편법은 더욱 어렵다고 생각하는 것이 좋습니다.

다운계약서 적발에 따른 불이익

양도자에게 적용되는 불이익은?

1세대 1주택 비과세, 장기보유특별공제, 또는 자경농지 감면 등의 요건을 충족했더라도 다운계약서로 거래가액을 실제보다 낮게 신고하면 세법상 '실거래가액' 기준으로 과세되어 모든 비과세·감면 혜택이 배제됩니다. 즉, 세금 감면을 노리고 계약가를 낮추면 결국 감면 대상 자체가 사라지는 것입니다.

양수자에게 적용되는 불이익은?

매수자 또한 이후 해당 주택을 매도할 때 비과세·감면 적용이 배제됩니다. 세무당국은 다운계약을 거래 당사자 간 공모 행위로 보기 때문입니다.

결국 양도자·양수자 모두 세금폭탄을 맞는 구조입니다.

가산세 및 과태료 부과

다운계약서 적발 시 비과세로 무신고하거나 과소신고한 세금에 대한 가산세뿐만 아니라 다음의 가산세를 내야 합니다.

① 부당과소신고 가산세: 납부세액의 최대 40%

② 납부지연 가산세: 미납세액 × 0.022% × 지연일수

③ 과태료: 부동산 취득가의 5% 이하

이러한 가산세는 단순 실수라 하더라도 사후 취소가 불가능하며, 국세청이 실거래가를 파악하면 즉시 추징됩니다.

다운계약서, 작성 후 얼마나 지나야 안전할까?

"계약하고 몇 년 지났는데 괜찮겠지?"라고 생각하는 사람들이 많습니다. 하지만 이런 고의적인 조세포탈행위, 즉 탈세에 대한 공소시효는

합법적으로 덜 내는 부동산 절세법

다운계약서 작성 시 비과세 적용 배제

다운계약서 작성시 비과세 적용 배제 (계산 사례)

- **양도가액** : 1,100,000,000원
- **취득가액** : 실지취득가액 800,000,000원, 매매계약서상 취득가액 700,000,000원
- **보유기간** : 7년 1개월

비과세 대상 세액 : 0원 (비과세 배제)

* 비과세 배제 금액은 다음 ㉮, ㉯ 중 적은 금액
  ㉮ 비과세에 관한 규정을 적용하지 않았을 경우의 양도소득 산출세액
  ㉯ 매매계약서의 거래가액과 실지거래가액과의 차이

	1세대 1주택 비과세 O (정상계약서 작성)	1세대 1주택 비과세 X (다운계약서 작성)
양도가액	1,100,000,000	1,100,000,000
취득가액	800,000,000	800,000,000
과세대상 양도차익		300,000,000
장기보유특별공제	-	42,000,000
양도소득금액		258,000,000
기본공제		2,500,000
과세표준		255,500,000
세율		38% (누진공제 19,940,000)
산출세액	0	77,150,000
비과세 배제 금액		min ㉮ 77,150,000 / ㉯ 100,000,000
비과세 대상 세액		0
납부할 세액	0	77,150,000

출처: 국세청, 양도소득세 실수톡톡

10년입니다. 국세청은 부동산거래관리시스템(RTMS)을 통해 주변 시세와 동떨어진 거래를 24시간 모니터링하고 있으며, 함께 계약한 매수인이 신고할 수도 있습니다.

국세청은 어떻게 내 거래 사실을 알 수 있을까?

부동산거래 시 취득세, 양도소득세 등을 줄이려 실제 거래가격보다 낮

게 계약서를 작성하는 다운계약 관행이 있었습니다. 정부는 이러한 관행을 바로잡고 공평과세 실현 및 부동산투기 방지를 위하여 2006년 1월 1일부터 실거래가격을 의무적으로 신고하는 부동산거래신고제도를 도입했습니다. 그뿐만 아니라 '국세청이 눈치 못 채겠지'라는 생각은 AI 기반 분석과 실시간 자료 연동 시스템 앞에서는 더 이상 통하지 않습니다. 다운계약서의 모든 흔적은 은행, 시세, 계약서, 신고서류, 입출금 내역에서 자연스럽게 드러나게 되어 있습니다

다운계약서 적발 포인트

확인 방법	내용	적발 가능 포인트
자금조달 계획서	매수인의 자금 출처 신고	계약서상 금액과 불일치
금융계좌 추적	양도자·양수자의 입출금 내역	계약서 외 실제 송금금액 확인
중개업소 계약서	원본 열람 및 비교	허위 계약서 적발 가능
대출/감정 평가자료	감정가와 거래가 비교	은행 감정가보다 낮은 계약금액 신고
인근 실거래가 비교	동일 단지 실거래가 분석	평균보다 현저히 낮은 가격 신고 시 의심
유관기관 공유	FIU, 감사원 등과 정보 협조	탈루 혐의 공유로 정밀 조사 대상 편입

합법적으로 덜 내는 부동산 절세법

장기보유특별공제에 따라
절세액의 크기가 달라진다

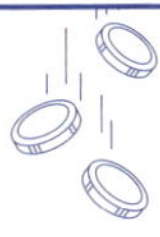

장기보유특별공제(이하 장특공)란 긴 기간에 걸쳐 이루어진 시세상승의 결과가 양도 시점에 한꺼번에 실현됨으로써 발생하는 결집효과를 방지하고, 양도차익 중 물가상승으로 인한 세 부담을 감해주고자 3년 이상 보유한 토지 및 건물의 경우 양도차익의 일정부분을 공제하는 제도를 말합니다. 쉽게 '장기간 보유했으니 특별히 공제해줄게~'라고 기억하면 좋을 것 같습니다. 그렇지만 미등기 양도자산은 장특공을 적용해주지 않습니다.

● **결집효과**: 누진세율 체계하에서 장기간 누적되니 소득이 일시에 과세되는 경우 세 부담이 크게 증가하는 효과

1세대 1주택 비과세인 경우와 아닌 경우 장특공의 차이

1세대 1주택이 아닌 경우

3년 이상 보유한 주택의 경우 보유기간에 따라 연 2%의 공제율이 적용됩니다. 3년 이상 4년 미만이면 6%를 적용받으며 매년 2%씩 올라가고, 최대 15년 보유 30%까지 공제받을 수 있습니다.

표1 1세대 1주택이 아닌 경우

보유 기간	3년 이상	4년 이상	5년 이상	6년 이상	7년 이상	8년 이상	9년 이상	10년 이상	11년 이상	12년 이상	13년 이상	14년 이상	15년 이상
공제율	6%	8%	10%	12%	14%	16%	18%	20%	22%	24%	26%	28%	30%

1세대 1주택자인 경우

1세대 1주택 비과세 요건을 갖추었고, 해당 주택이 양도가액 12억 원을 초과하지 않는다면 장특공은 의미가 없습니다. 비과세 요건을 갖춘 1주택은 양도차익이 얼마가 되었든 양도가액 12억 원까지는 비과세가 되기 때문입니다. 그러나 양도가액 12억 원을 초과하는 고가주택을 2년 이상 보유 및 거주한 1세대 1주택자라면 12억 원을 초과하는 양도차익에 대해 장특공 적용이 가능하며, 이때는 보유 및 거주기간에 따라 각각 4%씩 적용되어 10년 보유 및 거주했을 경우 최대 80%까지 공제받을 수 있습니다.

표2 **1세대 1주택자인 경우**

기간	보유기간	거주기간
2년 이상~3년 미만	0%	8%
3년 이상~4년 미만	12%	12%
4년 이상~5년 미만	16%	16%
5년 이상~6년 미만	20%	20%
6년 이상~7년 미만	24%	24%
7년 이상~8년 미만	28%	28%
8년 이상~9년 미만	32%	32%
9년 이상~10년 미만	36%	36%
10년 이상	40%	40%

이때 주의할 점은 비거주자는 1세대 1주택이라도 주택 비과세를 적용받지 못하기 때문에 [표2]의 공제율이 적용되지 않고 [표1]의 공제율이 적용됩니다. 또한 실무상 흔한 실수로 해외이주 등으로 인해 출국일로부터 2년 이내에 양도해서 비과세특례가 적용되는 경우의 고가주택(양도가액 12억 원 초과)은 [표2]의 장특공을 적용받는다고 생각하는 사람들이 많은데, 양도일 현재 비거주자인 것만은 분명하므로 고가주택의 양도차익에 대해 [표2]의 공제율이 적용되지 않고 [표1]의 공제율이 적용됨에 특별히 주의해야 합니다(조심 2021서924, 2021.08.25).

1세대 1주택자로 2년 거주하지 않아도 연 4% 공제받을 수 있는 세 가지 방법

장특공 [표2]의 공제율(보유기간 × 4% + 거주기간 × 4%)이 적용되기 위해서는 1세대 1주택으로서 2년 이상 거주해야만 합니다. 다만 다음의 경우에는 2년 이상 거주하지 않았어도 [표2]의 공제율을 적용할 수 있습니다.

상생임대주택의 요건을 갖춘 경우

2021년 12월 20일~2026년 12월 31일까지의 기간 중에 상생임대차 계약을 체결하고 임대를 개시한 상생임대주택이 대상입니다. 직전임대차 계약 대비 임대료 등의 증가율이 5%를 초과하지 않고 다음 요건을 충족한다면, 2년 이상 거주하지 않았어도 [표2]의 공제율을 적용할 수 있습니다.

① 직전임대차계약에 따라 임대한 기간이 1년 6개월 이상일 것

② 상생임대차계약에 따라 임대한 기간이 2년 이상일 것

예를 들어 2022년 5월 구입한 집을 바로 2년 임대(직전임대차계약)하고, 다시 2년을 임대(상생임대차계약)한 후 4년 만에 양도한다면 장특공은 8%가 아니라, 16%(보유기간 4%씩 4년)를 적용받을 수 있습니다.

공동상속주택 소수지분권자

「소득세법 시행령」 제155조 제3항에 해당하는 공동상속주택인 경우 [표2]의 공제율을 적용할지 여부를 판단하는 거주기간 2년은 공동상속주택을 소유한 것으로 보는 지분율이 가장 큰 상속인 등이 거주한 기간으로 판단하며, 공제율 계산 시 거주기간도 공동주택을 소유한 것으로 보는 사람이 거주한 기간으로 계산했었습니다. 다만 이렇게 주된 상속인의 거주기간으로 적용하다 보니 주된 상속인이 아닌 자가 실제 공동상속주택에 2년 이상 거주했음에도 불구하고 비과세를 적용받을 수 없는 문제가 발생하여 2024년부터는 공동상속주택에 거주한 공동상속인 중 그 거주기간이 가장 긴 사람이 거주한 기간으로 개정하였습니다(2024.02.29 개정).

양도인은 근무상 형편으로 거주하지 않았지만 나머지 세대원이 2년 이상 거주한 경우

양도인 본인이 근무상 형편 등 부득이한 사유로 인해 양도하는 주택에 거주하지 못한 경우라도 나머지 세대원이 2년 이상 거주했다면 해당 1세대가 거주한 것으로 보아 [표2]의 장특공(4%)을 적용받을 수 있습니다(사전법령해석재산 2020-1054, 2020.12.07).

조합원입주권의 장특공 적용방법

조합원입주권은 주택을 취득할 수 있는 권리에 해당하지만, 장특공을 적용받을 수 있습니다. 다만 모든 입주권이 장특공을 적용받을 수 있는 것은 아닙니다. 먼저 원조합원(관리처분계획인가일 이전에 주택 등을 보유하고 있어 조합원의 자격을 원시적으로 부여받은 사람)의 경우에는 구주택의 취득일부터 관리처분계획인가일까지 기간이 3년 이상인 경우에 한하여 장특공 적용이 가능합니다. 따라서 관리처분계획인가일 이후 조합원 지위를 승계취득한 승계조합원의 조합원입주권을 양도하면 장특공을 적용받을 수 없습니다.

관리처분계획인가 후 주택이 멸실되지 않았더라도 세법에서는 이를 입주권으로 봅니다. 따라서 관리처분계획인가일이 지난 입주권을 양도했음에도 불구하고, 양도계약서상 주택의 양도로 보아 관리처분계획인가일이 아닌 양도일까지 장특공을 적용하면 추후 가산세 등의 문제가 발생할 수 있습니다. 이와는 별개로 입주권을 승계취득했다면 재건축주택의 준공일부터 보유기간을 기산해 장특공을 적용해줍니다.

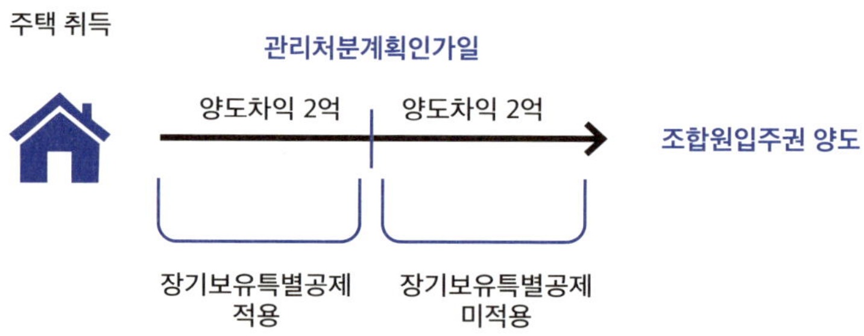

주택을 상가로 변경 시 적용되는 장특공 적용방법

2주택인 상태에서 1주택을 근린생활시설로 용도변경하여 사용하다가 이를 양도하는 경우, 보유기간은 당해 건물의 취득일부터 양도일까지의 기간 중 근린생활시설로 사용한 기간으로 하는 것이 원칙입니다(재산-903, 2009.05.08). 다만 장특공을 적용할 때 보유기간 계산은 '용도변경일 현재' 주택이 양도소득세 중과대상인지 여부에 따라 달라집니다.

용도변경일 현재 양도소득세가 중과되지 않는 주택(장특공 적용)을 상가로 용도변경하여 양도한 경우(사전-2024-법규재산-0161, 2024.05.03)

1주택이거나 비조정대상지역의 주택 등으로 양도소득세가 중과되지 않는 주택을 상가로 용도변경한 후 양도한다면 주택 취득일부터 상가 양도일까지의 전체 보유기간에 대해 [표1]의 장특공(2%)을 적용해줍니다. 이때 상가로 용도변경한 날로부터 3년 이내 양도하더라도 전체 보유기간(주택 취득일~상가 양도일)이 3년 이상이면 장특공 적용이 가능합니다.

용도변경일 현재 양도소득세가 중과되는 주택(장특공 적용불가)을 상가로 용도변경하여 양도한 경우(사전-2022-법규재산-0684, 2022.11.28)

다주택자가 조정대상지역의 주택을 양도할 경우 양도소득세가 중과될 뿐만 아니라 장특공 적용도 받을 수 없습니다. 따라서 용도변경일 현재 양도소득세가 중과되는 주택을 상가로 용도변경한 후 양도한다면 주택보유기간에 대해서는 장특공을 적용해주지 않고, 상가로 보유한 기간에 대해서만 [표1]의 장특공(2%)을 적용받을 수 있습니다.

양도소득세 중과에 따른 장특공 사례

구분	용도변경일 현재 양도소득세 중과되는 주택	용도변경일 현재 양도소득세 중과되지 않는 주택
장기보유특별공제 적용 여부	주택 보유기간: 적용불가 상가 보유기간: 적용가능	적용가능
장기보유특별공제 보유기간	용도변경일~상가 양도일	주택 취득일~상가 양도일

용도변경일 현재 양도소득세가 중과되는 주택을 상가로 용도변경하여 중과유예기간 내에 양도한 경우(사전-2022-법규재산-0881, 2022.12.28)

양도소득세 중과대상 주택이더라도 양도일 현재 중과유예기간이라면 당연히 장특공도 적용받을 수 있습니다. 이런 이유로 중과대상 주택을 상가로 용도변경하여 중과유예기간 내에 양도하면 주택의 취득일부터 상가 양도일까지 전체 건물 보유기간에 대해 장특공을 적용받을 수 있는 것으로 오해하는 경우가 많습니다. 하지만 용도변경일 현재 중과대상 주택이기 때문에 상가로 용도변경한 날부터 양도일까지의 보유기간에 대해서만 장특공을 적용해줍니다.

상가를 주택으로 용도변경한 경우

양도일 현재 비과세 주택이 아닌 경우

상가를 주택으로 용도변경하여 양도하는 경우로서 장특공 적용 여부는 '양도일 현재' 해당 주택이 양도세 중과대상인지에 따라 달라집니다. 먼저 양도일 현재 양도소득세 중과대상주택이 아니라면 상가 취득일부터 주택 양도일까지의 전체 보유기간에 대해 [표1]의 장특공(2%) 적용이 가능합니다. 하지만 양도일 현재 양도소득세 중과대상 주택이라면 장특공 적용이 불가능합니다.

양도일 현재 1세대 1주택으로 2년 이상 거주한 경우

상가를 주택으로 용도변경하여 2025년 이후에 양도(1세대 1주택자로 양도가액 12억 원 초과)한다고 가정해보겠습니다. 용도변경 후 2년 이상 거주하지 않았다면 전체 보유기간에 대해 [표1]의 장특공(2%)을 적용해줍니다. 그러나 용도변경 후 2년 이상 거주했다면 상가의 보유기간에 대해서는 [표1]의 장특공(2%)을 적용, 주택의 보유기간 및 거주기간에 대해서는 [표2]의 장특공(4%)을 적용해줍니다.

장특공 계산방법

구분		장기보유특별공제 계산방법
2년 미거주		전체 건물(상가+주택)보유기간에 따른 [표1]의 장특공(2%) 적용 → (보유기간 × 2%, 30% 한도)
2년 거주 (①+②)	보유기간 공제율(①)	상가 보유기간에 따른 [표1]의 장특공(2%) + 주택 보유기간에 따른 [표2]의 장특공(4%) 적용 →{(상가 보유기간 × 2%) + (주택 보유기간 × 4%), 40% 한도}
	거주기간 공제율(②)	주택 거주기간에 따른 [표2]의 장특공(4%) 적용 →{(주택 거주기간 × 4%), 40% 한도}

대한민국 최고의 절세법!
1세대 1주택 비과세

1세대 1주택 비과세 요건 및 주요 국세청 추징 사례

부동산 최고의 절세법은 1세대 1주택 비과세입니다. 부동산 가격 상승에 따른 다주택자에 대한 양도세 중과규정이 시행되고 임대주택 세제혜택 축소와 함께 종합부동산세가 인상되더라도 1세대 1주택의 요건, 거주주택 비과세의 요건을 갖춘다면 충분합니다. 부동산을 통해 많은 차익을 남겼더라도 양도가 12억 원까지는 세금을 내지 않고 수익을 지킬 수 있습니다. 1세대 1주택 비과세 요건은 어떤 것이 있으며, 비과세 여부에 따른 세 부담의 차이는 얼마나 날까요?

먼저 1세대 1주택 비과세란 무엇일까요? 세법에서 집 한 채를 갖고 있는 것은, 투자 목적이 아닌 실거주 목적으로 취득한 것으로 봅니다. 따라서 세법에서 말하는 1세대 1주택 비과세란 1세대가 보유한

1주택을 거주자가 양도하는 경우 실거래가 12억 원까지는 양도소득세를 과세하지 않는 규정을 말합니다. 설령 12억 원을 초과하더라도 12억 원 초과분에 대한 양도차익을 산정하고, 이에 대해 보유 및 거주 기간에 따라 연 8%, 최대 80%까지 장기보유특별공제를 적용해줌으로써 세 부담을 최소화할 수 있게 하는데, 이는 뒤에서 다시 자세히 이야기하도록 하겠습니다.

1세대 1주택자 비과세 요건

원칙

양도일 당시 1세대가 1주택을 보유하고 있고, 2년 이상 보유했다면 양도소득세 비과세를 적용받을 수 있습니다. 즉, 취득 당시 다주택자였다 하더라도 양도 당시에만 1주택자이고, 양도하는 주택이 취득일로부터 2년 이상 보유했고 양도가액이 12억 원을 넘지 않는 한 비과세를 적용받아 세금 없이 주택을 매도할 수 있습니다.

취득 당시 조정대상지역이었다면?

주택 가격이 급격하게 상승함에 따라 이를 억제하고자 정부에서는 2017년 8월 2일 부동산 대책을 발표합니다. 이로 인하여 2017년 8월 3일 이후 취득하는 ① 조정대상지역 내 신규취득주택이 비과세를 적용받기 위해서는 2년 보유요건뿐만 아니라 2년 거주요건도 동시에 충족해야만 합니다.

① 비조정대상지역의 주택을 취득: 2년 보유만 하고 양도해도 비과세

② 조정대상지역의 주택을 취득: 2년 보유 및 거주하고 양도해야 비과세

여기서 주의 깊게 살펴볼 내용은 내가 취득할 당시 조정대상지역인지 여부입니다. 조정대상지역은 부동산 시장 상황에 따라 새롭게 지정되기도 하고, 해제되기도 합니다. 지금 조정대상지역이라 하더라도 취득할 당시 조정대상지역이 아니었다면, 2년 보유요건만 충족하면 비과세 규정을 적용받을 수 있다는 의미입니다. 간혹 반대로 생각해 양도 당시 조정대상지역에서 해제되었고, 1주택자이고 양도가액이 12억 원이 넘지 않으니 비과세여서 양도해도 세금이 없다고 생각하여 생각지 못한 세금을 내는 경우도 발생할 수 있으니 이 점 꼭 기억하기 바랍니다.

조정대상지역 관련 질문들

조정대상지역으로 지정되기 전 매매계약을 체결했다면?

매매계약서를 작성하고 계약금만 지급한 상황에서 내가 구입한 주택이 조정대상지역으로 지정된다면, 이때는 어떻게 될까요? 주택의 구입시기는 통상적으로 잔금지급일(소유권이전등기일이 더 빠르다면 소유권이전등기일)으로 보아 잔금을 지급하는 시점에는 조정대상지역이기 때문에 2년 거주를 해야만 비과세를 받을 수 있을까요? 이에 대해 국세청에서는 다음과 같이 이야기하고 있습니다.

2017년 8월 2일 이전에 매매계약을 체결하고 계약금을 지급한 사실이 증빙서류에 의하여 확인되는 주택(해당 주택의 거주자가 속한 1세대가 계약금 지급일 현재 주택을 보유하지 아니하는 경우로 한정한다)은 2년 보유요건 충족 시 비과세, 부칙 <제28293호, 2017.09.19>

따라서 조정대상지역으로 지정되기 전 매매계약을 체결하고, 계약금을 지급했다면 종전규정을 적용받게 되어 2년 보유만 하면 12억 원까지는 비과세를 적용받을 수 있습니다. 다만 다음 두 가지 케이스는 거주요건까지 충족해야 비과세를 적용받을 수 있으니 주의해야 합니다.

① 조정대상지역 지정 당시 매매계약을 체결하고 계약금을 지급한 무주택자라 하더라도 세대원 중 유주택자가 있으면 거주요건을 충족해야 비과세 가능
② 조정대상지역 지정 당시 매매계약을 체결하고 계약금을 지급하였다 하더라도 유주택자라면 거주요건을 충족해야 비과세 적용 가능

8.2대책 전 계약한 주택의 일부를 배우자에게 증여 후 주택 양도 시 거주요건이 적용될까?

2017년 8월 3일 이후 조정대상지역의 주택을 취득하는 경우 1세대 1주택 비과세를 적용받기 위해서는 2년 보유요건뿐만 아니라 2년 거주요건이 추가되었습니다. 다만 2017년 8월 2일 이전에 매매계약을 체결하고 계약금을 지급한 사실이 증빙서류에 의하여 확인되는 주택(해당 주택의 거주자가 속한 1세대가 계약금 지급일 현재 주택을 보유하지 아니하는 경우로 한정)의 경우에는 2년 거주요건을 적용하지 않는다고 예외

합법적으로 덜 내는 부동산 절세법

규정을 두고 있습니다. 즉, 무주택자인 상태에서 2017년 8월 2일 이전에 계약금을 지급해 취득한 주택이나 분양권이 있다면 이는 거주요건을 적용하지 않는다는 것이죠.

이 같은 상황에서 취득한 분양권을 2017년 8월 2일 이후 배우자에게 증여 시 증여 시점을 새로운 취득으로 보아 거주요건을 새롭게 적용해주어야 할 것인지, 아니면 그 주택의 최초취득일이 2017년 8월 2일 이전이니 2년 보유만 하면 될 것인지가 쟁점이 된 적이 있습니다. 이에 대해 재정경제부에서는 조정대상지역 내 주택의 분양계약을 2017년 8월 2일 이전 체결하고 계약금을 지급했으나, 이후에 그 지분 중 1/2을 배우자에게 증여 시 거주요건을 적용하지 않는다고 답변하고 있습니다(재정경제부 재산세제과-858, 2018.10.10).

세법상 1세대란?
세금추징 사례

대한민국에서 활용할 수 있는 가장 확실한 절세법 중 하나가 바로 1세대 1주택 비과세입니다. 거주가 목적인 주택을 구입하는 경우에는 투기성으로 보지 않기 때문입니다. 정부는 국민의 주거안정 지원 차원에서 양도일 현재 거주자인 1세대가 국내에 2년 이상 보유(조정대상지역에서 2017년 8월 3일 이후 취득한 주택은 2년 거주요건 추가)한 1주택에 대해서는 양도소득세를 과세하지 않습니다. 「소득세법」에서는 이런 비과세를 받기 위한 1주택을 판단할 때 세대 단위로 주택수를 계산합니다. 이때 이 '세대'의 개념을 잘못 이해하면 비과세는커녕 세금폭탄을 맞을 수 있기 때문에 정확히 이해할 필요가 있습니다.

   합법적으로 덜 내는 부동산 절세법

「소득세법」상 '1세대'(「소득세법」 제88조)

① 거주자 및 그 배우자가 ② 그들과 같은 주소 또는 거소에서 ③ 생계를 같이 하는 자와 함께 구성하는 가족 단위

- 거주자 및 그 배우자의 직계존비속(그 배우자를 포함한다) 및 형제자매를 말하며, 취학, 질병의 요양, 근무상 또는 사업상의 형편으로 일시 퇴거한 사람을 포함
- 법률상 이혼을 하였으나 생계를 같이 하는 등 사실상 이혼한 것으로 보기 어려운 관계에 있는 사람을 포함

과세 관청에서 주목하는 사례별로 하나씩 살펴보도록 하겠습니다.

Case 1 부부가 주소지를 달리하면 별도세대로 볼 수 있을까?

보통 세대를 이야기할 때 '같은 주소 또는 거소에서 생계를 같이 하는 자'만 동일세대로 생각하는 경우가 많이 발생합니다. 그래서일까요? 부부가 각자의 명의로 집을 갖고, 주소지를 별도로 하면 각자 1세대 1주택 비과세를 받을 수 있다고 오해하는 사람들이 종종 있습니다. 그러나 세법상으로는 부부가 서로 주소지를 달리하더라도 별도세대로 보지 않습니다. 왜냐하면 기본적으로 '1세내'를 정의할 때 혼인(사실혼은 제외)을 전제로 하기 때문입니다. 하지만 다행히 배우자가 없더라도 다음의 경우에는 특별히 1세대로 인정해줍니다.

배우자가 없어도 1세대로 인정해주는 경우

1. 해당 거주자의 나이가 30세 이상인 경우

2. 배우자가 사망하거나 이혼한 경우

3. 법 제4조에 따른 소득이「국민기초생활 보장법」제2조 제11호에 따른 기준 중위소득의 100분의 40 수준 이상(2026년 102만 5,695원)으로서 소유하고 있는 주택 또는 토지를 관리·유지하면서 독립된 생계를 유지할 수 있는 경우. 다만 미성년자의 경우를 제외하되, 미성년자의 결혼, 가족의 사망 그 밖에 재정경제부령이 정하는 사유로 1세대의 구성이 불가피한 경우에는 그러하지 아니하다.

`Case 2` 부부가 위장이혼하면 별도세대로 볼 수 있을까?

「소득세법」은 기본적으로 실질과세원칙을 따르고 있습니다. 따라서 위장이혼의 경우 서류상으로 이혼했더라도, 실제 같이 살고 있는 것이 확인된다면 실질과세원칙에 따라 과세 관청은 비과세를 부인해왔습니다. 이에 대해 2017년 대법원에서 "세금을 피하려 위장이혼을 했다"는 세무서의 주장에 대해 "세금을 피하려 했다거나 이혼 후 사실혼 관계를 유지했다는 사정만으로는 그 이혼을 무효로 볼 수 없다"라며 판결(대법원2016두35083, 2017.09.07)을 뒤집어 큰 이슈가 된 적이 있습니다. 이런 문제들이 속출하자 국세청에서는 2018년 세법개정을 통해서 "법률상 이혼을 하였으나 생계를 같이 하는 등 사실상 이혼한 것으로 보기 어려운 관계에 있는 사람을 포함한다"는 문구를 추가로 열거하여 위장이혼에 따른 조세회피를 더 이상 할 수 없게 했습니다.

`Case 3` 가정불화로 별거 중인 부부는 별도세대로 볼 수 있을까?

이에 대해서는 민법 규정을 준용하고 있는데, 현행「민법」에서 혼인은「가족관계의 등록 등에 관한 법률」에 따라 신고함으로써 그 효력이 생긴다고 규정하고 있어, 부부가 각각 단독세대를 구성하거나 가정불화로 별거 중이라도 법률상 배우자는 같은 세대로 봅니다(「소득세법」 집행기준 89-154-3). 따라서 이로 인한 세무상 불이익을 보지 않기 위해서는 사전에 재판을 통해 이혼을 하거나, 주택을 양도하기 전에 과세관청에 배우자의 부동산 소유 현황을 조회하여 확인한 후 의사결정을 해야 합니다.

Case 4 **형수는 같은 주소지에 살면 가족으로 보아 동일세대로 볼 수 있을까?**

「소득세법」상 가족이란 거주자와 그 배우자의 직계존속과 직계비속 및 형제자매를 말합니다. 이때 직계존속과 직계비속은 그 배우자를 포함하지만, 형제자매의 배우자는 포함하지 않습니다. 만약 부모님이 재혼하여 계부나 계모가 있다면 이들도 가족에 포함되며, 직계비속의 배우자인 사위나 며느리도 가족의 범위에 들어갑니다. 다만 형제자매의 배우자(형수, 제수, 형부, 제부 등)는 가족에 포함되지 않습니다.

가족의 범위

포함 O	포함 X
장인, 장모, 처남, 처제, 시부모, 시아주버니, 시누이, 사위	형수, 제수, 형부, 제부

부모와 미혼 자녀의 경우

세법에서는 별도세대의 구성요건을 크게 세 가지로 보고 있습니다.

1. 혼인
2. 만 30세 이상
3. 일정 이상의 소득이 있고 독립 생계 유지

즉, 만 30세가 넘지 않은 미혼이라 하더라도 일정 이상의 소득이 있고 독립적인 생계를 유지한다면 별도세대로 인정받을 수 있습니다. 이때 주의해야 할 점이 바로 세 번째 요건입니다. 일정 소득이란 기준 중위소득의 40% 이상(2026년 102만 5,695원)을 의미합니다. 이때 소득은 비과세소득을 제외한 사업소득, 근로소득, 기타소득(저작권 수입, 원고료, 강연료 등 포함)으로서 계속·반복적인 소득이며, 일시·우발적 소득(이자, 배당, 양도소득 등)은 인정하지 않습니다. 또한 독립적인 생계를 유지한다는 말은 자신이 매달 번 돈 약 102만 원으로 자신의 생계를 유지하는 것을 의미합니다.

Case 5 **부모와 따로 사는 미혼 자녀**

24살 자녀가 과외로 한 달에 200만 원씩 벌고 있습니다. 제가 2주택 자인데, 그로 인해 종부세니 양도세니 중과세율을 적용받게 되어 고민이 많습니다. 이 경우 오피스텔에 자녀가 거주하고 주택을 증여하면 별도세대로 인정받을 수 있다고 하는데 실제로도 맞는 이야기인가요?

여기에서는 두 가지 이슈가 발생할 수 있습니다. 첫 번째 이슈는 소득신고입니다. 과외로 번 소득 또한 사업소득 또는 기타소득으로 열거하고 있으며, 이에 대한 납세의무도 분명 존재하지만 실제 과외로 번 소득을 신고하는 경우는 거의 없습니다. 두 번째 이슈는 독립적인 생계유지를 했다는 근거인데요. 일단 과외로 버는 소득의 경우 소득신고를 하고, 실제 소비는 부모님 카드로 하는 경우가 대부분입니다. 이는 내 소득은 저축하고 부모님 카드로 생활하는 것으로 독립적인 생계유지를 했다고 할 수 없는 것이죠.

그럼 이런 것을 세무서에서는 어떻게 파악할 수 있을까요? 과세 관청은 납세자들의 카드 사용내역을 볼 수 있는 정보력이 있습니다. 카드 사용내역을 보면 실제 누가 썼는지 충분히 파악이 가능합니다.

Case 6 아르바이트하는 대학생 자녀

24살 대학생 자녀가 아르바이트로 한 달에 150만 원씩 벌고 있다면 별도세대로 볼 수 있을까요?

자녀가 아르바이트를 통해 신고된 소득이 일정 소득을 넘기 때문에 별도세대로 볼 수 있다고 생각할 수 있습니다. 하지만 만 30세 미만의 미혼 자녀가 별도세대로 인정받기 위해선 독립적인 생계유지를 할 수 있는 고정수입이 있어야 합니다. 일반적으로 아르바이트는 취학 전 또는 군대 가기 전 일시적으로 하는 것으로 보아 이를 고정수입으로 인정받기는 쉽지 않습니다.

① 각각의 집을 소유 중인 30대 후반의 자매(각자의 소득이 있음)가 같은 집에 산다면, 그리고 그중 하나의 집을 판다면 비과세를 받을 수 있을까요?

② 어머니 명의의 주택에서 30세가 넘는 자녀가 함께 살고 있고, 각각 1주택을 보유하고 있습니다. 이때 자녀의 주소지를 친척 집으로 옮겨 놓고 어머니 명의의 집을 팔고, 다시 새 주택을 구입해서 이사를 했습니다. 그리고 다시 자녀의 주소를 어머니 집으로 옮기면 세대분리를 인정받아 비과세가 가능할까요?

세법은 기본적으로 실질과세주의를 채택하고 있습니다. 즉 형식상 동일세대라 하더라도 실제 독립적으로 살고 있음을 입증할 수 있으면 별도세대로 본다는 것이죠. ①의 경우처럼 같은 주소지에서 주민등록 상 동일한 세대를 구성했다 하더라도 각각 30세가 넘고 별도의 직업과 소득이 있고, 각자의 자금으로 생활했다면 독립세대로 인정받을 수 있습니다. 다만 이를 현실적으로 입증하기는 쉽지 않기 때문에 주택 매도를 고려한다면 주소지를 달리 해놓는 것이 좋습니다.

②의 경우는 어떨까요? 세법은 취학, 질병의 요양, 근무상 또는 사업상의 형편으로 본래의 주소에서 일시퇴거한 자까지 가족으로 보고 있습니다. 부모님과 떨어져 실제로 친척집에 3~4개월 거주했더라도 과세 관청은 이를 일시퇴거한 것으로 볼 가능성이 크기 때문에 비과세를 적용받기는 쉽지 않습니다.

세법상 주택이란?
세금추징 사례

「소득세법」에서는 주택의 정의를 이렇게 하고 있습니다.

주택이란 허가 여부나 공부상의 용도구분에 관계없이 별도의 출입문, 화장실, 취사시설이 설치되어 있고, 사실상 주거용으로 사용하는 건물을 말한다. 이때 만일 실제 사용용도가 불분명하다면 공부상의 용도에 따른다.

공부상의 용도는 어떻게 확인할까요? 등기부등본, 건축물대장에 표기된 용도를 통해 주택여부를 판단한다는 의미입니다. 「소득세법」 상 가장 큰 틀은 실질과세의 원칙입니다. 결국 주택의 판단기준은 사실상 주거용으로 사용 → 공부상 용도 순서로 판단합니다.

세법상 '주택'의 의미를 잘못 이해하면 다음과 같은 황당하면서도 억울할 수 있는 상황이 발생할 수 있으니, 관련 내용을 정확히 이해할 필요가 있습니다.

Case 1 무허가주택도 주택으로 볼 수 있을까?

일반적으로 주택이란 「건축법」상 관할관청에 적법한 신고절차나 허가절차를 받아서 건축해야 하는 것이 맞습니다. 하지만 그럼에도 불구하고 건축허가를 받지 않거나 불법으로 건축된 주택이 주택으로서의 기능을 할 수 있는 외형을 갖추고 실제 주택으로 사용하고 있다면 허가된 주택이 아니라 하더라도 주택으로 볼 수 있습니다.

「소득세법」은 형식보다는 실질을 중요하게 생각합니다. 장기간 공가 상태로 방치하여 주거용으로 사용하지 않아도 공부상 주택에 해당하면 주택수에 포함됩니다(다만 사실상 주거로서의 기능을 상실한 폐가 상태라는 것을 입증할 수 있으면 주택으로 보지 않습니다). 따라서 시골의 무허가주택이나 방치되어 있는 시골 주택이 있다면 비과세를 받고자 하는 주택 양도(잔금지급일 또는 등기접수일 중 빠른 날) 전 철거하거나 멸실함으로써 양도 당시 1주택을 만들면 비과세를 적용받을 수 있습니다.

노후화되거나 방치된 주택도 주택으로 본 사례(수원지방법원-2021-구단-7000)
원고들이 양도할 당시 이 사건 주택들은 주거용으로서의 잠재적 기능을 여전히 보유한 상태였던 것으로 보이고, 철거가 예정되어 거주자가 모두 퇴거하고 수도나 전기가 끊기고 주변에 차단막이 설치되었다 하더라도, 이는 '주택'에 해당한다고 봄이 타당하다.

합법적으로 덜 내는 부동산 절세법

 오피스텔은 주택일까, 아닐까?

오피스텔 분양하는 광고를 보면 이런 문구가 자주 보입니다. "주택수에 들어가지 않고, 최대 90%까지 대출받을 수 있으며, 부가세 환급도 가능합니다."

이 광고, 반은 맞고 반은 틀립니다. 왜 그럴까요? 오피스텔을 사무실로 사용한다면 광고의 내용이 맞지만, 오피스텔을 주거용으로 사용한다면 틀린 내용이 됩니다. 만일 주택으로 임대 중이던 오피스텔임에도 불구하고 수년간 업무용 재산세를 납부했다면, 이 경우는 재산세 부과를 기준으로 주택에서 제외될 수 있을까요? 주택 비과세의 가장 큰 핵심은 실질과세입니다. 이 경우도 업무용 재산세를 구청에서 부과한 것과 상관없이 실제 주거용으로 사용한 것을 확인하여 비과세를 적용하지 않았던 대표적인 사례라고 할 수 있습니다.

서울행정법원-2014-구단-14337(2015.01.08)

이 사건 오피스텔의 주된 사용 용도는 주거용으로서 「소득세법령」상 주택으로 봄이 상당하고, 원고가 10년 상당 지자체에 재산세를 납부하였다는 사정만으로 이 사건 처분을 한 것을 이율배반적이라거나 공평과세의 원칙에 반하는 것이라고 볼 수 없음

…'주택'에 해당하는지 어부는 건물공부상의 용도구분에 관계없이 실제 용도가 사실상 주거에 공하는 건물인가에 의하여 판단해야 하고(대법원1987. 9. 8. 선고 87누584 판결 등 참조)…

주택 양도일 현재 공실로 보유하는 오피스텔의 경우 내부시설 및 구조 등을 주거용으로 사용할 수 있도록 변경하지 않고 「건축법」상의 업무용으로 사용승인된 형태를 유지하고 있다면 주택으로 보지 않으며, 내부시설 및 구조 등을 주거용으로 변경하여 항상 주거용으로 사용 가능한 경우에는 주택으로 봅니다(집행기준 89-154-13).

결국은 공실이더라도 오피스텔의 내부구조상 항상 주거용으로 사용 가능한 상황이라면 주택으로 볼 수 있다는 것이죠. 요새 만들어진 오피스텔이라면 거의 주거가 가능하게 모든 것이 빌트인되어 있는 경우가 많기 때문에 공실도 주택으로 볼 수 있는 여지가 있으니 주의를 요해야 합니다.

나는 상가로 오피스텔을 분양받고, 사업자등록까지 하고 업무용으로 임차하는 조건으로 임대를 했는데, 임차인이 주거용으로 사용한다면? 이런 억울한 경우는 구제받을 수 있을까요?

안타깝게도 나는 업무용으로 임차를 했지만, 실제 주거용으로 사용하고 있기 때문에 실질과세의 원칙에 따라 구제받을 수 없습니다. 결국 공실이더라도 해당 구조물의 형태가 당장이라도 누군가 들어와서 주거를 할 수 있는 공간으로 이루어져 있다면 주택으로 보아 과세할 수 있다는 논리이기 때문에, 이런 문제를 당하지 않으려면 임대차 계약서, 임차인의 사업자등록증 등을 받아놓을 필요가 있습니다.

쟁점주택 양도 당시 쟁점오피스텔을 주택으로 봄이 타당함

심사-양도-2020-0016(2020.09.02)

                                  합법적으로 덜 내는 부동산 절세법

양도 당시 보유한 오피스텔이 주거용으로 사용된 사실이 확인되는 바 1세대 1주택에 해당한다고 할 수 없음(서울행정법원-2016-구단-29470)

이 사건 오피스텔은 공부상 용도가 업무시설 등으로 되어 있기는 하나, 화장실, 싱크대, 옷장, 등 편의시설이 기본사양으로 설치되어 있어 독립된 주거가 가능한 형태를 갖추고 있는 점, 이 사건 오피스텔의 임차인인 OOO는 세무조사를 담당한 공무원에게 이 사건 오피스텔을 주거용으로 사용하고 있다는 확인서를 작성하여 주었던 점, 실제로 OOO는 2008. 7. 29. 이 사건 오피스텔에 전입신고를 마쳤고 이 사건 아파트 양도 당시에도 주민등록을 이 사건 오피스텔에 두고 있었던 점을 고려하여 볼 때, 원고가 이 사건 오피스텔을 분양받은 이후 매기 부가가치세를 신고·납부하여 왔다고 하더라도, 이 사건 오피스텔을 단순히 업무시설이라고 보기에는 부족하고, 그 밖에 이를 인정할 만한 근거가 없으며, 오히려 이 사건 오피스텔은 공부상 용도와 달리 실제로는 주거용으로 사용된 건물로서 「소득세법」상의 '주택'에 해당한다고 봄이 상당함

Case 4 공부상 주택을 사무실로 사용하다 양도한다면?

종로구 익선동 한옥 거리에 가면 한옥을 개조해 식당으로 사용하는 풍경을 종종 볼 수 있습니다. 구조물상 주택이지만, 이를 음식점으로 활용하고 있는 케이스입니다. 이는 주택으로 볼 수 있을까요? 과세 관청은 이런 경우 다음과 같이 해석하고 있습니다.

Case 5 아파트를 종업원 기숙사로 사용한다면?

실제 기숙사로 사용하고 있다는 것을 증명하면 인정해줄까요? 이 경우는 좀 다르게 해석하고 있습니다.

그럼 공장 내 합숙소의 경우는 어떨까요? 이 또한 언제나 주거용으로 사용할 수 있기 때문에 주택으로 볼까요? 아닙니다. 이에 대해 집행기준에서 아래와 같이 이야기하고 있습니다.

즉, 이 경우는 주거 형태를 갖춘 것이 아니라 잠시 씻고, 잠만 잘 수 있는 공간으로 보기 때문에 주택으로 보지 않는 것입니다.

Case 6 펜션은 주택일까?

펜션을 숙박업이 목적이고, 상시 주거 목적으로 이용되지 않는다면 주택으로 보지 않습니다. 하지만 최근 은퇴한 부부들이 거주하면서 펜션을 운영하는 경우도 점점 늘어나고 있는데, 이런 경우는 주택으로 볼 수 있으니 주의해야 합니다.

> **집행기준 89-154-11 [펜션의 주택 여부]**
>
> 펜션을 숙박용역 용도로만 제공하는 경우 주택에 해당하지 않으나 세대원이 해당 건물로 거소 등을 이전하여 주택으로 사용하는 경우에는 겸용주택으로 본다.

펜션 건물 안에서 생활하는 것뿐만 아니라, 건물의 일부에서 생활하고 있으면서 휴가철에만 숙박을 제공한다면 이 또한 주택으로 볼 수 있는 것입니다.

Case 7 조합원입주권 및 주택분양권도 주택에 해당할까?

조합원입주권과 주택분양권은 주택이 아니라 부동산을 취득할 수 있는 권리이기에 주택이라고 할 수 없습니다. 하지만 다른 주택의 '1세대 1주택 비과세' 및 '다주택자 양도소득세 중과여부'를 판단할 때 조합원입주권과 2021년 1월 1일 이후 취득한 주택분양권은 예외적으로 주택으로 보아 주택수에 포함합니다.

1세대 1주택 고가주택 비과세 파헤쳐보기

대한민국에서 활용할 수 있는 가장 확실한 절세법이 바로 1세대 1주택 비과세라고 이야기했습니다. 그래서 가장 기본이 되는 1세대의 개념과 1주택의 개념에 대해서 살펴보았습니다. 그럼 이렇게 1세대 1주택을 갖춘 사람이 12억 원을 초과하는 고가주택을 2년 보유(조정대상지역의 경우 2년 거주요건 추가)한 후 매도한다면 얼마나 세금이 줄어들까요?

상담하다 보면, 고가주택 비과세 부분에 대해 많은 사람들이 잘못 이해하고 있는 부분이 있습니다. 대표적인 오류는 다음의 두 가지입니다.

첫 번째, 비과세 기준 12억 원은 기준시가다.

합법적으로 덜 내는 부동산 절세법

두 번째, 12억 원까지는 세금이 없기 때문에 양도가액에서 12억 원을 뺀 금액으로 양도세를 계산한다.

이제는 집 한 채에 30억 원이 넘는 집도 상당히 많아졌고, 100억 원이 넘는 집의 경우 이 1세대 1주택 비과세 효과로 강남의 집 한 채를 더 살 수 있는 여력이 생기는 것이니, 부자감세라는 말이 나올 수밖에 없을 정도의 혜택이죠. 이번에는 고가주택 양도세 비과세의 계산구조 및 절세효과에 대해 사례를 통해 살펴보도록 하겠습니다.

주택을 한 채 가지고 있습니다. 취득가격 5억 원, 양도가격 15억 원, 보유기간 10년, 거주기간은 5년입니다. 제가 내야 할 세금은 얼마일까요? 이번에 발표된 내용을 적용하면 세금이 얼마나 늘어날까요?

12억 원 비과세는 12억 원 초과분만 세금을 내는 것이 아니다

매도하는 가격, 즉 양도가액이 12억 원을 초과하는 주택을 '고가주택'이라고 합니다. 1세대 1주택의 기준이 2021년 12월 8일 이후 양도하는 분부터 9억 원에서 12억 원으로 상향되었습니다. 이때 양도하는 주택의 가격이 12억 원을 초과하는 경우 전체 양도차익에 과세하는 것이 아니라 고가주택 양도차익을 별도로 계산하여 과세합니다.

전체 양도차익 × (양도가액 - 12억 원) / 양도가액 = 고가주택 양도차익

사례에서처럼 5억 원에 구입해서 15억 원에 매도한다면 실제

10억 원의 양도차익이 생긴 상황이지만, 이는 12억 원 초과 고가주택이므로, 전체 양도차익 중 양도가액(15억 원)에서 12억 원 초과분(3억 원)의 비율만큼을 계산해 고가주택 양도차익을 계산해야 합니다. 즉, 10억 × (15억 - 12억) / 15억 = 2억 원이 됩니다.

비과세 요건과 장기보유특별공제(장특공) 요건이 다르다

2017년 8월 2일 이전에 취득한 주택은 조정대상지역과 상관없이 거주하지 않고 보유 2년만 하면 비과세 요건을 충족할 수 있습니다. 하지만 장특공은 거주 2년을 하지 않으면 일반 장특공 연 2%짜리만 적용됩니다. 특히 2021년부터는 거주기간에 따라 연 4%씩 공제되기 때문에 최대 절세효과를 위해서는 이제 거주 10년을 충족해야만 합니다.

장특공 적용을 위한 보유기간은 어떻게 산정할까?

일반적으로 장기보유특별공제액을 산정함에 있어 보유기간은 취득일부터 양도일까지로 합니다. 다만 상속받은 재산은 상속개시일부터 양도일까지로, 증여받은 자산의 경우에는 증여등기일부터 양도일까지를 보유기간으로 장특공을 적용합니다. 이와 관련된 주요 내용은 아래와 같이 표로 정리해볼 수 있습니다.

합법적으로 덜 내는 부동산 절세법

1세대 1주택 비과세 판단을 위한 주택 2년 보유기간의 기산일과 종료일

유형	기산일	종료일
원칙	취득일부터 양도일까지	대금청산일 또는 등기접수일 중 빠른 날
일반적인 경우	대금청산일과 등기접수일 중 빠른 날	
동일세대원 간 소유권 변동	세대 전체를 기준으로 2년 이상 보유 여부를 판정	
이혼(재산분할청구)	소유권을 이전해준 다른 이혼자의 당초 취득일부터	
이혼(위자료)	위자료로 주택을 받은 시점부터	
상속재산	상속개시일 (단, 동일세대원인 피상속인으로부터 상속받은 주택은 피상속인 취득일부터 계산)	대금청산일 또는 등기접수일 중 빠른 날
증여재산	증여등기접수일	
보유 중에 노후 등으로 멸실되어 재건축한 경우	멸실한 주택과 재건축한 주택의 보유기간을 통산 (재건축 공사기간 포함) • 주택면적이 증가한 경우 → 보유기간 영향 × • 부수토지 면적이 증가한 경우 → 종전주택의 부수토지 면적 초과 부분은 신축일로부터 2년 경과해야 비과세 적용 가능	
「도시및주거환경정비법」에 의한 재개발·재건축으로 완공된 경우	종전주택의 보유기간, 공사기간, 재건축·재개발 후의 보유기간을 통산	

거주기간에 따른 세금 차이가 9배나 된다고?

앞선 사례의 경우 10년 보유를 가정, 거주기간을 달리하면 다음과 같이 양도세 차이가 발생합니다.

거주기간에 따른 양도세 차이(단위: 원)

거주기간	2년 미만	5년	10년
양도가액	1,500,000,000	1,500,000,000	1,500,000,000
취득가액	500,000,000	500,000,000	500,000,000
양도차익	1,000,000,000	1,000,000,000	1,000,000,000
고가주택 양도차익	200,000,000	200,000,000	200,000,000
장기보유특별공제	40,000,000	120,000,000	160,000,000
양도소득금액	160,000,000	80,000,000	40,000,000
양도소득 기본공제	2,500,000	2,500,000	2,500,000
과세표준	157,500,000	77,500,000	37,500,000
양도소득세	39,910,000	12,840,000	4,365,000
지방소득세	3,991,000	1,284,000	436,500
세 부담 합계	43,901,000	14,124,000	4,801,500

첫 번째 케이스는 10년을 보유했지만, 거주기간이 2년이 안 되어 일반 장특공 연 2%씩 20%를 적용받고, 두 번째는 보유기간 4%(40%), 거주기간 4%(20%)로 총 60%를 적용받습니다. 마지막 케이스는 보유 및 거주기간 각각 40%씩, 최대공제율인 80%를 적용받습니다. 보유 기간에 따라 최대 4천만 원까지 세 부담의 차이가 발생하게 되는 것을 사례를 통해 알 수 있습니다. 이처럼 1세대 1주택이면서 양도가액이 12억 원을 초과하는 고가주택을 보유하고 있다면 거주기간이 길수록 절세할 수 있습니다.

2년 보유 및 거주 안 해도
비과세 받을 수 있을까?

Case 1 **건설임대주택의 비과세 요건**

김성실 씨 부부는 경기도의 32평 민간건설임대주택에서 임대로 세대 전원이 8년간 살다가, 건설사에서 분양전환을 받아 구입했습니다. 그런데 1년 만에 다른 곳으로 이사 가야 하는 상황이 되었는데, 실제로 9년을 살았음에도 불구하고, 분양전환일 이후 보유 및 거주기간 2년을 못 채웠으니 비과세를 받을 수 없는 것일까요?

1세대 1주택 비과세를 받기 위해서는 2년 보유(취득 당시 조정대상지역이면 2년 거주요건 추가)해야 양도세 비과세 혜택을 볼 수 있습니다. 하지만 세법에서는 이러한 요건에도 불구하고 1세대가 양도일 현재 국내에 1주택을 보유하고 있는 경우로서 다음의 어느 하나에 해당하는 경우에는 그 보유 및 거주기간의 제한 없이, 예외적으로 비과세를 해주는 경우가 있습니다.

① 민간이나 공공건설임대주택 또는 공공매입임대주택을 취득하여 양도하는 경우로서 해당 임대주택의 임차일부터 양도일까지의 기간 중 세대 전원이 거주한 기간이 5년 이상인 경우

② 주택 및 그 부수토지의 전부 또는 일부가 「공익사업을 위한 토지 등의 취득 및 보상에 관한 법률」에 의한 협의매수·수용 및 그 밖의 법률에 의하여 수용되는 경우

③ 「해외이주법」에 따른 해외이주로 세대 전원이 출국하는 경우. 다만 출국일 현재 1주택을 보유하고 있는 경우로서 출국일부터 2년 이내에 양도하는 경우에 한함

④ 1년 이상 계속하여 국외거주를 필요로 하는 취학 또는 근무상의 형편으로 세대 전원이 출국하는 경우. 다만 출국일 현재 1주택을 보유하고 있는 경우로서 출국일부터 2년 이내에 양도하는 경우에 한함

⑤ 1년 이상 거주한 주택을 재정경제부령으로 정하는 취학(유치원, 초등·중학교는 제외), 근무상의 형편, 질병의 요양, 그 밖에 부득이한 사유로 양도하는 경우

앞의 사례는 실제 2년 보유 및 거주하지 않았지만, 건설임대주택에서 세대 전원이 5년 이상 거주했기 때문에(①), 분양전환일로부터 2년의 비과세 요건을 갖추지 못했더라도 예외적으로 양도가액 12억 원까지 세금 없이 매도할 수 있습니다.

합법적으로 덜 내는 부동산 절세법

2005년 A주택을 취득한 신혼부부, 2015년 열심히 모은 재산으로 B 주택을 취득했습니다. 그리고 2016년 해외이주법에 따라 세대 전원 이 출국한 후, 2017년 3월 종전주택인 A주택을 비과세로 신고하였습니다. 6개월 뒤 세무서로부터 세금추징 안내문을 받게 되었습니다.

무엇이 문제였을까요? 이들 부부는 일시적 2주택 비과세 적용을 당연히 받을 수 있을거라 생각한 겁니다. 거주자라면 가능한 일이지만, 지금처럼 해외이주법에 따른 해외이주로 세대 전원이 출국하는 경우 출국일 현재 1주택을 보유한 경우에, 거주 및 보유기간 제한 없이 비과세를 해준다는 것이지(③), 일시적 2주택 비과세까지 해준다는 의미는 아닙니다. 「소득세법」은 철저한 열거주의로 법에 열거되지 않은 부분까지 확장해석하여 혜택을 주지 않기 때문에, 잘못된 판단으로 수억 원의 세금을 낼 수 있습니다.

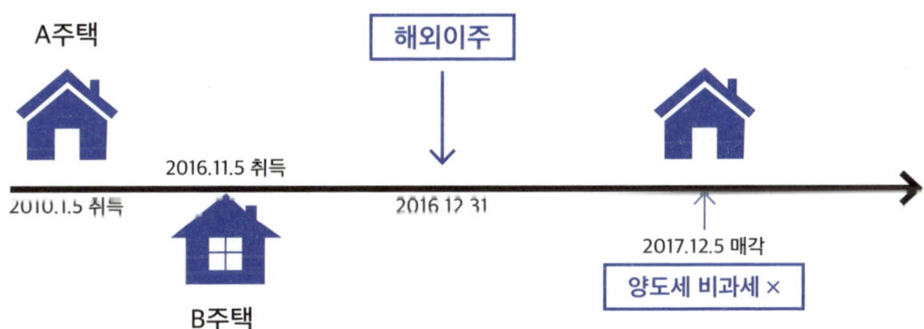

주의 1 해외이주에 따른 양도세 비과세 적용 시 고가주택의 장특공은?

해외이주 출국 2년 이내 주택 비과세 양도를 하더라도, 고가주택의 경우 장기보유특별공제(이하 장특공)는 연 2%(최대 30%)만 공제합니다.

비거주자는 기본적으로 1세대 1주택 양도세 비과세와 장특공 연 8%를 적용받을 수 없습니다. 다만 앞서 살펴본 해외이주, 취학 또는 근무상의 형편으로 인한 출국 사유에 해당하는 경우에만 예외적으로 1세대 1주택 비과세가 적용해주어, 양도가액 12억 원 이하 분 양도차익은 비과세됩니다. 하지만 양도가액 12억 원 초과분 양도차익을 계산할 때 장특공은 기본공제 연 2%만 적용되므로 계산에 주의가 필요합니다.

조심2012중1501, 2012.05.23

관련법령의 해석상 비거주자에게는 표2의 장기보유특별공제율을 적용하기 어렵고, 이와 같은 해석이 거주자의 주거안정을 위하여 당해 규정을 제정한 입법 취지에도 부합함

주의 2 1년 이상 계속하여 국외거주를 필요로 하는 취학 또는 근무상의 형편으로 세대 전원이 출국하는 경우

취학 또는 근무상의 형편에 사업상 형편 또는 유치원·초등학교 및 중학교 취학의 사유는 인정되지 않습니다.

비과세 신청을 위해서는 1년 이상 국외거주를 필요로 함을 증명하기 위해 재학증명서, 재직증명서, 요양증명서 등 해당 사실을 증명하는 서류를 제출해야 합니다.

「소득세법」 집행기준 89-154-45 [1년 이상 국외거주를 필요로 하는 사유에 해당하지 아니하는 경우]

사업상 형편 또는 유치원·초등학교 및 중학교 취학으로 인하여 출국하는 경우 1년 이상 계속하여 국외거주를 필요로 하는 사유에 해당되지 아니한다.

Case 3 부득이한 사유발생으로 세대 전원 주거 이전 시

저는 서울로 취업해서 직장 근처에 작은 주택을 구입하고 1년 정도 지내고 있었습니다. 그러다 고향인 부산으로 발령을 받게 되었고, 부모님이 거주하고 계신 부산에서 정착할 생각이 있었기에 서울 집을 정리하고자 하는데, 이때 1년 밖에 거주하지 못했습니다.

이는 근무상 부득이하게 이사 가는 상황으로 보아 2년 보유해야 하는 비과세 요건을 갖추지 못했더라도 1년 이상만 거주했다면 비과세를 적용해줍니다(⑤).

그렇다면 사업상 형편으로 이사하는 경우에도 근무상 형편으로 보아 2년 보유 또는 거주를 하지 않아도 비과세를 받을 수 있을까요? 개인사업을 하다 시장 상황이 좋지 않아 폐업하고 다른 지역으로 취업한 경우도 부득이한 사유로 인정해줄까요?

단순히 생각해보면 직장이든 사업이든 일을 하기 위하여 주택을 구입하고, 그 일의 변화로 인하여 이사를 가야 하는 건 부득이한 사유로 보아 보유 및 거주요건 제한 없이 똑같이 비과세를 적용해주어야 할 것처럼 생각됩니다. 하지만 국세청의 시각은 다릅니다.

【문서번호】서면부동산-1398, 2015.08.27

1세대가 1년 이상 거주한 주택을 「소득세법 시행규칙」 제71조 제3항 및 제2호의 규정에 따라 직장의 변경이나 전근 등 근무상의 형편으로 다른 시·군으로 세대 전원이 주거를 이전함에 따라 양도할 때에는 「소득세법 시행령」 제154조 제1항 단서 및 같은 항 제3호의 규정에 따라 보유기간의 제한을 받지 아니하고 양도소득세가 비과세되는 것이나, 사업상 형편에 의해 주거를 이전한 경우는 이에 해당하지 않는 것임

부득이한 사유 등으로 인한 특례요건은 다음과 같습니다.

1. 해당 주택에서 1년 이상 거주할 것

2. 세대 전원이 다른 시·군으로 거주 이전할 것

3. 양도일 현재 부득이한 사유가 발생했을 것

4. 부득이한 사유가 다음 중 하나에 해당할 것

- 교육법에 의한 학교에 취학(유치원·초등학교·중학교 취학은 제외)

- 직장의 변경이나 전근 등 근무상의 형편

- 1년 이상의 치료나 요양을 필요로 하는 질병의 치료 또는 요양

- 학교폭력대책자치위원회가 전학이 필요하다고 인정하는 경우

부득이한 사유로 주택을 양도하는 경우에는 다른 특례와는 달리 반드시 해당주택에 1년 이상 거주한 후에 양도해야 비과세를 적용받을 수 있다는 점을 특히 유의해야 합니다.

    합법적으로 덜 내는 부동산 절세법

다가구주택 한 채만 보유했는데 양도세 폭탄 맞은 사연은?

주택은 종류와 형태에 따라 단독주택, 다가구주택, 다세대주택, 아파트 등 다양하게 구분됩니다. 이 중 다가구주택과 다세대주택은 명칭과 생김새가 비슷하다 보니 구분하기가 쉽지 않습니다. 하지만 세법상으로는 다가구주택이냐 다세대주택이냐에 따라 주택수 판단에 큰 차이가 발생합니다. 특히 다주택자에 대한 양도소득세 중과세율이 적용되는 경우에는 작은 차이로 인하여 세금폭탄을 맞을 수 있기 때문에 정확히 이해할 필요가 있습니다.

다가구주택과 다세대주택, 어떻게 구분할까?

세법상 다가구주택이란?

주택수 판정에 대해 「소득세법」에서는 다음과 같이 규정하고 있습니다.

> **「소득세법 시행령」 제155조 (1세대 1주택의 특례)**
>
> ⑮ 제154조 제1항을 적용할 때 「건축법 시행령」 별표1 제1호 다목에 해당하는 다가구주택은 한 가구가 독립하여 거주할 수 있도록 구획된 부분을 각각 하나의 주택으로 본다. 다만 해당 다가구주택을 구획된 부분별로 양도하지 아니하고 하나의 매매단위로 하여 양도하는 경우에는 그 전체를 하나의 주택으로 본다.

원칙적으로 다가구주택은 공동주택으로 간주하여 각각을 하나의 주택으로 보아야 합니다. 다만 다가구주택을 건물 전체 단위로 양도할 때는 단독주택으로 보고 있습니다. 따라서 다가구주택 한 채와 일반 주택 한 채를 가지고 있다면 2주택자가 되지만, 다가구주택 한 채만 보유하고 있다면 여러 세대가 거주하더라도 1세대 1주택 비과세 규정을 적용받을 수 있습니다. 이때 세법상 다가구주택이라 함은 아래의 「건축법」상 정의를 준용하고 있습니다.

> **「건축법 시행령」 별표1 (용도별 건축물의 종류)**
>
> 1. 단독주택
>
> 다. 다가구주택: 다음의 요건을 모두 갖춘 주택으로서 공동주택에 해당하지 아니하는 것을 말한다.

합법적으로 덜 내는 부동산 절세법

1) 주택으로 쓰는 층수(지하층 및 1층의 필로티층 제외)가 3개 층 이하일 것

2) 1개 동의 주택으로 쓰이는 바닥면적(부설 주차장 면적은 제외)의 합계가 660제곱미터 이하일 것

3) 19세대 이하가 거주할 수 있을 것

세법상 다세대주택이란?

우리 주변에서 흔히 볼 수 있는 빌라가 대표적인 다세대주택입니다. 여러 세대가 살 수 있도록 건축된 건물로, 다세대주택으로 허가를 받아야 합니다. 주택으로 사용되는 층수가 4개 층 이하로 이루어져 있고, 다가구주택과 다르게 각 호별로 구분등기가 되어 있어, 각각을 하나의 주택으로 보아 단독주택이 아닌 공동주택으로 봅니다.

「건축법 시행령」 별표1 (용도별 건축물의 종류)

2. 공동주택

다. 다세대주택: 주택으로 쓰는 1개 동의 주택으로 쓰이는 바닥면적(부설 주차장 면적은 제외)의 합계가 660제곱미터 이하이고, 층수가 4개 층 이하일 것

건축 당시에는 「건축법」상 다가구주택으로 지어졌더라도 사용 도중에 일부 증축을 하거나, 처음 건축물대장상 용도와 다르게 사용한다면 추후 양도 시 다가구주택이 아닌 다세대주택으로 판정되는 사례가 있습니다. 이러한 경우 각 호별로 주택 수가 산정되어 양도소득세 폭탄이 되어 돌아올 수 있으므로 주의해야 합니다.

다가구주택		다세대주택
3개 층 이하	층수	4개 층 이하
660m² 이하	바닥면적 합계	660m² 이하
가구별 등기 불가	등기 여부	가구별 등기 가능

대표적인 다가구주택 추징 사례

추징사례 1 **다가구주택이라면 옥탑층이 있는지 반드시 확인하자!**

4층 건물에 2~4층을 주택으로 사용하다가, 옥탑층(5층)을 증축하여 주택 용도로 사용하게 되면 총 4개 층을 주택으로 사용한 것이 됩니다. 「건축법」상 다가구주택은 3개 층 이하를 주택으로 사용하는 경우로 규정하고 있으므로, 이러한 경우는 다세대주택으로 판정되어 호별로 각각 별도의 주택으로 판정됩니다. 따라서 옥탑방이 있다면 양도 전에 멸실함으로써 다가구주택의 요건을 맞추어 양도세 비과세를 적용받을 수 있도록 사전에 준비해야 합니다.

또한 추가적으로 주택으로 사용해야 한다면 옥탑층보다는 지하층을 활용하는 것이 좋습니다. 지하층은 주택수 산정 시 제외하기 때문에 옥탑이 아닌 지하층을 주택으로 사용하였다면 다가구주택으로 인정되어 양도세 비과세를 적용받을 수 있습니다.

 사용 중에 집합건물로 구분 등기한 경우

다가구주택은 「건축법」상 단독주택의 형태로서 건물 하나로 등기가 되지만, 이를 집합건물로서 각층별 또는 호별로 구분 등기하게 되면 이는 다세대주택에 해당합니다. 처음 건축할 때는 다가구주택이었지만, 이후 구분 등기하여 집합건물이 되었다면 이는 양도 당시 기준으로 다세대주택에 해당하므로 구분 등기별로 각각 별도의 주택으로 보아야 합니다.

 건축물대장과 다르게 다른 층을 주택으로 일부 사용한 경우

건축물대장상 1~2층은 근린생활시설, 3~5층은 주택으로서 다가구주택으로 건축하였지만, 실제 사용 시 근린생활시설 일부를 주택으로 임대하는 경우가 있습니다. 세법상 주택의 여부는 실제 사용용도에 따라 판단하기 때문에, 공부상으로 근린생활시설로 되어있더라도 실제 주택으로 사용하였다면 이는 주택으로 보아 과세합니다. 따라서 위의 사례에서 2층 일부를 주택으로 임대하고 있었다면, 주택으로 사용한 층수는 4개로서 다세대주택으로 판정됩니다.

다가구주택을 일부만 양도해도 비과세가 가능할까?

① 「건축법」상 다가구주택이면서 ② 분할하지 않고 하나의 매매 단위로 매각하면 ③ 1가구 1주택으로 양도소득세 비과세를 인정받을 수 있습니다. 다만 다가구주택을 지분이 아닌 별도 층별 또는 호별로 일

부를 양도하는 경우 먼저 양도하는 부분은 1세대 1주택으로 볼 수 없습니다. 예를 들어 3층 다가구주택이 있을 경우 3층만 별도로 판다면 1세대 1주택으로 보지 않으며, 양도소득세 과세대상이 됩니다.

유권해석 [재일 46014-22, 1998.01.09] 참조

케이스별 양도세 적용방법

① 단독소유자가 2인 이상에게 일괄 양도할 경우	단독주택
② 공동소유자가 자기 지분만을 양도할 경우	공동주택
③ 공동소유자가 하나의 매매단위로 양도할 경우	단독주택

다가구주택을 공동으로 소유하다가 자기 지분을 양도하는 경우 주택수 계산방법

재산세과-2870(2008.09.19)

다가구주택을 공동으로 소유하다가 자기 지분만을 양도하는 경우 당해 양도지분이 각 가구에 대한 지분에 해당하는지, 전체 가구 중 1가구에 해당하는지는 사실판단할 사항임

1. 1세대 2주택 이상 중과와 관련하여 「건축법 시행령」 별표 1 제1호 다목에 해당하는 다가구주택의 경우 한 가구가 독립하여 거주할 수 있도록 구획된 부분을 각각 하나의 주택으로 봅니다.

2. 다만 다가구주택을 가구별로 분양하지 아니하고 당해 다가구주택을 하나의 매매단위로 하여 양도하는 경우에는 이를 단독주택으로 보는 것(거주자가 선택하는 경우에 한함)이나, 다가구주택을 공동으로 소유하다가 자기 지분만을 양도하는 경우 당해 양도지분에 대하여는 당해 규정이 적용되지 아니하는 것으로, 귀

합법적으로 덜 내는 부동산 절세법

질의의 경우 소유지분(1/5)이 6가구 중 1가구(301호)에 해당하는지, 6가구 각각의 1/5에 해당하는지는 사실판단할 사항입니다.

다세대주택에서 다가구주택으로 용도변경 시 비과세 요건 및 장특공은?

다세대주택을 다가구주택으로 용도를 바꾼다면, 용도변경일로부터 2년 이상 새롭게 보유한 후 양도해야 단독주택으로 보아 1세대 1주택 비과세를 적용받을 수 있습니다.

그럼에도 불구하고 다세대주택을 다가구주택으로 용도변경하여 하나의 매매단위로 양도하는 경우 거주요건 적용 여부는 다가구주택으로 용도변경한 날이 아닌 다세대주택을 취득한 날로 판정합니다(사전-2019-법령해석재산-2448, 2021.03.09). 따라서 다세대주택을 2017년 8월 2일 이전에 취득했다면 거주요건이 필요 없지만, 8월 3일 이후 조정대상지역에서 취득했다면 거주요건이 적용되며, 거주기간은 다세대주택을 다가구주택으로 용도변경한 시점부터 기산하니 주의해야 합니다.

이때 장기보유특별공제는 어떻게 될까요? 장기보유특별공제는 해당 부동산의 취득일부터 양도일까지의 보유 및 거주기간으로 공제율을 적용하지만, 지금처럼 용도변경한 경우에는 용도변경일부터 양도일까지의 보유 및 거주기간을 계산하여 1세대 1주택 공제율을 적용받을 수 있습니다.

겸용주택을 활용한
양도세 절세법

은퇴자들이 갖고 싶어하는 부동산 중 하나가 바로 겸용주택입니다. 겸용주택이란 세법에서 가리키는 용어로 흔히 상가주택이라고도 하는데, 1층은 상가로, 2~3층은 주택으로 사용하는 형태의 부동산을 의미합니다. 주거도 하고 안정적인 월세를 통해 노후생활자금도 만들 수 있어 은퇴자들의 관심을 받고 있습니다.

이런 겸용주택은 양도 시점에 이를 상가로 볼지, 주택으로 볼지에 따라 양도소득세가 달라집니다. 상가로 볼 경우 한 채뿐이라도 비과세를 받을 수 없을 뿐만 아니라 장기보유특별공제도 연 2%(15년 보유 시 최대 30%)를 적용해줍니다. 반면 주택으로 본다면 1주택자일 경우 12억 원까지 비과세를 해줄 뿐만 아니라, 12억 원 초과분에 대한 고가주택 양도차익에 대해서도 최대 80%(일반 부동산은 최대 30%)까지 장기보유특별공제를 해주기 때문에 실제 납세자가 납부해야 할 세금은 크지 않은 구조가 되어 절세가 가능해집니다.

겸용주택의 양도세 계산법(2021년 양도분까지)

2021년까지는 1세대 1주택자가 겸용주택을 보유하다 양도할 경우, 주택면적이 상가면적보다 크다면 상가를 포함한 전체를 주택으로 보아 1세대 1주택 비과세를 적용해주었습니다. 다만 주택 연면적이 주택 외 연면적보다 같거나 작을 경우에는 주택 부문만 주택으로 보고, 상가 부문은 일반 부동산 양도세를 적용하여 납부세액을 계산했습니다.

이러한 계산구조 때문에 겸용주택은 은퇴자들이 활용할 수 있는 절세법으로 많이 활용하였습니다. 주택면적이 상가면적보다 $1m^2$만 커도, 전체를 주택으로 보기 때문에 상가주택이 수십억에 매매된다 하더라도 상가 부문까지 주택과 동일하게 고가주택 비과세 및 최대 80% 장기보유특별공제를 적용받을 수 있기 때문입니다. 예를 들어볼까요?

- 취득가액 8억 원(상가 4억 원, 주택 4억 원)

- 양도가액 20억 원(상가 12억 원, 주택 8억 원)

- 상가주택에 10년 보유 및 거주(1세대 1주택 비과세 요건 충족)

  A겸용주택: 1·2층 상가 49평, 3·4층 주택 51평 → 전체 주택

A겸용주택은 주택면적이 상가면적보다 2평 더 커서 건물 전체를 주택으로 봅니다. 이 경우 전체에 대해 1세대 1주택 비과세(2021년 당시 9억 원 기준)와 최대 80%의 장기보유특별공제가 적용되어 세금이 3,300만 원에 불과합니다. 반면 B겸용주택은 상가와 주택 면적이 동일해 주택 부분만 비과세를 적용받습니다. 상가 부문의 양도차익에 대해 연 2%(총 20%)의 장기보유특별공제를 적용하면 약 2억 6천만 원의 세금이 발생합니다. 고작 2평 차이로 인하여 2억 원이 넘는 세금의 차이가 발생하게 되는 것이죠.

겸용주택 양도세 비교(2021년 세율 적용)(단위: 원)

구분	A 매도 시	B 매도 시(주택은 비과세)
양도가액	2,000,000,000	1,200,000,000
취득가액	800,000,000	400,000,000
양도차익	1,200,000,000	800,000,000
고가주택 양도차익	660,000,000	-
장기보유특별공제	528,000,000	160,000,000
양도소득금액	132,000,000	640,000,000
기본공제	2,500,000	2,500,000
과세표준	129,500,000	637,500,000

세율	35%	42%
양도소득세	30,425,000	232,350,000
지방소득세	3,042,500	23,235,000
세 부담 합계	33,467,500	255,585,000

겸용주택의 양도세 계산법(2022년 이후 양도분부터)

그런데 상가임에도 불구하고 주택과 동일한 혜택을 주는 것에 대해 형평성의 문제 제기가 계속되었습니다. 그래서 2022년 이후 양도분부터 겸용주택의 양도세 계산구조가 개정되어 양도하는 겸용주택이 고가주택인지 여부에 따라 달라집니다.

실거래가가 12억 원 이하인 경우

이 경우에는 주택 연면적이 주택 외 연면적보다 클 경우, 여전히 전체를 주택으로 보아 상가 부문까지 1세대 1주택 양도소득세 계산구조를 적용하게 되어 있습니다. 다만 주택 연면적이 주택 외 연면적보다 같거나 작을 경우에는 주택 부문만 주택으로 보고 비과세를 적용, 상가 부문은 일반 양도세율을 적용합니다.

실거래가가 12억 원 초과하는 경우

이 경우에는 면적의 크기와 상관없이 주택 부문만 주택으로 보고 있습니다. 2022년 이후 겸용주택 양도분부터는 주택 연면적의 크기와 상관없이 매도하는 겸용주택이 12억 원을 초과하는 경우 주택은 주택에 대한 양도소득세, 상가는 일반 부동산 양도소득세를 적용합니다. 따라서 앞의 사례의 경우 이제는 주택면적의 크기와 상관없이 주택은 12억 원까지 비과세를 적용하고, 상가는 양도차익에 대해 최대 30% 장기보유특별공제를 적용하게 되어 A, B 모두 2억 5천만 원가량의 세금이 발생합니다.

겸용주택 양도세 비교(2026년 세율 적용)(단위: 원)

구분	A, B 매도 시(주택은 비과세)
양도가액	1,200,000,000
취득가액	400,000,000
양도차익	800,000,000
고가주택 양도차익	-
장기보유특별공제	160,000,000
양도소득금액	640,000,000
기본공제	2,500,000
과세표준	637,500,000
세율	42%
양도소득세	231,810,000
지방소득세	23,181,000
세 부담 합계	254,991,000

합법적으로 덜 내는 부동산 절세법

겸용주택의 양도가격이 12억 원 이하일 경우에는 지금과 같이 주택의 연면적이 상가의 연면적을 초과할 경우 전체를 주택으로 보기 때문에 양도세 절세가 가능하지만, 양도가액이 12억 원을 초과하는 겸용주택을 갖고 있다면 면적과 상관없이 주택만 주택 양도소득세를 적용하기 때문에 별도 비용을 들여 주택의 면적을 늘리는 것이 큰 의미가 없다는 것을 꼭 기억하기 바랍니다.

Part 3

돈을 불리고 세금을 줄이는 다주택자 절세법

일시적 2주택 비과세 및 주요 과세 사례

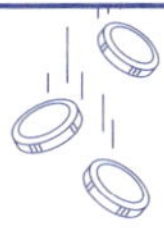

일시적 2주택 비과세 요건

원칙적으로 1세대 1주택자가 양도하는 주택의 경우, 2년 보유요건(취득 당시 조정대상지역이라면 2년 거주요건 추가)을 충족했다면 양도하는 가격이 12억 원을 넘지 않으면 양도소득세가 발생하지 않습니다. 다만 이사 등의 목적으로 일시적으로 두 채의 집을 갖게 될 경우에도 양도 당시 2주택자이지만 1주택과 동일하게 비과세를 적용해줍니다. 이를 일시적 2주택 비과세라고 하는데 요건은 다음과 같습니다.

① 종전주택 취득일로부터 1년이 지난 후 신규주택을 취득할 것

② 신규주택 취득일로부터 3년 내 종전주택을 처분할 것

③ 양도하는 종전주택이 비과세 요건을 갖추고 있을 것(2년 보유요건 충족, 취득

당시 조정대상지역의 경우 2년 거주요건 추가)

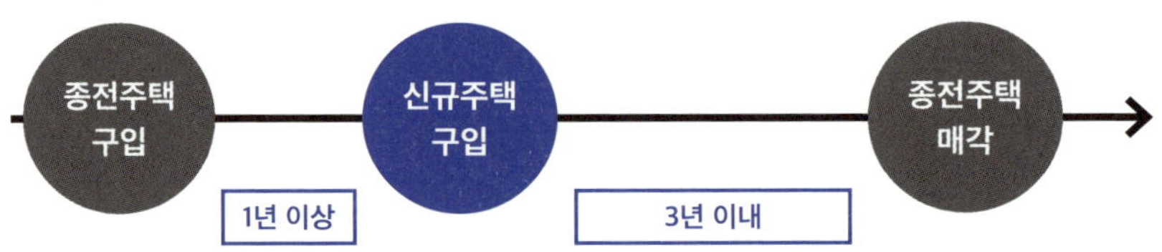

일시적 2주택 비과세 요건을 갖추지 못해 과세된 대표 케이스

김하나 씨는 A주택과 B주택 모두 일시적 2주택의 요건인 3년 내 매도하여 비과세가 된다고 생각했습니다. 그런데 B주택 양도 후 얼마 지나지 않아 세무서로부터 B주택은 양도세 과세대상이라는 고지서를 받았습니다. 똑같은 케이스인데 왜 하나는 과세인 걸까요?

  합법적으로 덜 내는 부동산 절세법

일반적으로 많이 실수하는 부분이 바로 일시적 2주택 비과세의 첫 번째 요건, "① 종전주택을 취득한 날로부터 1년이 지난 후 신규주택을 취득해야 한다"입니다. 보통은 신규주택 취득 후 3년 내 매도 비과세 요건과 매도하는 주택의 2년 비과세 요건만 생각하는데, 첫 번째 요건도 반드시 챙겨야 합니다. 사례의 B주택 취득 후 1년이 지나지 않은 상황에서 C주택을 취득했기 때문에 B주택은 일시적 2주택 비과세 요건에 해당하지 않는 것입니다.

일시적 2주택 어떻게 다른가

종합부동산세	주택 매수 간격	양도소득세
무관	주택 매수 간격	1년 이상
3년	혜택 적용기간	3년
12억 원 과표공제 최대 80% 세액공제	1가구 1주택 혜택	12억 원까지 비과세 최대 80% 장기보유특별공제

자료: 국세청, 양도소득세 월간 질의 E북

양도세 차이

구분	매수가	매도가	양도 차익	과세대상액	적용세율	세액
1가구 1주택	10억 원	13억 원	3억 원	1,873만 원	15%	170만 원
1가구 2주택	10억 원	13억 원	3억 원	2억 3,750만 원	38%	7,734만 원

* 2년 보유 및 거주 가정, 1세대 1주택 비과세 vs. 비과세 적용받지 않을 경우(일반세율 적용)의 세 부담 차이

종전주택과 신규주택 취득 간격 1년 이상에 대한 예외 사유

일시적 2주택 비과세 특례를 적용받기 위해서는 취득한 날로부터 1년 이상 지난 후 신규주택을 취득하는 것이 원칙입니다. 다만 다음의 경우에는 1년 이내 신규주택을 취득해도 일시적 2주택 비과세 특례를 적용받을 수 있습니다.

<예외사유>
1. 건설임대주택 등으로 분양전환 된 경우
건설임대주택 등의 임차일부터 양도일까지 세대원 전원이 5년 이상 거주하고 신규주택을 취득하는 경우
2. 협의매수·수용된 경우
종전주택이 「공익사업을 위한 토지 등의 취득 및 보상에 관한 법률」 등에 의해 협의매수·수용되어 신규주택을 취득하는 경우
3. 1년 이상 거주한 주택으로서 부득이한 사유가 발생한 경우
종전주택에서 1년 이상 거주하고 취학, 근무상 형편, 질병치료·요양, 학교폭력으로 인한 전학사유로 신규주택을 취득하는 경우
4. 수도권 소재 공공기관 등이 수도권 밖으로 이전하는 경우
수도권 소재 공공기관 등이 수도권 밖으로 이전하여 공공기관 등이 이전한 시·군 또는 연접한 시·군에 신규주택을 취득하는 경우

신규주택 증여도 일시적 2주택 비과세 적용이 가능할까?

일시적 2주택 비과세 특례는 신규주택을 취득한 후 3년 이내 종전주택을 양도해야 적용받을 수 있습니다. 이때 신규주택은 매매뿐만 아니라 증여로 취득해도 상관없습니다. 다만 반드시 별도세대로부터 취득해야만 합니다(양도, 재산46014-148, 2000.02.10).

부모님 봉양으로 인한
2주택 비과세 절세법

1세대 1주택이 아니지만 비과세를 해주는 경우는 또 있습니다. 연로하신 부모님을 모시기 위해 함께 산 2주택이 되는 경우, 일정요건을 충족하면 2주택이지만 양도세 비과세를 적용받을 수 있습니다.

동거봉양에 따른 2주택 비과세 받기 위한 다섯 가지 요건

1주택을 보유하고 1세대를 구성하는 자가 1주택을 보유하고 있는 60세 이상의 직계존속을 동거봉양하기 위해 세대를 합침으로써 1세대가 2주택(합가일 현재 보유하고 있는 조합원입주권 또는 2021년 1월 1일 이후 취득한 주택분양권으로 신축된 주택 포함)을 보유하게 되는 경우 합친 날부터 10년 이내 먼저 양도하는 주택이 비과세 요건을 갖추었다면 1세대 1주택으로 보아 비과세를 적용해줍니다.

동거봉양으로 인한 2주택 비과세 요건

① 각각 1주택을 보유한 세대가 합가

② 60세 이상(합가일 현재) 직계존속을 봉양하기 위한 합가일 것

③ 세대원 전체의 합가일 것

④ 10년 내 먼저 양도하는 주택 비과세

⑤ 양도하는 주택은 1세대 1주택 비과세 요건을 갖출 것

이때 60세는 부모 두 분 중 한 분만 해당해도 되며, 배우자의 직계존속인 경우에도 동일하게 적용해줍니다. 단, 중증질환을 가진 부모님을 봉양하기 위한 상황이라면 60세 미만의 직계존속도 해당되는데, 이는 「국민건강보험법」에 따른 요양급여를 받는 자로서 재정경제부령으로 정하는 사람에 한합니다.

또한 동거봉양합가 비과세는 직계존속과 직계비속이 소유하고 있는 어느 하나의 주택으로 세대를 합가해야만 적용받을 수 있는 것이 아닙니다. 즉, 소유주택이 아닌 임차한 주택으로 세대를 합가해도 비과세를 적용받을 수 있습니다.

2024년 변경된 재경부 해석! 비과세가 안 되는 동거봉양 사유

과거에는 1주택 비과세 특례를 양도일 현재를 기준으로 비과세 요건 충족 여부를 판정해왔습니다. 하지만 2024년 재정경제부(이하 재경부)의 새로운 유권해석으로 인하여 동거봉양합가에 따른 비과세 특례는 양도일 현재가 아니라 '합가일 현재'를 기준으로 비과세 요건 충족 여부를 판정해야 하는 것으로 변경되었습니다. 이는 "1주택을 보유한 자가 1주택을 보유한 직계존속과 세대를 합침으로써 2주택을 보유한 경우"로 명시된 법령에 따라 엄격하게 해석하였기 때문입니다.

Case 1 2주택(A주택과 B주택)을 소유한 직계존속과 1주택(C주택)을 소유한 직계비속이 세대합가 B주택을 과세로 양도 후 남겨진 A주택 또는 C주택을 10년 내 양도 시 비과세 여부

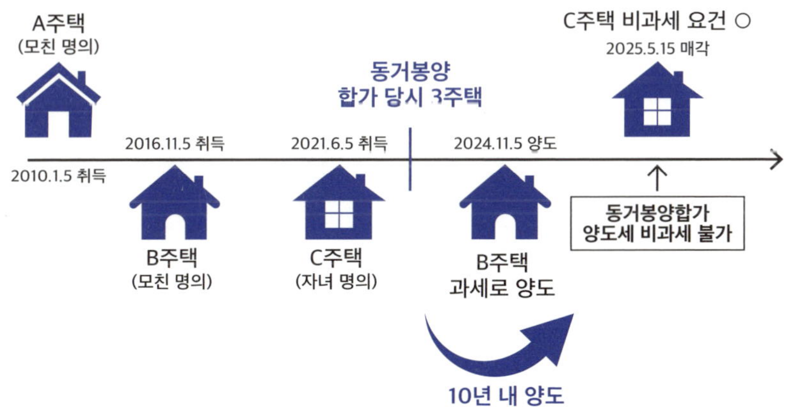

　　1주택을 소유한 1세대가 2주택을 소유한 60세 이상의 직계존속을 동거봉양하기 위하여 합가한 이후 1주택을 양도 후 합가일로부터 5년 이내 양도하는 1주택은 비과세 적용 대상(양도, 부동산거래관리과-609, 2010.04.28)이었던 비과세 사례는 이제 적용이 불가능합니다. B주택을 과세로 양도하더라도 동거봉양합가 당시 직계존속이 1주택이 아닌 2주택이었기 때문에 비과세 요건을 갖춘 A주택 또는 C주택을 10년 이내 양도해도 비과세 적용이 불가능합니다.

Case 2 **일시적 2주택 상태에서 부모님을 봉양하기 위해 합가한다면?**

일시적 2주택 상황입니다. 갑자기 어머님이 쓰러지셔서 모시고 살아야 하는데, 어머님도 주택이 하나 있습니다. 이때 제가 보유하던 종전주택을 양도하는 경우 동거봉양합가 비과세 적용이 가능할까요?

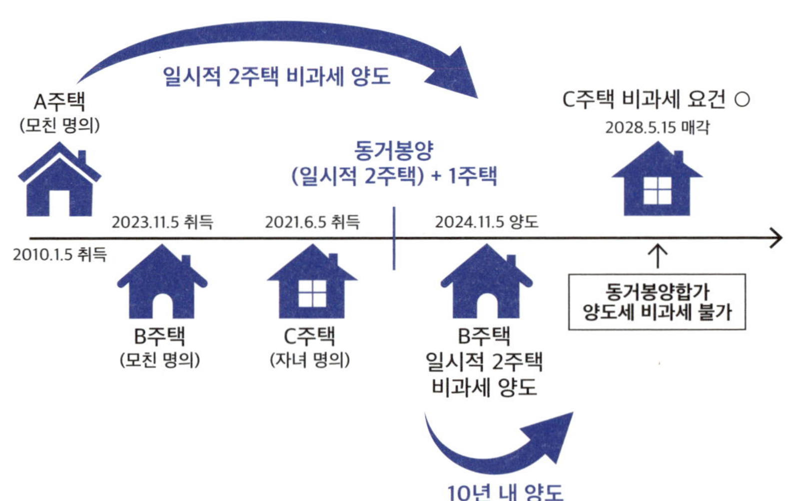

　　　　　　　　　　合법적으로 덜 내는 부동산 절세법

과거에는 매도 순서를 잘 지키면 모두 비과세를 받을 수 있었으나, 현재 개정된 해석으로 인하여 이제는 모든 주택 비과세는 불가능한 상황입니다.

이 사례에서 일시적 2주택 비과세 적용으로 A주택이 비과세 요건을 갖추었다면, A주택은 일시적 2주택 비과세 특례와 동거봉양합가로 인한 비과세 특례가 중첩되어 비과세를 받을 수 있습니다. 다만 남겨진 2주택(B 또는 C)은 합가일 현재 직계존속이 2주택을 소유하고 있었기 때문에 동거봉양합가로 인한 비과세 특례를 적용받을 수 없습니다.

일시적 1세대 3주택 비과세 특례 적용 사례[개정 후(2024.10.31) 집행기준 89-155-26]

유형	비과세 특례 적용 요건
일반주택(A) + 상속주택(B) + 다른주택(C)	C주택 취득일부터 3년* 이내 양도하는 A주택
일시적 2주택(A, B) + 혼인합가주택(C) 또는 동거봉양합가주택(C)	1. B주택 취득일부터 3년* 이내 양도하는 A주택 2. A주택 양도 후 합가일로부터 5년(동거봉양은 10년) 이내 양도하는 B주택 또는 C주택
혼인합가2주택(A, B) 또는 동거봉양합가2주택(A, B) + 다른주택(C)	합가일로부터 5년(동거봉양은 10년) 이내 & C주택 취득일부터 3년* 이내 양도하는 A주택 또는 B주택

* 비조정대상지역 소재

그럼에도 불구하고 일시적2주택 + 1주택자 동거봉양은 비과세 된다는 최근 유권 해석이 존재합니다(기준-2025-법규재산-0025, 2025.05.15). 이 부분에 대해서는 향후 추이를 지켜볼 필요가 있습니다.

동거봉양합가 후 취득·증여·상속 사례

Case 1 동거봉양합가 후 추가로 1주택을 취득했다면?

동거봉양합가로 1세대 2주택인 상태(자녀 A, 직계존속 B)에서 종전주택 취득일로부터 1년 이상 지난 후 신규주택(C)을 취득해 3주택이 되었다면, C주택 취득일로부터 일시적 2주택 양도기한 내에 A주택 또는 B주택을 양도하면 비과세를 받을 수 있습니다.

> **양도, 재정경제부 재산세제과-182, 2008.05.16**
>
> [요지]
>
> 1주택자가 동거봉양으로 인한 세대 합가로 인해 1세대 2주택자가 된 후 주택을 추가 취득함으로써 일시적인 1세대 3주택자가 된 경우 그 세대합가일로부터 2년 이내 및 신규주택 취득일로부터 1년 이내에 양도하는 기존주택은 1세대 1주택에 해당함

위 해석이 나오던 시절인 1999년까지는 동거봉양에 따른 양도세 비과세는 세대합가일로부터 2년 내였습니다. 해당기한이 2년에서 5년, 그리고 지금의 10년까지 연장이 된 거죠.

Case 2 동거봉양합가 후 별도세대로 분가, 재합가한 경우 비과세 가능한 기간은?

어머니와 저는 각각 1주택을 보유하고 있는 상태에서, 2001년부터 부모님을 모시고 살았습니다. 2009년 10월 부모님과의 불화로 세

대분리를 했다가, 2개월 만인 2009년 12월에 재합가를 했습니다. 2014년 양도한 아파트, 재합가 시부터 다시 기산하여 비과세 적용이 가능할까요?

이에 대해 처분청은 세대분리 후 재합가 기간이 짧아 일시퇴거로 보아 2001년부터 동거봉양합가 기간을 기산하여 과세했습니다. 하지만 조세심판원에서는 2009년 12월 재합가일을 동거봉양합가 기산일로 보아 비과세를 인정했습니다.

조심2016서1393, 2016.07.04

처분청은 쟁점세대분리기간이 일시 퇴거한 기간이라는 의견이나, 청구인은 2001년 김○○○와 세대를 합쳤다가 2009.10.20. 분가한 사실이 주민등록상 나타나는 반면, 쟁점세대분리기간 중에 청구인이 어머니와 실제로 동거하였다는 사실은 확인되지 않는 점, 쟁점세대분리기간이 어떠한 이유로 일시적 퇴거에 해당하는 지를 처분청이 구체적으로 입증하지 못하고 있는 점 등에 비추어 재합가일인 2009.12.18.은 별도세대인 상태에서 직계존속을 동거봉양하기 위해 합가하였다고 보는 것이 타당하다.

따라서 쟁점아파트의 양도는 1주택을 보유하고 있는 청구인이 1주택을 보유하고 있는 60세 이상의 직계존속을 동거봉양하기 위하여 세대를 합침으로써 1세대가 2주택을 보유하게 되었다가 합친 날부터 5년 이내에 먼저 양도하는 경우에 해당하므로 「소득세법」 제89조 제1항 제3호 나목 및 같은 법 시행령 제155조 제4항의 1세대 1주택의 특례에 해당한다고 할 것이어서 처분청이 청구인에게 한 이 건 양도소득세 부과처분은 잘못이 있다고 판단된다.

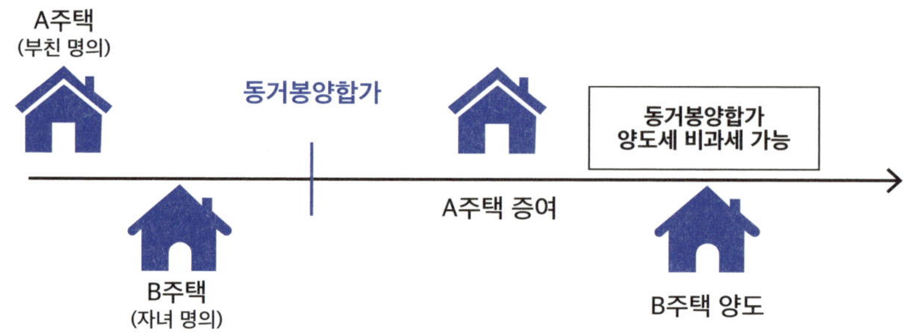

동거봉양을 위하여 세대를 합가한 경우로서, 합가일부터 10년 이내 해당 직계존속 소유주택을 증여받았을 때 증여받은 주택을 먼저 양도한다면 동거봉양합가에 따른 특례규정이 적용되지 않습니다. 그러나 합가일로부터 10년 이내에 양도하는 본인 소유의 주택은 동거봉양합가 특례규정을 적용받아 비과세 특례를 적용받을 수 있습니다.

Case 4 동거봉양합가 후 상속이 발생한다면?

아버지와 저는 각각 1주택을 보유하고 있는 상황입니다. 이제 연로하셔서 2020년부터 제가 부모님을 모시고 살고 있습니다. 올해 아버지께서 돌아가셨는데, 이 경우도 동거봉양 양도세 비과세 적용이 가능할까요?

위 사례처럼 합가 후 직계존속이 사망한다면 상속주택을 누가 받느냐에 따라 비과세 내용이 달라집니다.

첫째, 사망한 직계존속의 배우자가 받을 경우(즉, 어머니가 상속주택을 받는 경우)에는 동거봉양 비과세는 유지되어 합가일로부터 10년 이내에 먼저 양도하는 주택에 대한 비과세가 가능합니다.

둘째, 직계비속이 상속으로 주택을 받을 경우(자녀가 상속주택을 받는 경우)에는 동거봉양 비과세 특례를 적용받을 수 없습니다. 다만 이때는 상속주택 특례규정이 적용되어 상속개시 전부터 보유하던 일반주택을 먼저 양도하는 경우에 비과세가 가능하며 합가일로부터 10년 이내라는 기한 제한은 없어집니다(부동산거래관리과-580, 2010.06.04).

혼인으로 인한
2주택 비과세 절세법

1주택 보유자와 1주택 보유자가 결혼하면 2주택자가 됩니다. 혼인하지 않았다면 각자 비과세를 받을 수 있었음에도 불구하고 혼인으로 인하여 2주택자가 되어 비과세를 받지 못한다면 누가 결혼을 할까요? 그래서 세법에서는 이러한 경우, 혼인신고를 한 날로부터 10년(2024년 11월 12일 이후 양도분부터, 그 이전은 5년) 내 먼저 양도하는 주택이 비과세 요건을 갖추었다면, 비록 2주택 상태에서 매도했음에도 비과세 적용이 가능하도록 규정하고 있습니다.

혼인에 따른 비과세 특례

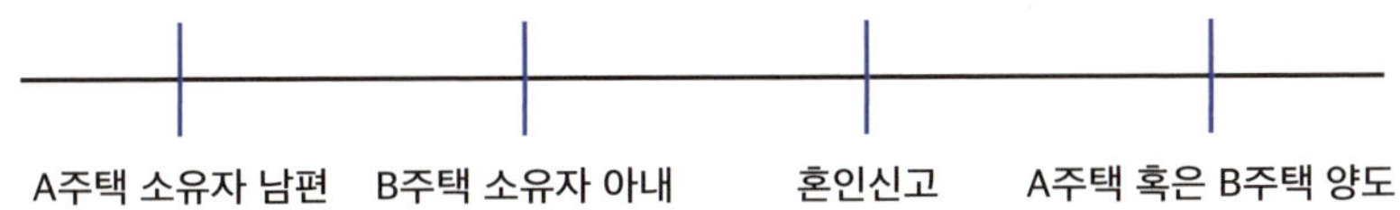

1주택 보유자와 1주택 보유자가 혼인함으로써 1세대 2주택이 되는 경우 혼인한 날로부터 10년(2024년 11월 24일 이후, 그 이전은 5년) 이내 먼저 양도하는 주택이 비과세 요건을 갖추었다면 1세대 1주택으로 보아 비과세를 적용해줍니다. 이때 세법에서 이야기하는 '혼인한 날'은 결혼식을 의미하는 것이 아니라 관할지방관서에 혼인신고를 한 날을 의미합니다. 즉, 혼인신고를 하지 않고 같이 사는 사실혼의 관계는 해당사항이 없습니다.

집행기준 89-155-22 혼인한 날의 의미

1세대 1주택 비과세 특례규정이 적용되는 혼인합가의 혼인한 날은 「가족관계의 등록 등에 관한 법률」에 따라 관할지방관서에 혼인신고한 날을 말한다.

또한 1주택을 보유하고 있는 60세 이상 직계존속을 동거봉양하는 무주택자가 1주택을 보유하는 자와 혼인함으로써 1세대 2주택이 되는 경우에도 10년 내 먼저 양도하는 주택이 비과세 요건을 갖추었다면 양도세 비과세를 적용해줍니다(2012년 2월 2일 이후 양도분부터 적용).

혼인에 따른 비과세 특례 주요사례

과거에는 1주택 비과세 특례를 양도일 현재를 기준으로 비과세 요건 충족 여부를 판정해왔습니다. 하지만 2024년 재경부의 새로운 유권해석으로 인하여 동거봉양합가와 마찬가지로 혼인합가에 따른 비과세 특례도 양도일 현재가 아니라 '합가일 현재'를 기준으로 비과세 요건 충족 여부를 판정해야 하는 것으로 변경되었습니다. 이 또한 "1주택을 보유한 자가 1주택을 보유한 자와 혼인함으로써 2주택을 보유한 경우"로 명시되어 있기 때문입니다.

따라서 기존에 비과세를 적용받았지만 이제는 적용받을 수 없게 되기도 합니다. 2주택자(A, B)와 1주택자(C)가 혼인하여 합가한 후 B주택을 과세로 먼저 양도하고 남은 A주택 또는 C주택을 10년 내에 처분하는 경우나, 일시적 2주택(A, B)을 가진 남성과 1주택(C)을 가진 여성이 혼인한 뒤 A주택을 일시적 2주택 비과세로 먼저 양도하고 남겨진 B주택 또는 C주택을 파는 경우, 이 두 사례 모두 이제는 혼인 합가에 따른 비과세 특례를 적용받을 수 없게 되었습니다. 사유는 동거봉양에 따른 비과세 특례와 동일합니다.

Case 2 남녀 모두 2주택 상태(일시적 2주택 포함)에서 혼인한다면?

각각 2주택 이상을 소유한 배우자 간 혼인하여 합가로 1세대가 소유하게 된 주택수가 4주택 이상인 경우 「소득세법 시행령」 제155조

제5항의 혼인합가특례를 적용받을 수 없습니다(재정경제부 조세정책과-1199, 2024.06.25).

(종전) 부동산거래관리과-204, 2010.02.08
2주택(A, B)을 보유하는 자와 1주택을 보유하는 자가 혼인함으로써 1세대가 3주택을 보유하게 되는 경우로서 1주택(A)을 양도한 후 혼인한 날부터 5년 이내에 먼저 양도하는 주택(B 또는 C주택)은 「소득세법 시행령」 제155조 제5항에 따라 1세대 1주택으로 보아 비과세 여부를 판정

(새로운 해석) 서면-2023-법규재산-0887[법규과-1599(2024.06.25)]
혼인합가특례(소득령§155⑤)의 혼인합가요건인 "1주택자가 1주택자와 혼인함으로써 2주택을 보유하게 되는 경우"는 주택의 양도일 현재 기준이 아닌, 혼인합가 당시 주택수로 충족 여부를 판정하는 것임

Case 3 1주택(A)을 가진 남자와 1주택(B)을 가진 여자가 혼인합가 후 추가로 1주택(C)을 취득한다면? → A,B,C 모두 비과세 가능

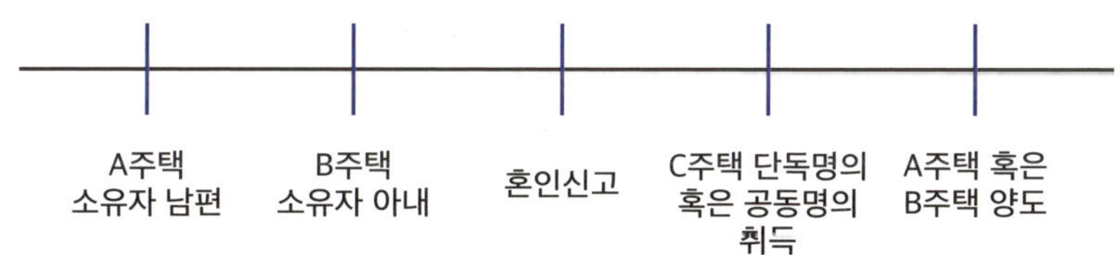

일시적으로 1세대 3주택이 된 경우로서 그 혼인한 날로부터 10년

이내, 그리고 C주택을 취득한 날로부터 일시적 2주택 기간 이내 A주택을 양도하는 경우 비과세를 적용해주며, 이후 혼인신고한 날로부터 10년 이내 B주택을 매도하면 B주택 또한 비과세가 가능합니다. 그리고 마지막 남은 C주택도 2년 보유요건(취득 시 조정대상지역이라면 거주요건 추가)만 충족하면 비과세 적용이 가능합니다.

사전-2022-부동산-5140, 2023.04.06

1주택을 보유한 자와 1주택을 보유한 자가 혼인으로 1세대 2주택이 된 후, 새로운 주택을 취득함으로써 1세대 3주택이 된 경우, 그 새로운 주택을 취득한 날부터 일시적 2주택 허용기간(2023.01.12. 이후 양도분부터 3년) 이내 그리고 혼인한 날부터 5년 이내에 혼인 전에 보유하던 주택 양도 시 소득령 §155① 및 ⑤을 적용하는 것임

Case 4 1분양권 또는 1입주권(A)을 가진 남자와 1주택(B)을 가진 여자가 혼인한다면? → A,B 모두 비과세 가능

2021년 이후 취득한 분양권은 입주권처럼 주택수에 포함이 됩니다. 따라서 1주택자와 1입주권 또는 1분양권을 보유한 사람이 혼인하는 경우로서 혼인 전 취득한 주택(B)을 양도하거나, 분양권 등이 이후 주택으로 전환된 후 입주권 또는 분양권으로 취득한 주택을 혼인합가한 날로부터 10년 이내 양도해도 해당 주택은 비과세가 적용됩니다.

서면-2021-법령해석재산-2139(2021.08.30)

귀 서면질의의 경우, 1주택을 소유하는 자(이하 "갑")가 2021.01.01. 이후 취득한

합법적으로 덜 내는 부동산 절세법

1분양권을 소유하는 자(이하 "을")와 혼인함으로써 1세대가 1주택과 1분양권을 소유하게 된 후 을이 분양권의 일부 지분(1/2)을 갑에게 증여한 경우로서 혼인한 날부터 5년 이내에 갑이 당초 혼인 전에 소유하던 주택을 양도하는 경우, 「소득세법 시행령」 제156조의3 제6항 및 같은 영 제156조의2 제9항에 따라 이를 1세대 1주택으로 보아 같은 영 제154조 제1항을 적용하는 것입니다.

서면-2022-법규재산-4077(2023.02.01)

귀 서면질의 신청의 사실관계와 같이, 국내에 1주택과 1조합원입주권을 소유한 갑이 1주택을 소유한 을과 혼인함으로써 1세대가 2주택과 1조합원입주권을 소유하게 된 후 갑의 조합원입주권의 일부 지분(1/2)을 을에게 증여한 경우로서 혼인한 날로부터 5년 이내 먼저 양도하는 주택은 「소득세법 시행령」 제156조의2 제9항을 적용받을 수 있는 것입니다.

또한 1주택과 1조합원입주권을 소유한 자가 다른 주택을 소유한 자와 혼인한 경우로서 혼인합가한 날로부터 10년 이내 먼저 양도하는 주택은 동일하게 혼인합가 시 특례가 적용됩니다.

다만 2020년 12월 31일까지 취득한 분양권은 비과세 판단 시 주택수에 포함되지 않으므로 1주택 보유자와 1분양권 보유자가 혼인으로 합가한 후 분양권이 주택으로 바뀌기 전에 비과세 요건을 갖춘 주택을 매도할 경우 비과세가 가능하거나, 또는 분양권이 주택으로 바뀐 시점으로부터 일시적 2주택 기간 이내 종전주택을 매도하면 비과세가 가능합니다.

부모님의 소중한 재산, 상속주택은 축복일까?

맞벌이인 박건우 씨 부부. 힘들게 종잣돈을 모으고, 대출까지 최대한 받아 서울에 집 한 채 마련하여 살고 있습니다. 그러던 중 갑작스럽게 부모님의 사망으로 인하여 서울에 있는 부모님 명의 빌라를 상속받게 되었습니다. 의도한 것이 아님에도 불구하고 상속주택이 있다는 이유만으로 내 집을 팔 때 비과세를 받을 수 없는 걸까요?

상속주택이 있는 경우 매도순서가 중요하다

"난 2050년 12월 5일 12시에 죽을 거야"라고 이야기하고 그 날짜에

                     합법적으로 덜 내는 부동산 절세법

죽는 사람은 없습니다. 앞서 사례처럼 주택 한 채를 힘겹게 마련한 상태에서 부모님의 유고로 주택을 상속받게 되어, 양도세가 중과된다면 억울하겠죠?

상속주택은 상속인의 의지와 관계없이 취득한 주택이기 때문에, 세법에서는 상속일 현재 기존에 보유하던 주택(2년 이상 보유요건 필요, 취득 당시 조정대상지역이었다면 2년 거주요건도 필요)을 양도할 경우, 상속주택은 없는 것으로 보아 1세대 1주택 비과세(양도가액이 12억 원 이하일 경우)를 적용받을 수 있는 특례규정을 만들어 놓았습니다(이하 상속주택 특례규정). 그러나 상속받은 주택을 먼저 양도하면 비과세를 받을 수 없기 때문에 반드시 매도순서를 지켜야 합니다.

양도주택	세법상 상속주택	일반(보유)주택
주택수	1세대 2주택	1세대 1주택

상속개시 당시 별도세대인지, 동일세대인지 파악하자

상속주택 특례규정을 적용받기 위해서는 상속개시 당시 별도세대원이어야만 가능합니다. 피상속인과 상속인이 동일세대원인 경우에는 상속주택 특례규정을 적용할 수 없습니다.

동일세대원으로부터 상속받은 주택의 양도 시 이것만은 꼭 기억하자

① 상속으로 인한 상속주택 특례규정은 동일세대원인 경우 적용되지 않습니다. ② 동일세대원으로부터 상속받은 경우의 1세대 1주택 비과

세 판단 시 동일세대원의 보유기간과 거주기간은 통산하여 판단합니다(조심2012서5095, 2013.04.24). ③ 다만 상속주택의 장특공은 동일세대원의 보유기간을 통산하지 않고, 상속개시일부터 적용합니다(서면 2015-부동산0071, 2015.03.11). 즉, 동일세대원으로부터 상속받은 상속주택이 12억 원을 넘는 고가주택이라면, 먼저 12억 원 비과세 요건을 판단할 때의 보유기간과 12억 원 초과분에 대한 양도차익에 대한 장특공을 적용할 때의 보유기간 적용방법이 다르다는 것을 주의해야 합니다.

상속주택 사례 모음

Case 1 **상속받은 주택을 멸실하고 새로운 주택을 신축했을 때, 그 주택도 상속주택으로 인정할까?**

기존의 상속주택을 멸실하고 새로운 주택을 신축할 경우 그 주택의 규모나 크기가 달라졌을 텐데, 그럼에도 불구하고 세법에서는 동일한 주택으로 간주하여 상속개시 당시 보유하던 일반주택을 양도할 경우 상속주택 특례규정을 적용해줄까요? 세법에서는 이 또한 상속주택의 연장선으로 보아 상속주택 특례규정을 적용하고 있고, 집행기준에도 아래와 같이 명확히 이야기하고 있습니다.

> **89-155-10 [상속주택을 멸실하고 새로운 주택을 신축한 경우]**
> 상속받은 주택을 멸실하고 새로운 주택을 신축한 경우 그 신축주택은 상속받은

 합법적으로 덜 내는 부동산 절세법

주택의 연장으로 보아 1세대 1주택 비과세 특례규정을 적용한다.

Case 2 상속주택이 여러 채 있다면?

만약 상속주택이 두 채 또는 그 이상 있을 경우, 이때도 동일하게 보유주택 매도 시 모든 상속주택을 없는 것으로 보아 비과세를 적용해줄까요? 그렇지는 않습니다. 세법에서는 상속주택이 여러 채라면 세법상 상속주택을 하나만 인정해주고, 나머지는 후순위 상속주택으로 보아 일반주택으로 분류합니다.

그럼 여러 채의 주택 중 선순위 상속주택은 어떻게 판단할까요? 세법에서는 아래의 순서대로 선순위 상속주택을 정의하고 있습니다.

1순위: 피상속인이 가장 오래 보유한 주택

2순위: 피상속인의 거주가 가장 긴 주택

3순위: 피상속인이 상속개시 당시 거주한 주택

4순위: 기준시가가 가장 큰 주택

5순위: 상속인이 선택

Case 3 상속주택을 단독이 아니라 공동으로 받을 경우 어떻게 될까?

세 자녀가 상속주택을 공동으로 받는다면, 이를 공동상속주택이라 합니다. 이 경우 세법에서는 가장 큰 지분을 받은 상속인이 세법상 상속주택을 취득한 것으로 보고, 그 외의 상속인은 소수지분을 취득한 것으로 봅니다.

만일 모두 동일한 지분을 받는다면? 이 경우는 다음의 순서에 해당하는 자가 세법상 상속주택을 취득한 것으로 봅니다.

① 해당 주택에 거주하는 자 → ② 최연장자

Case 4 협의분할이 안 되어 등기되지 않은 상속주택은 누가 소유한 것일까?

상속이 개시되면 상속인들 간의 협의에 따라 재산을 분배하게 되어 있습니다. 하지만 이해관계가 얽히다 보면 상속세 신고기한까지 재산 분할 협의가 되지 않아 등기이전이 안 되는 경우가 있습니다. 이럴 경우에는 협의가 끝날 때까지 상속주택을 주택수에서 제외해줄까요?

그렇지는 않습니다. 세법에서는 등기 여부와 상관없이 피상속인의 법정상속지분만큼 주택을 상속받은 것으로 보아 주택수에 포함시키고 있습니다.

Case 5 사위, 며느리가 받은 상속주택도 양도세 혜택을 받을 수 있을까?

아들 명의 집이 한 채 있는 상황에서, 아버지의 유증으로 아버지 명의 주택을 아들과 며느리가 50%씩 상속을 받았습니다. 이때 아들 명의 집을 팔면 비과세를 받을 수 있을까요?

앞에서도 이야기한 것처럼 상속이라는 원인으로 우리가 재산을 받게 될 때 상속되는 시점을 우리가 정할 수 없기 때문에, 세법에서도 이 부분을 인정하여 예외규정을 두어 혜택을 주고 있습니다. 다만 이 사례와 같이 상속인이 아닌 자가 유증에 의하여 재산을 취득하는 경우, 이는 당사자의 의사와 무관하게 이루어지는 상속과 달리 당사자 간의

   합법적으로 덜 내는 부동산 절세법

의사에 의한 것으로 보아(조심2012중145, 2012.07.18) 세법상 상속주택으로 인정하지 않고 있습니다. 따라서 며느리가 받은 주택은 세법상 상속주택에 해당하지 않으며, 상속주택 특례대상에도 해당하지 않습니다.

상속주택 소수지분자의 절세법은?

일반주택 양도 시

세법상 상속주택을 받은 경우와 동일하게 이 경우도 일반주택 양도 시 상속주택 소수지분은 없는 것으로 보아 1세대 1주택 비과세를 적용받을 수 있습니다.

상속주택 양도 시

세법상 상속주택이라 불리는 최대지분을 받지 못한 상속인의 상속주택 소수지분을 양도할 경우에는 조정대상지역 여부와 기간에 상관없이 다주택자 중과세율을 적용받지 않습니다.

공동상속주택 소수지분 상속인이 추가 취득으로 상속주택 최대지분이 되었다면?

 공동상속주택 소수지분(30%) → 최대지분(60%)

상속개시 당시	현재
배우자 40% 자녀1 30% 자녀2 30%	배우자 40% 자녀1 60% (자녀2로부터 30% 수증)

즉, 부친 사망 당시 상속인들 간 분할로 자녀1은 공동상속주택 소수지분(30%)을 상속받았으나, 그 이후 다른 상속인으로부터 증여받아 최대지분자(60%)가 된 상태에서 상속개시 당시 보유 중이던 일반주택을 양도할 경우 세금 이슈입니다.

이 경우는 "공동상속주택 소유자 판정은 상속개시일을 기준으로 하고, 그 이후 증여 등으로 지분비율이 변경되었더라도 새로 취득하는 주택으로 보지 않는다"라고 말하고 있습니다.

귀농·귀촌을 생각한다면
반드시 알아야 할 절세 포인트

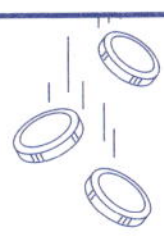

현재 서울에 자택을 갖고, 20년 근무하고 퇴직을 1년 앞둔 이선주 씨. 충북 음성에 농어촌주택을 구입하고자 합니다. 농어촌주택은 주택수에서 제외된다고 하던데, 서울 집은 비과세가 될까요?

도시에서의 복잡한 일상, 혼잡한 교통, 스트레스에 지쳐 은퇴 후에는 농어촌주택을 구입하고 귀농·귀촌을 하고 싶어하는 사람들이 많아지고 있습니다. 도시에서의 소란에서 벗어나 농촌의 평화로운 삶을 꿈꾸는 것인데요, 이때 세법상 반드시 알아야 하는 것이 농어촌주택에 대한 비과세 특례규정입니다.

농어촌주택, 고향주택
비과세 특례요건(조세특례제한법 제99조의 4)

취득기간

2003년 8월 1일(고향주택은 2009년 1월 1일)부터 2028년 12월 31일까지의 기간 중에 농어촌주택을 취득(자기가 건설하여 취득한 경우를 포함)해야 합니다.

보유요건

농어촌주택을 3년 이상 보유하고 일반주택을 양도해야 합니다. 이때 비과세특례를 적용받기 위해서는 일반주택을 취득한 후 농어촌주택을 취득해야 하며 2003년 8월 1일 이후 농어촌주택을 취득해야 합니다. 따라서 농어촌주택을 일반주택보다 먼저 취득했다면 다른 요건을 충족하더라도 일반주택 양도 시 비과세 특례를 적용받을 수 없습니다.

만약 농어촌주택을 보유한 지 3년이 지나기 전에 일반주택을 먼저 팔아도 비과세를 받을 수 있을까요? 가능합니다. 다만 사후관리 규정으로 농어촌주택을 3년 이상 보유하지 않을 경우 비과세를 받은 세금을 추징당할 수 있습니다.

가액요건

취득 당시 주택 및 부수토지의 기준시가가 3억 원(한옥은 4억 원) 이하인 주택만 농어촌주택으로 인정받을 수 있습니다. 취득일 이후 농어촌주택을 증축하거나 부수토지를 추가로 구입했다면 증가한 면적의 가액을 포함해서 판단해야 합니다.

지역요건

농어촌주택

수도권, 도시지역, 조정대상지역, 토지거래허가구역, 관광단지지역을 제외한 읍·면지역의 농어촌주택만 해당이 됩니다. 따라서 취득 당시 조정대상지역에 소재했다면 이후 양도일 현재 조정대상지역에서 해제되었더라도 비과세 적용이 불가능합니다.

- 접경지역을 제외한 수도권지역
- 「국토의 계획 및 이용에 관한 법률」 제6조에 따른 도시지역
- 「주택법」 제63조의2에 따른 조정대상지역
- 「부동산 거래신고 등에 관한 법률」 제10조에 따른 허가구역
- 「관광진흥법」 제2조에 따른 관광단지 등 부동산 가격 안정이 필요하다고 인정된 지역을 제외한 지역

고향주택

수도권, 조정대상지역, 그 밖에 관광단지 등 부동산 가격안정이 필요하다고 인정되는 지역을 제외한 시지역의 고향에 소재한 주택을 의미합니다.

고향주택 소재 지역 범위(제99조의4 제2항 관련)

구분	시(26개)
충청북도	제천시
충청남도	계룡시, 공주시, 논산시, 보령시, 당진시, 서산시
강원특별자치도	동해시, 삼척시, 속초시, 태백시
전북특별자치도	김제시, 남원시, 정읍시
전라남도	광양시, 나주시
경상북도	김천시, 문경시, 상주시, 안동시, 영주시, 영천시
경상남도	밀양시, 사천시, 통영시
제주도	서귀포시

※비고: 위 표는 「통계법」 제18조에 따라 국가데이터처장이 통계작성에 관하여 승인한 주민등록 인구 현황(2015년 12월 주민등록인구 기준)을 기준으로 인구 20만 명 이상의 시를 열거한 것임

소재요건

일반주택과 농어촌주택이 가까운 곳에 위치해도 특례가 인정되지 않는다는 점도 주의해야 합니다. 따라서 농어촌주택과 일반주택이 같은 읍·면 또는 연접한 읍·면에 있으면 비과세 특례 대상에서 제외됩니다.

앞선 사례의 경우는 읍·면지역이 아닌 군지역이기 때문에 세법에서 열거하고 있는 농어촌주택에 해당하지 않습니다. 따라서 서울주택을 일시적 2주택 비과세 기간을 지나서 양도할 경우 비과세 적용이 불가능합니다.

 합법적으로 덜 내는 부동산 절세법

농어촌주택 비과세 특례요건(소득세법 시행령 제155조의7항)

농어촌주택과 일반주택을 국내에 각각 1개씩 소유하고 있는 1세대가 일반주택을 양도하는 때는 국내에 1개의 주택만을 소유하고 있는 것으로 보아 1세대 1주택 양도소득세 비과세 적용이 가능합니다.

농어촌주택이란 서울특별시, 인천광역시, 경기도 외의 지역 중 읍지역(도시지역 제외) 또는 면지역에 소재하는 주택으로서 다음 중 어느 하나에 해당하는 주택을 의미합니다.

① 상속받은 주택(상속개시일 현재 피상속인과 상속인이 별도세대이며, 피상속인이 취득 후 5년 이상 거주한 주택에 한함)

상속주택으로 인한 비과세 특례와는 달리 농어촌 상속주택은 선순위 상속주택이 아닌 후순위 상속주택도 포함합니다. 따라서 두 채 이상을 상속받았더라도 피상속인이 해당 주택에 5년 이상 거주했다면 두 채 모두 농어촌주택 중 상속주택에 해당합니다.

② 이농인(어업인 포함)이 취득 후 5년 이상 거주한 이농주택

농어촌주택으로 인한 비과세 특례는 농어촌주택과 일반주택의 취득 순서에 상관없이 법 소정 요건만 충족하면 비과세를 받을 수 있는 것으로 나와있습니다. 다만 현행 양도소득세 집행기준에서는 일반주택을 이농주택보다 먼저 취득한 경우에는 농어촌주택으로 인한 비과세 특례를 적용받을 수 없는 것으로 해석하고 있습니다.

이농주택과 귀농주택

이농주택

영농 또는 영어에 종사하던 자가 전업으로 인하여 다른 시·구(자치구)·읍·면으로 전출함으로써 거주자 및 그 배우자와 생계를 같이하는 가족 전부 또는 일부가 거주하지 못하게 되는 주택으로서 이농인이 소유하고 있는 주택을 의미한다.

귀농주택

영농 또는 영어에 종사하고자 하는 자가 취득(귀농 이전에 취득한 것을 포함)하여 거주하고 있는 주택으로서 다음의 요건을 모두 갖춘 주택을 말한다.

① 취득 당시 고가주택(현행 12억 원)에 해당하지 않을 것
② 대지면적이 660m^2 이내일 것
③ 영농 또는 영어의 목적으로 취득하는 것으로서 다음 어느 하나에 해당할 것
가. 1,000m^2 이상의 농지를 소유하는 자 또는 그 배우자가 해당 농지소재지에서 취득하는 주택일 것
나. 1,000m^2 이상의 농지를 소유하는 자 또는 그 배우자가 해당 농지를 소유하기 전 1년 이내에 해당 농지의 소재지에서 취득하는 주택일 것
다. 어업인이 취득하는 주택일 것
④ 세대 전원이 이사(취학, 근무상의 형편, 질병의 요양 등)하여 거주할 것
※주말농장용 농어촌주택은 귀농 등 주택에 해당하지 않음(재일46014-913, 1995.04.12)

③ 영농 또는 영어의 목적으로 취득한 귀농주택(귀농주택 취득일로부터 5년 내 일반주택을 양도하는 경우에 한함, 귀농 후 계속하여 3년 이상 영농에 종사하면서 거주할 것)

농어촌주택 중 귀농주택도 상속주택과 마찬가지로 귀농주택을 일반주택보다 먼저 취득해도 상관없으나, 반드시 귀농주택 취득일로부터 5년 이내 일반주택을 양도해야만 비과세 적용을 받을 수 있습니다. 또한 귀농주택 특례는 "귀농 후 최초로 양도하는 1개의 일반주택(비과세 요건을 충족한 주택에 한함)에 한하여 적용한다"라고 열거하고 있습니다. 따라서 귀농주택 특례는 최초 1회만 비과세를 적용받을 수 있습니다.

농어촌주택 비과세를 받고 싶다면, 도시지역을 반드시 확인하자

전국토지는 도시지역, 관리지역, 농림지역, 자연환경보전지역으로 구분됩니다. 그리고 도시지역은 다시 주거지역, 상업지역, 공업지역, 녹지지역 4개로 나뉩니다.

도시지역	주거지역
	상업지역
	공업지역
	녹지지역
관리지역	
농림지역	
자연환경보전지역	

여기에서 도시지역은 대도시, 수도권 이런 의미와는 달리 주택들이 모여있는 곳은 대부분 주거지역으로 도시지역에 해당합니다. 지방의 OO읍 OO면 OO리도 해당될 수 있습니다. 즉, 지방에 있는 주택이라고 무조건 농어촌주택으로 봐서 1세대 1주택 비과세에 빠지는 것은 아닙니다.

도시지역을 확인하려면 토지이용계획원을 발급받아볼 수도 있고, 카카오지도를 통해서도 가능합니다. 지적편집도를 클릭하면 지도에서 쉽게 용도지역을 확인할 수 있습니다. 제1종일반주거지역으로 돼 있는 부분은 주거지역, 즉 도시지역에 해당하는 지역입니다.

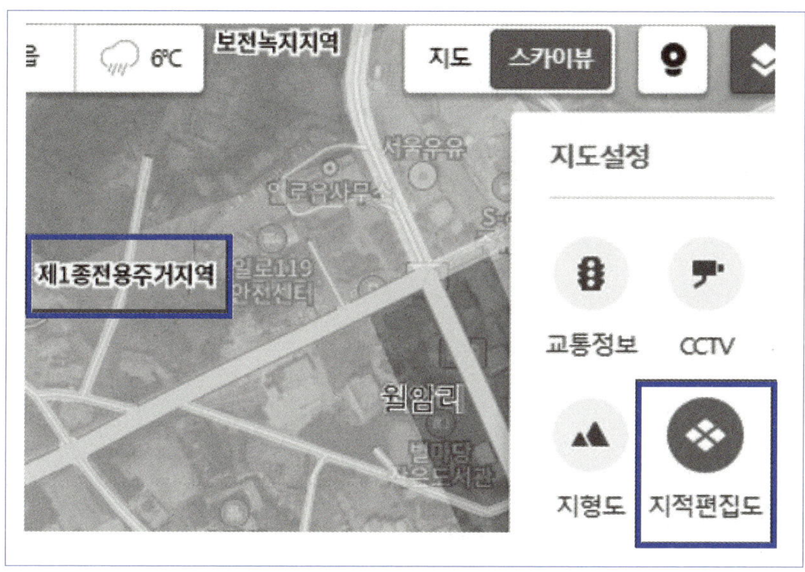
6℃
보전녹지지역
지도
스카이뷰
제1종전용주거지역
월암리
지도설정
교통정보
CCTV
지형도
지적편집도

상생임대주택을 활용한
부동산 절세법

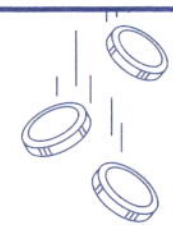

2025년 10월 15일 주택시장안정화 정책 발표로 서울 전 지역, 경기도 12개 구가 조정대상지역으로 지정되었습니다. 이제 서울과 경기도 주요지역의 주택을 구입 후 양도할 때 비과세를 받기 위해선 2년 보유요건뿐만 아니라 2년 거주요건까지 갖추어야 12억 원 비과세가 가능해졌습니다. 또한 12억 원을 초과하는 고가주택의 경우 장기보유특별공제 혜택을 최대한 받아야 절세가 가능합니다.

그런데 2년을 거주하지 않아도 2년 거주한 것과 동일한 효과를 볼 수 있는 제도가 있습니다. 바로 '상생임대주택'이란 제도로, 법에서 정하는 요건을 충족 시 2년 거주요건을 충족한 것으로 인정받아 비과세 및 장특공을 활용한 절세효과를 최대한 누릴 수 있습니다.

 합법적으로 덜 내는 부동산 절세법

상생임대주택

요건

임대차 시장의 안정과 세입자 권익 보호를 위해 만들어진 제도로 아래의 요건을 충족할 경우 집주인이 실거주를 하지 않았음에도 불구하고 2년 실거주를 한 것으로 보아 1세대 1주택 비과세를 적용받을 수 있습니다.

1) 상생임대차계약을 체결할 당시 직전임대차계약*에 따라 임대한 기간이 1년 6개월 이상일 것(주택을 취득한 다음 체결한 임대차계약일 것)

 * 직전임대차계약: 주택을 취득한 후 임차인과 체결한 임대차계약일 것

직전임대차계약으로 인정되는 경우

① 주택을 취득하면서 해당 주택의 전 소유자와 체결한 임대차계약을 직전임대차계약으로 볼 수 있는 것임(서면-2022-법규재산-4083, 2022.11.02)

② 주택을 취득한 날에 해당 주택에 대한 임대차계약을 체결한 경우 상생임대주택 특례의 직전임대차계약에 해당함(서면-2022-법규재산-4863, 2023.03.08)

③ 「직전임대차계약」을 체결하고 해당 임대기간이 개시된 후 혼인한 경우로서 배우자에게 1주택의 지분(1/2)을 증여한 이후 임대기간 요건(1년 6개월 이상)을 충족하고, 부부 공동으로 새로운 임대차계약을 체결하여 소득령§155의3①(1)에 따른 요건을 모두 충족하는 경우 상생임대주택

특례 적용 가능함(서면-2022-법규재산-3799, 2022.12.06)

직전임대차계약으로 인정되지 않는 경우

① 주택 매매계약 체결 후 임대차계약을 체결한 경우로서 주택 취득일 이후 임대기간이 개시되더라도 임대인이 주택취득 전에 임차인과 작성한 임대차계약은 소득령§155의3의 "직전임대차계약"에 해당하지 않는 것임(서면-2022-부동산-2939, 2022.12.20)

② 국내에 1주택을 소유한 1세대가 주택을 취득한 후 「소득세법 시행령」 제155조의3제1항제4호에 따른 직전임대차계약 및 같은 항 제1호에 따른 상생임대차계약을 체결한 경우로서, 해당 주택이 재건축사업으로 멸실되어 상생임대차계약에 따라 실제 임대한 기간이 2년 미만인 경우에는 상생임대주택에 대한 1세대 1주택의 특례를 적용받을 수 없는 것임(서면-2024-부동산-2202, 2024.09.10)

③ "직전임대차계약" 또는 "상생임대차계약"을 체결하였으나, 임차인이 중도 퇴거하여 같은 항의 임대기간(이하 "종전 임대기간") 요건을 충족하지 못한 경우, 종전 임대기간과 새롭게 체결한 임대차계약(종전 임대차계약의 임대보증금 또는 임대료보다 낮거나 같은 경우에 한정함)에 따른 임대기간을 합산할 수 있는 것임(서면-2022-법규재산-1236, 2022.10.31)

2) 2021.12.20.~2026.12.31. 기간 중 임대차계약을 갱신(신규 임대차계약 포함)하면서 임대료를 5% 이내로 인상할 것

3) 상생임대차계약에 따라 임대한 기간이 2년 이상일 것(상생임대차계약을 맺은 후 최소 2년 이상 임대하고 팔아야 특례 적용)

상생임대주택 양도 시 세제혜택

상생임대주택의 요건을 충족한 주택을 양도할 경우 실제로 2년을 거주하지 않았음에도 불구하고 2년 거주한 것으로 간주해 아래와 같은 세금혜택을 볼 수 있습니다.

① 조정대상지역 1세대 1주택 12억 원 비과세 가능

② 보유기간 연 4% 장기보유특별공제 적용 가능

③ 거주주택 비과세 가능

1세대 1주택 상생임대주택 특례

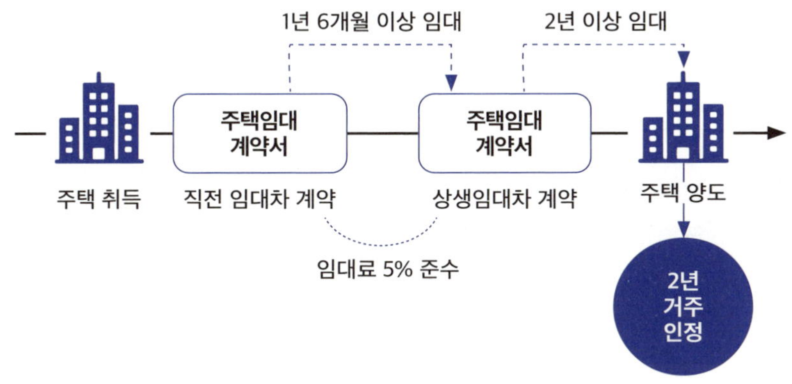

상생임대주택을 활용한 2주택 비과세

일시적 2주택 등 1세대 1주택으로 보는 특례주택을 양도할 때 양도하는 주택이 2년 거주요건을 충족하지 못했더라도 상생임대주택의 요

건을 갖추었다면 2년 거주요건이 면제되어 양도소득세 비과세 적용
이 가능합니다.

제155조(1세대 1주택의 특례) - 일시적 2주택 비과세, 동거봉양, 혼인합가 등

제155조의2(장기저당담보주택에 대한 1세대 1주택의 특례)

제156조의2(주택과 조합원입주권을 소유한 경우 1세대 1주택의 특례)

제156조의3(주택과 분양권을 소유한 경우 1세대 1주택의 특례)

상생임대주택을 활용한 3주택 비과세

거주주택(상생임대주택) + 장기임대주택 + 조합원입주권 상태에서 거주주택 양도 시

세법상 장기임대주택과 거주하지 않은 1주택을 보유한 1세대가 그 1주택을 양도하기 전에 조합원입주권을 소유하게 된 경우로서 조합원입주권을 취득하고 입주권 취득일로부터 3년 이내 1주택을 양도하면 거주주택 비과세 + 일시적 1주택 1입주권 특례 + 상생임대주택 특례의 중첩 적용으로 비과세 적용이 가능합니다.

일반주택(상생임대주택) + 장기임대주택 + 상속주택 상태에서 일반주택 양도 시

상생임대주택 요건을 갖춘 일반주택 + 장기임대주택 + 상속주택 상태에서 일반주택 양도 시 비과세 적용이 가능합니다. 거주주택 비과세와

합법적으로 덜 내는 부동산 절세법

상속주택 비과세 특례규정을 중첩하여 적용할 수 있습니다. 따라서 거주하지 않은 일반주택이 상생임대주택 요건을 갖추었다면 일반주택에서 거주를 하지 못했더라도 상생임대주택에서의 거주요건을 충족한 것으로 보아, 거주주택 비과세와 상속주택 특례의 중첩 적용으로 비과세를 적용받을 수 있습니다.

기준-2025-법규재산-0020, 2025.06.04

일반주택(A주택)과 장기임대주택(B주택)을 소유하던 1세대가 별도세대인 피상속인으로부터 같은 영 제155조 제2항에 따른 C주택을 상속받은 상생임대주택 요건을 갖춘 A주택을 양도하는 경우 같은 령 제155조 제20항에 따라 이를 1세대 1주택으로 보아 같은 영 제154조 제1항을 적용하는 것입니다.

상생임대주택 관련 주요 유권해석 모음

상생임대차계약기간 종료 후에는 임대료를 5% 초과 증액해도 특례 적용이 가능할까?

상생임대주택 특례요건을 모두 충족한 상생임대주택은 상생임대차계약 임대기간 종료 후, 새로운 임대차계약 체결 시 임대료의 증액 요건을 충족하지 않은 경우에도 상생임대주택 특례를 적용받을 수 있습니다(서면-2024-법규재산-1315, 2024.09.25).

계약이 묵시적으로 갱신되더라도 상생임대주택 특례 적용 가능할까?

묵시적 계약 갱신으로 인한 상생임대차계약의 임대차계약서를 양도소득세 과세표준 신고기한까지 제출하지 못한 경우에도, 1세대가 직전 및 상생임대차계약을 체결하고 해당 계약의 요건을 충족한 것이 확인되는 경우 특례규정을 적용받을 수 있습니다(서면-2024-법규재산-1507, 2022.10.31).

4년으로 단일 임대차계약을 체결한 경우 2개의 계약으로 보아 특례 적용 가능할까?

4년 단일 임대차계약을 임의로 직전임대차계약과 상생임대차계약 2개의 계약으로 보아 상생임대주택 특례를 적용할 수 없습니다(서면-2024-법규재산-2876, 2024.11.13).

2년 → 1년 → 2년의 임대차계약을 체결한 경우

2년의 임대차계약(1차 임대차계약) 기간 만료 후에 동일 임차인과 1년 연장 계약(2차 임대차계약)을 체결하고 임대기간 만료 후 다른 임차인과 새로운 2년의 임대차계약(3차 임대차계약)을 체결한 경우, 1, 2차 임대차계약을 '직전임대차계약'으로, 3차 임대차계약을 '상생임대차계약'으로 보아 상생임대주택 특례를 적용할 수 있습니다(서면-2022-법규재산-3431, 2023.05.31).

기존 2년의 임대차계약을 1년 6개월로 변경한 경우 직전임대차계약으로 인정할까?

「소득세법 시행령」 제155조의 3의 직전임대차계약 요건(주택 취득 후 임대계약요건)을 충족한 임대기간이 '2년'인 임대차계약을 1년 6개월로 단축하는 것으로 계약 변경 후 동일임차인과 다시 2년의 임대차 기간으로 임대차계약을 새로 체결하는 경우, 각각 분리된 임대차계약을 직전상생임대차계약으로 보아 상생임대주택특례를 적용할 수 있습니다(서면-2023-법규재산-0757, 2023.08.31).

주택을 임대, 거주, 재임대한 경우 상생임대주택 특례 적용 여부

국내 1주택을 소유한 1세대가 해당 주택을 취득한 후 임대했다가 일정기간 자가 거주 후 재임대한 경우로서, 「소득세법 시행령」 제155조의3 제1항 각 호의 요건을 모두 갖추어 해당 주택을 양도하는 경우에는 상생임대주택에 대한 1세대 1주택의 특례를 적용받을 수 있습니다(서면-2022-법규재산-0893, 2022.10.21).

동일한 임차인과 1년 이하의 임대차계약을 연속 체결한 경우

직전임대차계약 후 임차인과 1년 단위로 임대차계약 체결(5% 이내 인상)하고 1년 후 동일 임차인과 동일 임대료로 다시 1년 단위로 임대차계약을 체결하여 합산 2년 이상 임대한 경우 상생임대주택 특례가 인정됩니다(서면-2023-법규재산-2729, 2024.04.25).

서로 다른 임차인과 임대기간 1년 이하의 임대차계약을 연속 체결한 경우

임차인의 요청에 따라 체결한 임대기간 1년의 1차 임대차계약과 이와 별도로 임대기간 6개월의 2차 임대차계약을 서로 다른 임차인과 순차적으로 체결하는 경우, 두 임대차계약의 임대기간을 합산해「소득세법 시행령」제155조의3 제1항에 따른 직전임대차계약에 해당하는 것으로 볼 수 없습니다(서면-2023-법규재산-1062, 2024.11.18).

한 해에 같이 팔면 세금폭탄 맞는다!
양도차손을 활용한 절세법

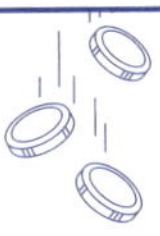

다주택자인 이채원 씨. 최근 5년 전에 구입한 A주택을 팔아 2억 원의 양도차익이 발생했습니다. 양도세가 생각보다 많아 어떻게 하면 줄일 수 있는지 고민 중인데, 이채원 씨는 최근 잘못된 투자로 손실이 발생한 오피스텔 분양권도 소유하고 있는 상황입니다. 절세할 수 있는 방법이 있을까요?

부동산 투자를 하면서 양도차손이 발생하면 많이 속상할 것입니다. 경기가 좋은 않은 지역에 투자해서 물린 경우도 있고, 오피스텔 분양권에 투자해서 손실을 본 경우도 종종 발생합니다. 지금처럼 손실이 발생한 자산 외 차익이 발생한 다른 자산을 보유하고 있다면 차익이 발생한 자산을 양도한 해에 차손이 발생한 자산을 같이 양도해 차익과 차손을 통산함으로써 세 부담을 줄일 수 있습니다.

이익 부동산을 손실 부동산과 함께 팔면 절세가 가능하다

양도차손은 같은 그룹 내의 다른 자산의 양도소득금액과 통산 가능

양도소득금액은 부동산 및 부동산에 관한 권리, 주식, 파생상품, 신탁수익권의 4개 그룹으로 구분하고, 특정 자산의 양도차손은 같은 그룹 내에서만 다른 자산의 양도소득금액과 통산이 가능합니다. 예를 들어 해외주식을 처분해 1억 원의 차손이 발생하고 부동산을 처분해 1억 원의 양도소득금액이 발생한 경우, 주식과 부동산은 그룹이 다르므로 해외주식의 양도차손은 부동산의 양도소득금액과 통산할 수 없습니다.

> 양도소득금액은 다음의 그룹별로 구분하여 계산하며 그룹별 차손은 다른 그룹의 소득과 합산할 수 없음
>
> [1그룹] 토지, 건물, 부동산에 관한 권리, 기타자산
>
> [2그룹] 주식 등의 양도소득(국내&해외주식)
>
> [3그룹] 파생상품 양도소득
>
> [4그룹] 신탁수익원

합법적으로 덜 내는 부동산 절세법

같은 그룹 내 양도차익과 차손이 발생한 자산의 적용 세율이 달라도 통산 가능

세율이 다른 자산을 같은 해에 양도한 경우 양도차익과 차손이 통산이 안 된다고 생각하는 사람들이 상당히 많습니다. 같은 그룹 내에서 양도차익과 차손이 같은 해에 발생한 경우 각 자산에 적용되는 세율이 달라도 양도차손과 양도소득금액은 통산이 가능합니다.

양도차손의 통산

[1차 통산] 양도차손이 발생한 자산과 같은 세율을 적용받는 자산의 양도소득금액

[2차 통산] 양도차손이 발생한 자산과 다른 세율을 적용받는 자산의 양도소득금액

※ 다른 세율을 적용받는 자산의 양도소득금액이 2개 이상인 경우 각 세율별 양도소득금액의 합계액에서 해당 양도소득금액이 차지하는 비율로 안분

TIP

양도차손은 다음연도로 이월되지 않고 소멸되므로 양도차손이 발생한 자산은 양도차익이 큰 자산을 양도할 때 함께 양도하여 소득금액을 통산하면 세 부담을 줄일 수 있습니다.

다양한 자산의 양도차손 통산 계산사례

아래와 같이 양도차익과 손실이 발생한 다양한 부동산을 보유하고 있는 상황에서 A주택을 매도했다면, 손실이 발생한 분양권과 B주택을

같은 해에 매도함으로써 세금을 줄일 수 있습니다.

구분	양도차익(차손)	보유기간
주택 분양권	△40,000,000	1년 6개월
A주택	100,000,000	5년 6개월
B주택	△20,000,000	2년 4개월

1차 통산: 세율이 같은 자산의 통산

양도차손은 다른 자산의 양도차익과 통산하는 것이 아니라 양도소득금액과 통산합니다. 양도소득금액은 양도차익에서 장기보유특별공제(이하 장특공)를 차감한 금액이므로, 먼저 각 자산의 양도차익에서 장특공을 차감해서 양도소득금액을 계산합니다. 분양권은 장특공이 적용되지 않으므로 분양권은 양도차익과 양도소득금액이 동일하고, A주택은 5년을 보유했으므로 양도차익의 10%인 1천만 원을 장특공으로 차감한 9천만 원이 양도소득금액이 됩니다.

A주택과 B주택은 보유기간이 2년 이상이기 때문에 기본세율을 적용받고, 주택분양권은 1년 미만 보유 시 70%, 1년 이상 보유 시 60%의 세율을 적용받습니다. 우선 같은 세율을 적용받는 A주택과 B주택의 양도차익과 손실을 통산합니다.

2차 통산: 세율이 다른 자산의 통산

이제 분양권 양도차손 4천만 원을 1차 통산한 후 남은 A주택의 양도

합법적으로 덜 내는 부동산 절세법

소득금액 7천만 원과 통산합니다.

구분	주택 분양권	A주택	B주택
세율	60%	기본세율	기본세율
양도차익	△40,000,000	100,000,000	△20,000,000
장기보유특별공제	-	10,000,000	-
양도소득금액	△40,000,000	90,000,000	△20,000,000
1차 통산		△20,000,000	20,000,000
2차 통산	40,000,000	△40,000,000	
양도차손 공제 후 소득금액		30,000,000	
양도소득 기본공제		2,500,000	
양도소득 과세표준		27,500,000	

다른 그룹 자산의 양도차손 통산

골프장회원권 양도로 손실 본 금액을 주택 매매 시 양도차익과 상계할 수 있을까?

골프장회원권, 콘도미니엄 회원권, 종합체육시설 회원권과 같이 특정시설물을 배타적으로 이용할 수 있는 특정시설물 이용권의 경우를 1그룹에 속하는 기타자산으로 봅니다. 따라서 골프장회원권 양도 또한 양도소득세 대상이 되며, 동일 연도에 주택과 함께 양도한다면 양도차손과 양도차익을 통산해야 합니다. 추가로 상담 시 많이 물어보는 골프회원권 관련 질문과 답을 정리해보겠습니다.

Q. 골프회원권 소유자가 골프회원권을 발행회사에 반환하고 입회보증금 상당액을 지급받는 것이 양도소득세 신고 대상인가요?

양도란 자산에 대한 등기·등록과 관계없이 매도, 교환 등으로 그 자산이 유상으로 사실상 이전되는 것을 말하므로 골프회원권을 반환하는 경우에도 양도소득세 신고 대상에 해당합니다.

Q. 개인사업과 관련하여 사용하던 골프회원권을 양도하는 경우 종합소득세로 신고하나요, 아니면 양도소득세로 신고하나요?

개인사업과 관련하여 사용하던 골프회원권을 양도하는 경우에도 양도차익에 대해서는 양도소득세로 신고해야 하며, 종합소득세를 신고하면서 양도차익은 합산하여 신고할 필요가 없습니다.

Q. 골프회원권을 취득하면서 부담한 취득세는 필요경비로 양도차익 계산 시 차감되나요?

취득가액을 실지거래가액으로 신고하는 경우에는 납부한 취득세도 필요경비에 해당하며, 계약서 작성비용, 소개비 또는 양도소득세 신고서 작성비용 등도 필요경비로 공제받을 수 있습니다.

Q. 골프회원권을 10년 이상 장기간에 걸쳐 보유하고 양도한 경우에 장특공을 적용받을 수 있나요?

장특공은 부동산에 대해서만 적용하므로 골프회원권을 10년 이상에

합법적으로 덜 내는 부동산 절세법

걸쳐 장기간 보유하더라도 장특공을 적용하지 않습니다.

Q. 골프회원권 보유기간이 1년 미만으로 단기간인 경우에는 양도차익에 대한 세율이 어떻게 적용되나요?

골프회원권 양도에 대한 양도소득세율은 보유기간에 따라 세율이 달라지는 것이 아니므로 과세표준에 따라 6~45%까지 누진세율을 적용합니다.

주식을 활용한 양도차손익 절세법

국내 비상장주식과 해외주식의 양도차손익도 통산 가능

국내주식 중 상장주식을 양도하면 대주주의 양도분에 한해 양도세가 과세되고, 대주주가 아닌 경우에는 양도세가 과세되지 않습니다. 다만 비상장주식은 대주주 여부에 관계없이 양도소득세가 과세됩니다. 한편 해외주식은 상장 여부에 관계없이 모든 양도차익에 대해 양도세가 과세됩니다.

만일 국내 비상장주식 투자로 손실이 발생하고, 해외주식 투자로 많은 이익이 발생했다면, 2그룹에 속하는 국내 및 해외주식을 같은 해에 양도함으로써 양도차손익 통산이 가능하므로, 절세가 가능합니다.

대주주가 아닌 국내 상장주식의 양도차손과 해외주식의 양도차익은 통산 불가

과세대상이 아닌 자산의 양도차손은 다른 자산의 양도차익과 통산하지 않습니다. 현재 대주주가 아닌 자의 국내 상장주식 양도차익은 과세가 되지 않습니다. 따라서 대주주가 아닌 자가 국내 상장주식을 팔

아서 양도차손이 발생하고, 같은 연도에 해당 납세자가 해외주식을 양
도해서 양도차익이 발생한 경우 두 자산의 양도차손익은 통산되지 않
습니다.

                                    합법적으로 덜 내는 부동산 절세법

다주택자 양도소득세 중과제도 피해가는 법

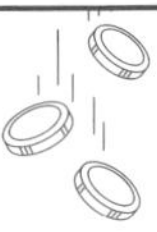

다주택자 양도소득세 중과제도

다주택자 양도소득세 중과제도란 ① 다주택자가 ② 양도일 현재 조정대상지역에 소재하고 있는 ③ 중과대상 주택을 양도하면 양도소득세가 중과되는 것을 의미합니다.

조정대상지역

다주택자가 조정대상지역 내의 주택을 양도하는 경우 양도소득세 중과규정이 적용됩니다. 따라서 다주택자라고 하더라도 조정대상지역이 아닌 곳의 주택을 양도한다면 중과세율이 적용되지 않기 때문에 양도소득세 측면에서 조정대상지역에 해당하는지 해당하지 않는지 여부는 상당히 중요한 의미가 있습니다. 현재 서울은 전 지역이 조정대상지역에 해당하며, 경기도 중 12개 지역도 2025년 10월 15일 주택시장안정화 정책 발표로 조정대상지역으로 지정되었습니다.

조정대상지역 및 투기과열지구

- 서울: 전 지역(25개 자치구)
- 경기: 과천시, 광명시, 성남시 분당구·수정구·중원구, 수원시 영통구·장안구·팔달구, 안양시 동안구, 용인시 수지구, 의왕시, 하남시(12개 지역)

다주택자에 대한 페널티

다주택자가 조정대상지역 내의 주택을 양도하는 경우 다음과 같은 양도소득세 중과규정이 적용됩니다. 입주권과 분양권의 경우 주택은 아니지만 다주택자에 대한 중과제도를 적용할 때는 주택으로 취급합니다. 다만 분양권은 2021년 1월 1일 이후 취득한 경우에만 주택수에 포함되는 점이 입주권과의 차이라 할 수 있습니다. 다주택자에 대한 페널티는 크게 두 가지로 이야기할 수 있습니다.

첫째, 장기보유특별공제 적용 배제입니다. 조정대상지역의 주택을 양도하는 다주택자는 아무리 오래 보유했어도 장기보유특별공제 혜택을 받을 수 없습니다.

둘째, 양도소득세 중과세율 적용입니다. 양도소득세 기본세율은 6~45%입니다. 그런데 1세대 2주택자라면 여기에 20%가 가산되고, 3주택 이상자라면 30%가 가산되어, 3주택 이상자가 조정대상지역의 주택을 양도했고, 최고세율에 해당한다면 75%의 세율을 적용받게 되어 세 부담이 크게 증가합니다. 현재의 다주택자에 대한 양도소득세 중과 한시적 유예는 2026년 5월 9일부로 종료됩니다. 따라서 다주택자가 5월 9일까지 양도하는 조정대상지역의 주택의 경우에만 장특공 및 기본세율 적용이 가능합니다.

양도소득세율

과세표준	세율	2주택	3주택 이상
1,400만 원 이하	6%	26%	36%
1,400만 원 초과 ~ 5,000만 원 이하	15%	35%	45%
5,000만 원 초과 ~ 8,800만 원 이하	24%	44%	54%
8,800만 원 초과 ~ 1.5억 원 이하	35%	55%	65%
1.5억 원 초과 ~ 3억 원 이하	38%	58%	68%
3억 원 초과 ~ 5억 원 이하	40%	60%	70%
5억 원 초과 ~ 10억 원 이하	42%	62%	72%
10억 원 초과	45%	65%	75%

2009년 3월 16일~2012년 12월 31일 중에 취득한 주택의 양도소득세 중과 여부

다주택자가 조정대상지역에 소재하고 있는 중과대상 주택을 양도하더라도 2009년 3월 16일~2012년 12월 31일 중에 취득한 주택(양도일 현재 2년 이상 보유한 주택에 한함)은 중과세율이 아닌 기본세율을 적용받을 수 있습니다.

소득세법 부칙<제9270호, 2008.12.26> 제14조(양도소득세의 세율 등에 관한 특례)
① 2009년 3월 16일부터 2012년 12월 31일까지 취득한 자산을 양도함으로써 발생하는 소득에 대하여는 제104조 제1항 제4호부터 제9호까지의 규정에도 불구하고 같은 항 제1호에 따른 세율(그 보유기간이 2년 미만이면 같은 항 제2호 또는 제3호에 따른 세율)을 적용한다.

일반적으로 양도소득세 계산 시 기본세율을 적용받는 경우 장기보유특별공제도 적용해주는 것이 원칙이지만, 위 부칙에는 세율만 기본세율을 적용한다고 규정하고 있기 때문에 장기보유특별공제는 적용되지 않으므로 주의해야 합니다.

중과대상 주택수 판정해보기

분양권, 조합원입주권

다주택자 양도세 중과규정은 다주택자가 조정대상지역에 위치한 주택을 팔았을 때 적용되며, 다주택자 여부를 판단할 때 조합원입주권, 분양권(2021년 1월 1일 이후 취득한 분양권)도 주택수에 포함됩니다.

공동상속주택의 소수지분권자

공동상속주택의 경우 주된 상속인이 해당 주택을 소유한 것으로 봅니다. 이때 주된 상속인은 '상속지분이 가장 큰 자 → 상속주택에서 거주하는 자 → 최연장자' 순으로 판단합니다. 따라서 주된 상속인이 아닌 소수지분권자는 중과대상 주택수 산정 시 처음부터 제외합니다.

혼인으로 3주택 이상을 소유한 경우

1주택 이상을 소유한 자가 1주택 이상을 소유한 자와 혼인함으로써 3주택 이상에 해당한다면 혼인한 날부터 5년 이내 주택을 양도하는 경우 양도일 현재 결혼하기 전에 소유한 배우자의 주택은 중과대상 주택수 계산 시 제외합니다. 이때 혼인한 날부터 5년 이내 새로운 주택을 취득하면 이 취득 이후 양도하는 주택에 대해서는 위 규정을 적용해주지 않습니다. 1세대 1주택 비과세 판정 시 혼인합가에 따른 비과세 특례는 10년이지만 중과대상 주택수를 판정할 때는 5년이라는 점을 꼭 기억하기 바랍니다.

중과대상 주택수에서 제외되는 지방 저가주택

중과대상 주택수 판단 시 수도권·광역시·세종시에 소재하는 주택은 양도일 현재 기준시가에 관계없이 모두 중과대상 주택수에 포함됩니다. 다만 경기도의 읍·면지역, 광역시의 군지역, 세종시의 읍·면지역, 그리고 기타지역에 소재하고 있는 주택으로 양도일 현재 기준시가 3억 원 이하인 주택(이하 지방 저가주택)은 중과대상 주택수에서 제외됩니다.

지역 기준시가	수도권 광역시 세종시	경기도의 읍·면지역, 광역시의 군지역, 세종시의 읍·면지역	기타지역
3억 원 초과	포함	포함	포함
3억 원 이하	포함	제외	제외

즉, 광역시 중에서도 군지역, 경기도와 세종시 중에서도 읍·면지역의 3억 원 이하 주택은 중과대상 주택수에 포함하지 않습니다. 이는 상대적으로 집값이 저렴한 지역을 배려한 것으로 볼 수 있습니다. 예를 들어 인천시 옹진군과 강화군, 또는 강원도, 충청도, 경상도와 같은

 합법적으로 덜 내는 부동산 절세법

기타지역은 기준시가 3억 원을 초과할 경우에만 중과대상 주택수에 포함됩니다.

　여기서 주의할 점이 있습니다. 지방 저가주택은 다른 주택의 중과 여부를 판단할 때 주택수에서 제외되는 것일 뿐, 다른 주택의 비과세 여부를 판단할 때 주택수에서 제외되지 않습니다.

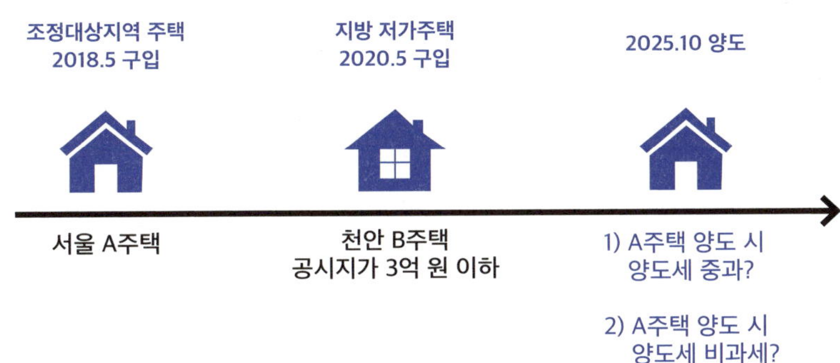

　이 사례는 천안의 공시가격 3억 원 이하 주택을 보유한 상태에서 조정대상지역에 있는 A주택을 매도한 경우입니다. A주택의 중과 여부를 판단할 때 수도권 외 지역(천안)의 공시가격 3억 원 이하의 주택은 주택수에서 제외되므로 A주택의 양도세는 중과되지 않습니다. 단, A주택의 비과세 여부를 판단할 때 C주택은 주택수에서 제외되지 않기 때문에 A주택은 비과세되지 않습니다.

소형 신축주택과 준공후미분양주택도 중과대상 주택수에서 제외

중과대상 주택수를 판단할 때 아래의 요건을 모두 충족한 소형 신축주택과 준공후미분양주택은 지방 저가주택과 마찬가지로 중과대상 주택수 계산 시 포함하지 않습니다.

구분	소형 신축주택	준공후미분양주택
적용요건	2024.01.10.~2027.12.31. 중에 준공된 주택	지방자치단체로부터 미분양주택임을 확인받은 주택
취득시기	2024.01.10.~2027.12.31.	2024.01.10.~2026.12.31.
전용면적	60m² 이하	85m² 이하
소재지	수도권 및 비수도권	비수도권
취득가액	수도권: 6억 원 이하 비수도권: 3억 원 이하	6억 원 이하 (2026.02.27. 시행령 개정 이후는 7억 원 이하)
주택유형	아파트 외 모든 주택	모든 주택(아파트 포함)

조정대상지역의 주택을 양도해도 되는 중과배제주택

다주택자라 하더라도 양도하는 주택이 조정대상지역 내에 있지 않으면 중과 페널티가 적용되지 않는다고 앞에서 설명했습니다. 또한 조정대상지역 내 주택이라도 법에서 정한 '중과배제주택'에 해당하면 페널티를 피할 수 있습니다.

3주택 이상자와 2주택자에게 적용되는 중과배제 규정은 각각 존재하지만, 3주택자에게 허용되는 중과배제 요건이 2주택자에게도 상당 부분 공통 적용되므로 결과적으로 2주택자가 중과를 피할 수 있는 선

합법적으로 덜 내는 부동산 절세법

택지가 더 다양하다고 할 수 있습니다. 중과배제주택으로 인정받으면 조정대상지역에 있더라도 연 2%의 장기보유특별공제를 받을 수 있고, 양도세 역시 중과세율이 아닌 6~45%의 기본세율로 과세됩니다.

3주택 중과배제주택(「소득세법 시행령」 제167조의 3의 ①)

구분		세부 내용
1호	지방 저가주택	경기도 읍·면지역, 광역시의 군지역, 세종시의 읍·면지역, 기타지역으로 양도 당시 기준시가 3억 원 이하인 주택
2호	「소득세법」상 장기임대주택	(지방자치단체+세무서) 주택임대사업자등록을 하고 임대개시일 당시 기준시가 6억 원(비수도권은 3억 원) 이하 주택(2018.09.14. 이후 조정지역의 주택을 취득하여 등록하는 경우 제외)
3호	「조세특례제한법」상 특례주택	「조특법」상 장기임대, 신축임대, 미분양주택에 대한 과세특례에 따라 양도세가 감면되는 임대주택으로서 5년 이상 임대한 국민주택
4호	장기사원용 주택	종업원에게 10년 이상 무상 제공하는 사용자 소유의 주택
5호	「조세특례제한법」상 특례주택	「조특법」상 미분양주택 특례 및 신축주택, 공익사업용 수용 및 협의매수 특례에 해당되는 주택
6호	국가유산주택	문화재 주택
7호	상속주택	상속받은 날로부터 5년이 경과하지 않은 선순위 상속주택
8호	저당권 실행 등으로 취득한 주택	저당권 실행 또는 채권변제를 대신하여 취득한 주택으로 취득일부터 3년이 경과되지 아니한 주택
8호의 2	장기어린이집	가정어린이집으로 인가를 받고 사업자등록을 한 후 5년 이상 사용하고, 가정어린이집으로 사용하지 않게 된 날부터 6개월이 지나지 않은 주택
10호	중과 제외 주택 외 1주택	위 1호~8호의 2에 해당하는 주택 외 1주택

11호	조정대상지역 지정 전 계약 주택	조정대상지역 공고가 있는 날 이전에 매매계약을 체결하고 계약금을 지급받은 사실이 증빙서류에 의해 확인되는 주택
12호	소형 신축주택 준공후미분양주택 인구감소지역주택*	- 2024.01.10.~2027.12.31. 중에 취득하는 법 소정 소형 신축주택 - 2024.01.10.~2027.12.31. 중에 취득하는 법 소정 준공후미분양주택 - 2026.01.01. 이후 취득하는 법 소정 인구감소지역의 주택
12호의 2	중과 한시적 유예주택	2022.05.10.~2026.05.09. 중에 양도하는 보유기간이 2년 이상인 주택
13호	비과세 특례 등 적용대상 주택	시행령 제155조 또는 「조세특례제한법」에 따라 1개의 주택을 소유하고 있는 것으로 보거나 1세대 1주택으로 보아 비과세가 적용되는 주택

* 인구감소지역주택: 2026.01.01. 이후 취득하는 주택으로서 다음 요건을 충족하는 주택. [소재지] 인구감소지역, 비수도권 인구감소관심지역(단, 수도권(접경지역 제외), 광역시 구지역, 기존 주택과 동일 시.군.구 제외) [기준시가] 4억 원(비수도권 인구감소지역의 경우 9억 원) 이하

2주택 중과배제주택(「소득세법시행령」 제167조의 10의 ①)

구분		세부 내용
1호	지방 저가주택	경기도 읍·면지역, 광역시의 군지역, 세종시의 읍·면지역, 기타지역으로 양도 당시 기준시가 3억 원 이하인 주택
2호	3주택 이상자 중과 제외 주택	소득세법 시행령 제167조의 3①2호~8호의 2중 어느 하나에 해당하는 주택
3호	부득이한 사유 등으로 취득한 다른 시, 군 소재 주택	취학, 근무상의 형편, 질병의 요양, 그 밖에 부득이한 사유로 인하여 다른 시·군에 소재하는 주택(취득 당시 기준시가의 합계액이 3억 원 이하로서 취득 후 1년 이상 거주하고 해당 사유가 해소된 날로부터 3년 이내 양도하는 경우에 한함)

합법적으로 덜 내는 부동산 절세법

4호	부득이한 사유 등으로 취득한 수도권 밖 소재 주택	「소득세법 시행령」 제155조 제8항에 따라 취학, 근무상의 형편, 질병의 요양, 그 밖에 부득이한 사유로 취득한 수도권 밖에 소재하는 주택
5호	동거봉양합가 주택	2023.02.28. 조문 삭제
6호	혼인합가 주택	2023.02.28. 조문 삭제
7호	소송중인 주택	주택의 소유권에 관한 소송이 진행 중이거나 해당 소송결과로 취득한 주택(소송으로 인한 확정판결일부터 3년이 경과하지 아니한 경우에 한정)
8호	일시적 2주택	2023.02.28. 조문 삭제
9호	소형주택	양도일 현재 기준시가 1억 원 이하인 주택(정비구역으로 지정, 고시된 지역 또는 사업시행구역에 소재하는 주택은 제외)
10호	중과 제외 주택 외 1주택	위 1호~7호에 해당하는 주택 외 1주택
11호	조정대상지역 지정 전 계약 주택	조정대상지역 공고가 있는 날 이전에 매매계약을 체결하고 계약금을 지급받은 사실이 증빙서류에 의해 확인되는 주택
12호	소형 신축주택, 준공후미분양주택	- 2024.01.10.~2027.12.31. 중에 취득하는 법 소정 소형 신축주택 - 2024.01.10.~2027.12.31. 중에 취득하는 법 소정 준공후미분양주택
12호의 2	중과 한시적 유예주택	2022.05.10.~2026.05.09. 중에 양도하는 보유기간이 2년 이상인 주택
13호	상속주택 비과세 특례가 적용되는 일반주택	2023.02.28. 조문 삭제
14호	임대주택 비과세 특례가 적용되는 거주주택	2023.02.28. 조문 삭제
15호	비과세 특례 등 적용대상 주택	제155조 또는 「조세특례제한법」에 따라 1세대가 국내에 1개의 주택을 소유하고 있는 것으로 보거나 1세대 1주택으로 보아 비과세가 적용되는 주택

개정 세법에 따른 혼인·상속주택 중과세 적용 기준의 변화

2주택 중과배제 주택으로 종전에 열거되던 제5호(동거봉양합가), 제6호(혼인합가), 제8호(일시적 2주택), 제13호(상속주택 특례가 적용되는 일반주택), 제14호(임대주택 특례가 적용되는 거주주택) 조항이 제15호 조항이 신설되면서 삭제됨으로써 납세자에게 불리하게 작용할 수 있게 법이 개정되었습니다.

> (종전) 종전의 동거봉양합가, 혼인합가 등 위 규정에 따라 1주택으로 보는 특례 요건만 충족했다면 비과세 요건(보유 및 거주요건)의 충족여부와 상관없이 해당 주택을 양도할 때 양도소득세가 중과되지 않았습니다.
>
> (개정) 신설된 제15호는 "소득세법 시행령 제155조 또는 「조세특례제한법」에 따라 1세대가 국내에 1개의 주택을 소유하고 있는 것으로 보거나 1세대 1주택으로 보아 비과세가 적용되는 주택"으로 규정함으로써 비과세 요건을 충족하지 못한 주택 또는 비과세 요건을 충족했다 하더라도 고가주택(양도가액 12억 원 초과)의 경우에는 해당 주택을 양도함으로써 중과세율이 적용됩니다.

2주택 중과제외 규정은 봉양이나 상속 등 부득이한 사유로 2주택자가 된 납세자에게 불이익이 발생하지 않게 함입니다. 그런 취지라면 신설된 제15호 규정으로 인해 동일한 상황에 중과세율이 적용되는 것은 부당합니다. 신중한 논의를 거쳐 빠른 시일 내 개선이 이루어져야 합니다.

다주택자 양도세 중과되지 않으려면?

다주택자의 양도에 따른 양도소득세 중과유예제도가 2026년 5월 9일부로 종료된다고 이야기했습니다. 원칙대로라면 5월 9일까지 소유권이전등기를 하거나 잔금지급을 완료해야만 양도세 폭탄을 피해갈 수 있습니다. 다만 정부에서는 부동산 거래 관행 및 시장의 현실을 감안해, 5월 9일까지 계약을 완료한 조정대상지역의 거래는 4~6개월까지 잔금·등기를 위한 기간을 허용하는 방안을 검토해 아래와 같이 추가적인 보완책을 발표했습니다.

일반 다주택자인 경우

2025년 10월 15일 기준 조정대상지역인 서울시 강남구·서초구·송파구 및 용산구 소재 주택의 경우 ① 2026년 5월 9일 이전 매매계약을 완료하고 계약일로부터 ② 4개월 내에 양도하면 다주택자 양도세 중과 대상에서 제외됩니다. 2025년 10월 16일 새로 지정된 조정대상지역(서울시 강남구·서초구·송파구 및 용산구 이외의 조정대상지역) 소재 주택의 경우 ① 2026년 5월 9일까지 매매계약을 체결하고 계약일로부터 ② 6개월 내에 양도하면 다주택자 양도세 중과 제외됩니다.

지역	계약기한	잔금·등기기한
강남3구+용산	2026년 5월 9일까지	4개월 이내
신규조정대상지역		6개월 이내

임대차·전세권이 설정된 주택으로 매도자가 다주택자이고, 매수자가 무주택자인 경우

2026년 2월 12일 현재 토지거래허가구역의 세입자가 있는 주택을 매입할 경우 주택 취득 당시 세입자가 있다면 세입자 계약 종료 시까지 실거주 의무를 최대 2년까지 유예해줌으로써 임차기간이 끝나면 실거주할 수 있도록 보완책을 발표했습니다. 따라서 이 경우에는 실거주 의무가 개정안 발표일(2026.02.12) 현재 체결된 임대차계약상의 최초 계약 종료일까지 유예되며, 늦어도 2028년 2월 11일(발표일 이후 2년 내)까지는 실거주를 위해 입주해야 합니다(주택담보대출을 받는 경우 전입신고의무는 대출실행일로부터 6개월 또는 임대차계약 종료일로부터 1개월 중 더 늦은 시점까지만 이행).

실거주 의무 및 주택담보대출 전입신고의무 유예는 다주택자가 보유한 조정대상지역 주택으로서 중과세율 적용 대상인 주택을 무주택자에게 매도하는 경우에만 한정합니다. 이때 무주택자란 토지거래허가 신청일 및 대출 신청일 기준 무주택자를 의미합니다.

지역	계약기한	잔금·등기기한	비고
강남3구+용산	2026년 5월 9일까지	4개월 이내	1. 실거주의무: 현 임대차계약 종료일(늦어도 2028년 2월 11일까지) 2. 전입신고의무: 대출실행일로부터 6개월 또는 임대차계약 종료일로부터 1개월
신규조정대상지역		6개월 이내	

　만약 집을 당장 양도하는 것이 어렵다면 자녀에게 증여하는 것을 검토해볼 수 있습니다. 증여의 경우 토지거래허가구역이더라도 실거주의무가 없기 때문에, 임차인이 있는 상태에서 증여받는 것이 가능하며, 임차인의 보증금을 활용해 취득세 및 증여세를 납부할 수도 있습니다. 특히 부모님의 재산 규모가 크고 향후 상속세 부담이 예상된다면, 이번 기회에 사전 증여를 통한 절세효과를 검토해 보는 것도 하나의 해결책이 될 수 있습니다.

Part 4

합법적으로 덜 내는
주택임대사업자 절세법

주택임대소득 이해하기 ①
과세대상 주택수 및 과세요건

현재 서울 강남에 1주택(기준시가 15억 원)을 갖고 있으며, 회사 출퇴근 문제로 제 명의 주택은 월세를 받고 있는 상황입니다. 월세소득은 2주택자부터 세금을 낸다고 해서 별도의 소득신고를 하지 않았습니다. 그런데 이번에 과세 관청에서 소득세 누락에 대한 세금 및 가산세를 납부하라는 우편물을 받았습니다. 1주택자의 월세소득, 진짜로 세금을 내야 하는 것일까요?

상가임대소득은 사업소득으로 보아 무조건 종합소득세가 과세되지만, 주택의 경우에는 임대유형(월세, 보증금)에 따라 과세 여부가 달라집니다. 특히 과거에는 2천만 원이 안 되는 주택임대소득의 경우 비과세를 해주던 부분이 2019년부터는 과세대상이 되면서 2천만 원 이하의 임대소득도 신고 및 납부대상이 될 수 있게 개정되었습니다.

주택임대소득 계산 시 주택수 판별법

주택임대소득 과세대상 주택수는 본인과 배우자의 주택만을 합산해 계산합니다. 따라서 부모님과 같은 직계존속이나 자녀인 직계비속 명의로 주택을 보유하고 있고, 동일세대라 하더라도 합산하지 않습니다. 이 부분이 세대 전체의 주택수를 기준으로 주택수를 판단하는 양도세와의 차이점입니다. 또한 임대소득 계산 시 주택수에는 임대를 주고 있는 주택만이 아니라 내가 거주하고 있는 주택도 포함하여 주택수를 계산해야 합니다.

주택임대소득 계산방법

구분	계산방법
다가구주택	- 1개의 주택으로 계산 (단, 구분등기된 경우에는 각각을 1개의 주택으로 계산)
공동소유 (부부가 아닌 경우)	- 지분이 가장 큰 자의 소유로 계산 - 지분이 가장 큰 자가 2인 이상인 경우에는 각각의 소유로 계산 - 지분이 가장 큰 자가 2인 이상인 경우로서 공동소유자가 합의하여 그들 중 1인을 해당 주택의 임대수입의 귀속자로 정한 경우에는 그의 소유로 계산 - 소수지분자도 공유주택의 임대수입금액 600만 원 이상 또는 기준시가 12억 원 초과주택의 공유지분 30% 초과하여 보유하고 있는 경우 각자의 주택으로 계산

합법적으로 덜 내는 부동산 절세법

전대, 전전세	임차인 또는 전세 받은 자의 주택으로 계산
부부 공동소유	- 지분이 가장 큰 자의 소유로 계산 - 지분이 동일한 경우로서 부부가 합의하여 부부 중 1인을 주택임대수입 의 귀속자로 정한 경우에는 그의 소유로 계산

주택임대소득 과세요건

주택임대소득을 계산하기 위해서는 과세대상이 되는 주택수를 산정해야 합니다. 기본적으로 본인거주주택을 포함하여 두 채부터 월세소득에 대해 과세대상이 됩니다. 다만 1주택자라 하더라도 주택공시가격이 12억 원을 초과하는 고가주택에 해당하거나 국외소재주택은 과세대상이 됩니다. 보증금 소득은 소형주택(전용면적 40m^2 이하 및 공시가격 2억 원 이하)을 제외한 주택이 세 채 이상 보유하고, 보증금 합계금액이 3억 원을 초과할 때부터 주택임대소득 과세대상이 됩니다.

보유 주택수에 따른 세금 계산

보유 주택수 = 부부합산 보유 주택수		
주택수	**월세**	**보증금**
1주택	비과세 (기준시가 12억 원 초과 고가주택, 국외소재주택은 과세)	간주임대료 과세 제외 (기준시가 12억 원 초과하는 고가주택 2채 보유&전세보증금 합계가 12억 원을 초과 하는 경우 과세)
2주택	과세	
3주택		간주임대료 과세*

* 소형주택(전용면적 40m^2& 기준시가 2억 원 이하) 간주임대료 제외

* 주택수 계산 시 부부별로 합산. 수입금액은 인별로 계산

2026년 개정에 따른 간주임대료 기준 강화

주택임대보증금 등에 대한 간주임대료 과세대상을 기존 3주택 이상 소유자에서 일정 요건을 갖춘 2주택 소유자까지 확대합니다.

이에 따라 2주택 소유자로서 기준시가가 12억 원을 초과하는 주택을 소유하고 보증금 등의 합계액이 12억 원을 초과하는 경우에도 간주임대료를 총수입금액에 산입합니다. 또한 소형주택(면적 40m² 이하 및 기준시가 2억 원 이하)에 대한 주택수 제외 특례 적용 기한을 2026년 12월 31일까지로 연장합니다. 해당 개정사항은 2026년 1월 1일 이후 발생하는 소득분부터 적용합니다.

구분	개정 전	개정 후
간주임대료 과세대상	3주택 이상 소유 (보증금 합계 3억 원 초과 시)	① 3주택 이상 소유(보증금 합계 3억 원 초과) ② 고가 2주택* 소유(기준시가 12억 원 초과 주택 소유 및 보증금 합계 12억 원 초과)
적용 시기	2026.1.1. 이후 발생하는 소득분부터 적용	

* 고가주택: 기준시가 12억 원 초과 주택

주택임대소득 주택수 관련 자주 묻는 질문

주택임대소득 과세 시 주택수의 계산 시점은 언제일까?

과세기간 중 어느 한 기간이라도 과세요건에 해당하는 주택수를 보유

　　　　　　　　　합법적으로 덜 내는 부동산 절세법

하고 그중 1주택 이상을 임대했다면 과세대상이 됩니다

이사 등으로 일시적 2주택을 소유한 경우에도 월세에 대해 과세를 할까?

일시적 2주택이라 하더라도 일시적으로 2주택이 된 소유기간에 발생한 임대소득은 과세가 됩니다.

농촌에 농가주택 한 채와 도시에 한 채를 보유하여 총 2주택을 보유하고 있는 경우에도 월세에 대하여 과세를 할까?

주택임대소득 판정 시 주택수에는 농가주택은 제외하지 않습니다.

기준시가 12억 원이 안 되는 1주택을 보유하고 있는데, 2025년 5월 30일에 12억 원을 초과하는 고가주택이 된 경우 월세에 대해 과세를 할까?

과세대상은 과세기간 종료일 또는 해당 주택의 양도일 현재를 기준으로 판단합니다. 따라서 2025년 말 기준으로 기준시가가 12억 원을 넘었다면 1주택자라도 월세에 대하여 과세를 해야 합니다.

고가주택 1주택을 형제가 각각 50%씩 보유하는 경우에도 고가주택에 해당이 될까?

고가주택 판단은 지분별로 하는 것이 아니라, 주택 자체를 가지고 판단합니다. 따라서 고가주택에 해당되고, 합의하여 1인을 임대수입의 귀속자로 정한 경우가 아닌 경우에는 각각 1주택을 보유한 것으로 계산합니다.

주택임대소득 이해하기 ②
주택임대소득 총수입금액

저희 부부는 현재 부부 공동명의 거주주택 한 채, 매월 100만 원의 월세를 받는 제 명의 주택 한 채, 전세보증금 3억 원을 받는 아내 명의의 주택 한 채, 이렇게 세 채의 주택을 보유하고 있습니다. 주택임대수입금액, 어떻게 계산해야 할까요?

총수입금액(=번 돈)

주택임대소득의 과세대상 총수입금액은 ① 두 채 이상일 경우 월세수입금액과 ② 세 채 이상일 경우(단, 전용면적 40m² 및 기준시가 2억 원 이하인 소형주택은 제외)와 2주택 소유(기준시가 12억 원 초과 주택 소유 및 보증금 합계 12억 원 초과)의 전세보증금이 대상이 됩니다. 월세수입금액은 받은 금액 전체를 수입금액으로 보면 되지만, 전세보증금은 임대기간이 종료되면 돌려주어야 하는 채무이기 때문에 전세보증금 자체는 소득이라고 할 수 없습니다. 그래서 전세보증금이 있는 경우에는 월세수입과의 형평성을 맞추기 위해 전세보증금을 환산해서 간주임대료를 계산합니다.

간주임대료 계산법

(전세보증금 등 합계 -3억 원)×60%×(경과일수/365)×정기예금이자율(2026년 현재 3.1%) - 해당 임대사업 부분 발생한 수입이자와 할인료 및 배당금의 합계액*

* 단, 장부를 기장하지 않고 추계신고, 결정하는 경우 임대사업 부분에서 발생한 금융수익은 차감하지 않음

공동으로 주택을 임대하는 경우 총수입금액 계산법

단독명의 주택과 공동명의 주택이 혼합되어 있다면 간주임대료 계산 대상 해당 여부는 각 거주자별로 판단하되, 단독명의 주택과 공동명의 주택을 구분하여 각각 간주임대료를 계산합니다. 즉, 공동명의 주택의 경우 간주임대료와 월임대료를 합산하여 각 공동명의 주택별 소득금액을 계산한 후 각 공동명의 주택의 손익분배비율에 따라 각 거주

자별로 소득금액을 배분합니다(서면-2016-법령해석소득-5179 [법령해석과-1606], 2017.06.12).

예를 들어보겠습니다. 다음은 갑과 을이 보유한 주택의 현황이며 네 채 모두 비소형주택으로 가정했습니다.

구분	보증금	월세	소유현황(갑·을)
A주택	400,000,000	1,200,000	갑 단독
B주택	500,000,000	-	50:50
C주택	30,000,000	1,300,000	30:70
D주택	170,000,000	-	10:90

공동명의 주택 세 채(B, C, D)에 대해서는 1거주자로 보아 간주임대료를 계산하고, 갑의 단독소유 A주택은 별도로 계산합니다. 따라서 간주임대료 계산 시 빼주는 3억 원도 각각 공제해주어야 합니다.

구분	간주임대료	월세	소계	갑 수입금액	을 수입금액
A	1,860,000	14,400,000	16,260,000	16,260,000	
B(5:5)	3,720,000		3,720,000	1,860,000(50%)	1,860,000(50%)
C(3:7)	558,000	15,600,000	16,158,000	4,847,400(30%)	11,310,600(70%)
D(1:9)	3,162,000		3,162,000	316,200(100%)	2,845,800(90%)
합계				23,283,600	16,016,400

합법적으로 덜 내는 부동산 절세법

1) A 간주임대료: (4억 - 3억) × 60% × 3.1% = 1,860,000원

2) 공동주택 간주임대료

　B: (5억 - 3억) × 60% × 3.1% = 3,720,000원

　C: 3천만 원 × 60% × 3.1% = 558,000원

　D: 1.7억 × 60% × 3.1% = 3,162,000원

3) 월세

　A: 120만 원 × 12개월 = 14,400,000원

　D: 130만 원 × 12개월 = 15,600,000원

총수입금액 관련 자주 묻는 질문

총수입금액과 관련해 많이 하는 질문 세 가지를 정리해보면 아래와 같습니다.

청소비와 난방비는 총수입금액에 들어갈까? → O

청소, 난방 등의 사업이 부동산임대업과 객관적으로 구분된다면 청소 관련 수입금액은 사업시설관리 및 사업지원 서비스업 중 건물·산업설비 청소업, 난방 관련 수입금액은 전기, 가스, 증기 및 수도사업 중 증기, 냉온수 및 공기조절공급업의 총수입금액에 산입합니다.

전기료와 수도료 등의 공공요금도 총수입금액에 들어갈까? → ×

기본적으로 공공요금은 총수입금액으로 보지 않습니다. 다만 전기료

등 공공요금이 공공요금 납부액을 초과할 때 그 초과하는 금액은 총
수입금액에 산입합니다.

2년 치 임대료를 한 번에 받았다면 모두 올해 수익으로 인식할까? → ×

한 번에 미리 받은 임대료를 우리는 선세금이라고 합니다. 세법에서는
부동산을 임대하고 받은 선세금에 대한 총수입금액은 그 선세금을 계
약기간의 월수로 나눈 금액의 각 과세기간의 합계액으로 합니다.

총수입금액 = 선세금 × (해당연도 임대기간 월수 / 계약기간 월수)

* 월수: ① 당해계약기간의 개시일이 속하는 달이 1월 미만인 경우 1월

② 당해계약기간의 종료일이 속하는 달이 1월 미만인 경우 0월

　　　　　　　　합법적으로 덜 내는 부동산 절세법

주택임대소득 신고방법 이해하기

주택임대수입이 연간 2천만 원 이하면 납세자가 분리과세나 종합과세 중 선택해 종합소득세를 신고할 수 있고, 2천만 원을 초과하면 다른 소득과 합산하여 종합소득세로 신고해야 합니다.

주택임대소득 신고방법

구분		2018년까지	2019년 이후	
임대수입금액	2천만 원 이하	비과세	분리과세 또는 종합과세	분리과세 14%
	2천만 원 초과	종합과세	종합과세	6~45%

2천만 원 이하인 경우 분리과세 적용법

주택임대수입금액이 2천만 원 이하이면 종합과세와 분리과세 방식 중 납세자가 선택한 방법으로 신고할 수 있습니다. 분리과세란 다른 소득과 합산하지 않고 주택임대소득에 14%의 단일세율로 과세하고 납세의무를 종결하는 것을 말합니다.

{주택임대수입금액 - (주택임대수입금액 × 필요경비율) - 공제금액} × 14%

1) 주택임대수입금액: 월세 + 간주임대료 + 정액 관리비

2) 필요경비 차감: 수입금액 × 50%(등록 임대주택 60%)

3) 기본공제 차감: 200만 원(등록 임대주택 400만 원)

* 단, 주택임대소득 외 다른 종합소득금액의 합계액이 2천만 원을 초과할 경우 기본공제는 적용되지 않음

4) 산출세액: 과세표준 × 14%

분리과세 선택 시 수입금액의 50%(등록 임대주택 60%)를 필요경비로 인정하며, 주택임대소득을 제외한 타 소득이 연간 2천만 원을 넘지 않으면 추가로 200만 원(등록 임대주택 400만 원)을 공제한 후 남은 금액(과세표준)에 14%의 세율을 곱해서 산출세액을 계산합니다.

분리과세방식은 계산이 간편하며, 별도로 증빙을 제출할 필요가 없습니다. 만일 수입금액이 400만 원(등록 임대주택의 경우 500만 원) 이하이고, 다른 소득금액이 연간 2천만 원을 넘지 않는다면 별도의 세금이 발생하지 않습니다(근거: 수입금액 400만 원 - 필요경비 200만 원 - 기본

공제 200만 원 = 0).

주택임대소득 종합과세로 신고하는 경우

주택임대수입금액이 연간 2천만 원 이하이고 종합과세를 선택하는 경우 또는 주택임대수입금액이 2천만 원을 초과하는 경우에는 주택임대소득 외 다른 소득과 합산해 종합과세로 신고해야 하며, 크게 장부신고와 추계신고로 나눠볼 수 있습니다.

소득세 신고	장부신고	복식부기장부
		간편장부
	추계신고	기준경비율
		단순경비율

(소득 규모 ↑)

장부신고 방식

장부기장 방식은 전년도 수입금액이 일정금액 이상인 사업자에게 적용되는 방식으로 실제 소요된 경비 관련 증빙을 첨부해 장부에 기재하는 방식으로 소득금액을 계산하는 방법입니다. 장부기장 방식은 전년도 수입금액 규모에 따라 간편장부 방식과 복식부기 방식으로 나뉩니다. 주택임대소득의 경우 전년도 수입금액이 7,500만 원을 넘으면 복식부기, 넘지 않으면 간편장부로 신고해야 합니다. 주택임대업을 영위하는 사업자가 임대소득에 대한 소득세를 장부로 만들어 신고할 경우 필요경비는 주택임대와 관련된 모든 경비가 인정되며, 대표적인 항목을 살펴보도록 하겠습니다.

① **보유세**: 주택을 보유하는 과정에서 발생한 재산세과 종부세 등 보유세도 임대소득에 대한 소득세 신고 시 필요경비로 인정됩니다. 다만 본인이 거주 중인 주택에 대한 보유세는 필요경비로 인정되지 않습니다.

② **주택담보대출 이자**: 임대 중인 주택을 취득할 때 담보대출을 받는 경우 해당 차입금에 대한 이자는 장부기장으로 신고 시 필요경비로 인정됩니다. 다만 임대 중인 주택의 담보대출 이자는 필요경비로 인정되지만, 본인이 거주 중인 주택에 대한 담보대출 이자는 임대사업 관련 이자가 아니므로 필요경비로 인정되지 않습니다.

③ **수선비 중 수익적 지출**: 주택을 수리하는 데 들어가는 비용 중 주택의 가치를 증대시키거나 내용연수를 증대시키는 수선비를 자본적 지출이라 하며, 주택의 현상 유지를 위해 지출되는 수선비를 수익적 지출이라고 합니다. 발코니 확장, 방 확장, 시스템에어컨 설치, 보일러 교체, 섀시 교체 등 항목이 자본적 지출에 해당하며, 그 외 대부분의 수선비(도배, 장판, 싱크대 교체, 화장실 수리비, 붙박이장 설치, 전등 교체, 옥상 방수 등)는 수익적 지출에 해당합니다. 수익적 지출은 양도세를 신고할 때는 필요경비로 인정되지 않지만 임대소득에 대한 소득세를 신고할 때는 필요경비로 인정됩니다. 수선비를 필요경비로 인정받으려면 세금계산서나 신용카드 매출전표, 현금영수증 등의 법적증빙이 있어야

하며, 만일 법적증빙이 없다면 공사사실을 확인할 수 있는 계약서나 견적서와 함께 대금 송금 증빙을 갖추고 있어야 합니다. 양도 시 자본적 지출의 경우 법적증빙 없이 계좌이체내역만으로도 인정받는 것과 다르니 유의해야 합니다.

④ **임차인 중개수수료:** 주택을 구입하고 처분할 때 발생한 중개수수료는 양도세 신고 시 필요경비로 인정되지만 임차인에 대한 중개수수료는 양도세 신고 시 필요경비로 인정되지 않습니다. 다만 임대차계약 체결 시 발생한 중개수수료는 주택임대업과 관련이 있는 비용이므로 주택임대소득에 대한 소득세를 신고할 때는 필요경비로 인정됩니다.

추계신고 방식

장부를 작성하지 않아 실제 필요경비를 확인할 수 없거나 장부를 사용하기가 현실적으로 쉽지 않은 영세사업자의 경우에는 국세청에서 정하는 경비율만큼 비용으로 인정해주는 방식을 두고 있는데 이를 '추계신고 방식'이라고 합니다. 추계신고 방식은 다시 단순경비율과 기준경비율로 나뉘는데, 전체수입금액 중 일정 비율까지는 아무 증빙 없이도 인정해주는 것 같지만 기준경비율의 경우에는 인건비, 매입비용, 임차료만큼은 반드시 증빙을 갖춰야 비용으로 인정됩니다. 이러한 추계신고는 업종코드에 따라 다음 페이지 표와 같이 구분됩니다.

추계경비율은 직전연도 주택임대수입금액에 따라 단순경비율, 기준경비율 적용이 달라지는데, 직전연도 수입금액이 2,400만 원 미만인 경우 단순경비율을 적용하며, 직전연도 주택임대수입금액이 2,400만 원 이상이면 기준경비율을 적용합니다. 단, 직전연도 주택임

코드번호	세세분류	단순경비율	기준경비율
701101	주거용건물임대업 (고가주택임대)	37.4%	12.9%
701102	주거용건물임대업 (일반주택임대)	42.6%	17.2%
701103	주거용건물임대업 (장기임대공동·단독주택)	61.6%	20.1%
701104	주거용건물임대업 (장기임대다가구주택)	59.2%	19.1%

대수입금액이 없는 신규사업자의 경우 당해연도 주택임대수입금액을 기준으로 7,500만 원 미만인 경우 단순경비율, 7,500만 원 이상이면 기준경비율을 적용합니다.

기준경비율로 신고할 경우 장부작성의 번거로움을 피할 수 있지만, 전년도 수입금액이 4,800만 원 이상임에도 불구하고 장부를 작성하지 않고 추계신고를 하면, 무기장 가산세(산출세액의 20%)가 부과되니 주의해야 합니다.

종합과세로 신고할 경우 종합소득세 산출세액 계산

2주택자인 이한국 씨, 주택임대로 300만 원의 월세수입을 종합과세로 신고하려고 합니다. 일반주택임대, 장부 작성 시 실제 필요경비 1천만 원, 소득공제 150만 원, 다른 소득 없다고 가정했을 때 종합소득세를 계산해보겠습니다.

구분	장부 작성 시	장부 미작성 시(추계신고)	
		단순경비율	기준경비율
주택임대수입금액	36,000,000원	36,000,000원	36,000,000원
필요경비	10,000,000원	15,336,000원 (단순경비율 42.6%)	6,192,000원 (기준경비율 17.2%)
소득금액	26,000,000원	20,664,000원	29,808,000원
소득공제	1,500,000원	1,500,000원	1,500,000원
과세표준	24,500,000원	19,164,000원	28,308,000원
세율	기본세율(15%)	기본세율(15%)	기본세율(15%)
산출세액	2,415,000원	1,614,600원	2,986,200원

2천만 원 초과인 경우 간편장부 vs. 복식부기?

다른 소득이 없다고 가정할 때 주택임대소득이 2천만 원 이하인 경우 납세자는 종합과세와 분리과세 중 본인에게 유리한 방식을 선택할 수 있습니다. 그럼 어떤 경우가 유리할까요? 월 150만 원의 임대주택을 갖고 있고 주택임대사업자등록은 별도로 하시 않았을 경우 종합과세와 분리과세의 세 부담을 계산해보면 다음 페이지 표와 같습니다(기본공제는 150만 원 가정).

신고방법	종합과세	분리과세
주택임대수입금액	18,000,000원	18,000,000원
필요경비	7,668,000원 (단순경비율 42.6%)	9,000,000원 (필요경비율 50%)
공제금액	-	2,000,000원
소득금액	10,332,000원	7,000,000원
소득공제	1,500,000원	-
과세표준	8,832,000원	7,000,000원
세율	기본세율(6%)	기본세율(14%)
산출세액	529,920원	980,000원

세액만 비교했을 경우에는 종합과세가 유리합니다. 다만 종합과세로 신고할 경우 소득금액이 연간 100만 원을 초과하기 때문에 기존에 건강보험 적용 시 피부양자로 되어있었다면 지역가입자로 전환되어 건강보험료를 추가로 납부해야 할 수 있습니다. 또한 연말정산 시 근로소득자의 부양가족 인적공제 대상에서도 제외될 수 있으니 이러한 것을 종합적으로 고려하여 의사결정을 해야 합니다.

합법적으로 덜 내는 부동산 절세법

임대주택등록을 통한
거주주택 비과세 절세법

A주택 현재 15억 원, B주택은 5억 원이고, 현재 A주택에 거주하고 있습니다. 두 채 모두 취득한 지 10년이 넘었습니다. 시세차익이 많이 발생한 A주택을 먼저 팔고 싶은데, 비과세를 받을 수 있는 방법이 있을까요?

1세대 1주택이면 양도소득세가 비과세됩니다. 다만 2수택일지라도 1주택을 임대주택으로 등록하면 주택수에서 제외가 가능합니다. 이 규정을 잘 활용하면 현재 다주택자라도 1세대 1주택 비과세를 받을 수 있는 방법이 있습니다.

장기임대주택의 거주주택 비과세 특례

일정한 요건을 충족하는 임대주택과 2년 이상 거주한 거주주택 한 채를 보유하고 있는 1세대가 거주주택을 양도하는 경우에 1세대 1주택 비과세를 적용이 가능합니다. 거주주택 비과세를 위한 요건은 거주주택 요건과 임대주택 요건으로 나눌 수 있습니다.

임대주택 요건

첫째, 지자체 임대사업자 등록 및 세무서 사업자등록을 모두 해야 합니다. 지자체만 한다거나 세무서만 한 경우에는 거주주택 비과세를 적용받을 수 없습니다. 주택을 임대해 소득이 발생하면 주택임대소득에 대한 신고 및 납부의무가 발생합니다. 이를 위해 세무서에 주택임대에 대한 사업자등록을 해야 하며, 사업자등록을 하지 않았을 경우 수입금액의 0.2%의 가산세를 납부해야 합니다.

반면 지자체에 하는 임대주택은 의무사항이 아닌 선택사항이지만, 임대주택 등록을 통해 취득세, 재산세 감면 및 양도소득세 장기보유특별공제 혜택 등을 볼 수 있습니다. 다만 일정 의무임대요건을 충족하지 못한다면(의무임대기간 내 매각 등) 감면세액 추징 및 최대 3천만 원의 과태료가 부과될 수 있습니다.

둘째, 임대사업자등록 이후 임대개시일 당시 기준시가가 6억 원(수도권 밖은 3억 원) 이하여야 합니다[2025년 6월 4일 이후 등록한 단기임대주택은 4억 원(비수도권 2억 원) 이하일 것]. 기준시가 요건은 최초 등록할 때만 충족하면 되고, 등록 이후 기준시가가 기준금액을 초과하더라도 임

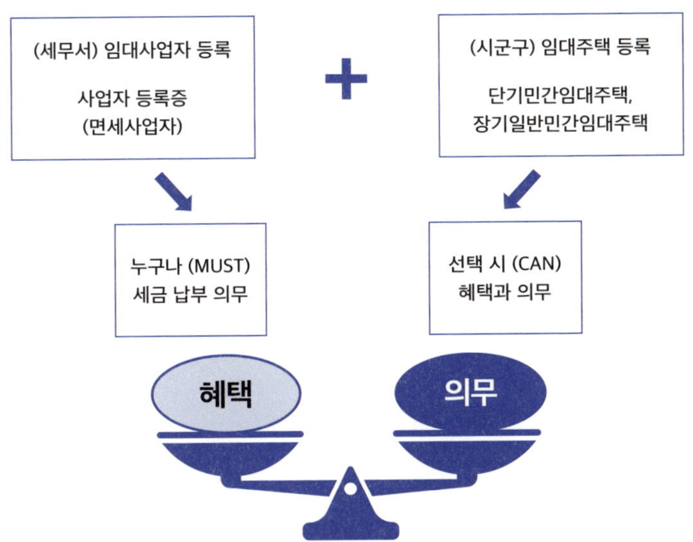

출처: 『5주 완성 이것만 알면 나도 세금전문가』(이환주·정승조·신관식 지음, 헬로북스, 2024)

대주택으로 인정됩니다. 기준시가가 6억 원이 넘는 주택의 경우에도 지자체에 임대주택 등록이 가능하지만, 임대주택 등록으로 인하여 받는 거주주택 비과세 혜택은 받을 수 없으니, 주의해야 합니다.

셋째, 임대보증금 또는 임대료 증가율이 5% 이하(2019년 2월 12일 이후 계약분부터)여야 합니다.

의무임대기간 요건

임대사업자 등록 후 의무임대기간을 충족해야 거주주택 비과세 능의 혜택을 받을 수 있으며, 의무임대기간은 임대주택 등록시기에 따라 다르게 적용됩니다.

① 2018년 3월 31일 이전에 등록 신청한 경우에는 5년 이상(장·단기)

② 2018년 4월 1일~8월 17일까지 등록 신청한 경우는 8년 이상(장기)

③ 2020년 8월 18일~2025년 6월 3일까지 등록 신청한 경우는 10년 이상(장기)

④ 2025년 6월 4일 이후 등록 신청한 경우 단기임대주택은 6년 이상, 장기임대
주택은 10년 이상

거주주택 요건

거주주택 비과세를 받고자 하는 주택은 취득 당시 조정대상지역 여부
와 상관없이 2년 이상 거주한 주택이어야 합니다. 이때 거주기간은 양
도 시점이 아니라 전체 보유기간 중 거주기간으로 판단하기 때문에
양도 시점에 거주하지 않더라도 총 보유기간 중 2년 이상 거주했다면
비과세 적용이 가능합니다.

양도, 서면-2015-부동산-2133 [부동산납세과-1924], 2015.11.17

「소득세법 시행령」 제155조 제19항에 따른 장기임대주택 보유 시 거주주택 특례
를 적용할 때 거주주택의 거주기간은 보유기간 중 거주기간을 통산하는 것입니
다(직전거주주택보유주택의 경우에는 같은 법 제168조에 따른 사업자등록 및 「임대주택
법」 제6조에 따른 임대주택사업자의 등록을 한 날 이후의 거주기간을 말함).

합법적으로 덜 내는 부동산 절세법

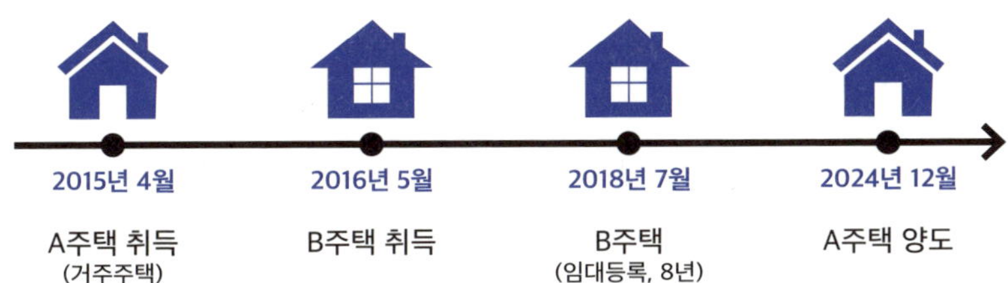

출처: 국세청, 사례로 풀어보는 양도소득세 월간질의 top10

이 경우에도 거주주택 비과세 적용이 가능합니다. 거주주택을 먼저 양도한 경우 비과세로 적용받을 수 있으며, 이후 장기임대주택의 의무임대기간을 채우면 됩니다. 단, 비과세를 받은 후에 임대기간 요건을 충족하지 못하게 된 경우 또는 임대하지 않은 기간이 6개월을 지난 경우에는 비과세를 받은 세금을 추징합니다.

다음의 경우는 임대등록 말소일에 임대기간 요건을 갖춘 것으로 보아 비과세를 받은 거주주택 양도세를 추징하지 않습니다.

① 2020년 8월 18일 이후 임대사업자 등록 자동말소

② 임대의무기간 1/2 이상 임대 후 자진말소

③ 임대주택이 아파트로 재건축·재개발·리모델링 되어 신축 후에 임대사업자 등록이 불가능한 경우

이는 본인의 의사와 관계없이 더 이상 임대가 불가하기 때문에 사후관리 위반으로 보지 않는 것입니다(2020년 8월 12일 이후 아파트는 임대사업자등록 불가).

거주주택 비과세 특례 반복 적용 가능

거주주택 비과세 특례는 처음에는 반복적으로 적용할 수 있었습니다. 다만 2019년 2월 12일 이후부터 거주주택 비과세는 평생 1회밖에 적용받을 수 없게 개정되었습니다. 하지만 다시 한번 세법이 개정됨으로써 2025년 2월 28일 이후 양도분부터는 횟수에 제한 없이 거주주택 비과세 특례를 적용받을 수 있게 되었습니다. 다만 거주주택을 먼저 매도해 비과세를 받은 후 장기임대주택을 의무임대기간 종료 후 비과세 요건을 갖추어서 양도하더라도, 이때는 전체 비과세가 아닌 직전 거주주택 양도일 이후 발생한 양도차익만 비과세가 가능합니다.

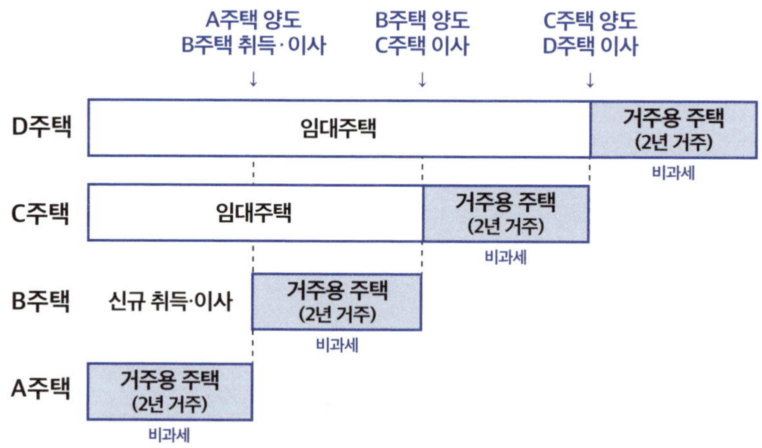

합법적으로 덜 내는 부동산 절세법

거주주택 비과세, 스스로 선택할 수 있을까?

양도차익이 5억 원인 장기임대주택과 양도차익이 2억 원인 거주주택을 보유하고 있습니다. 이때 제가 거주하는 집을 과세로 팔고, 양도차익이 큰 임대주택을 비과세로 팔 수 있을까요?

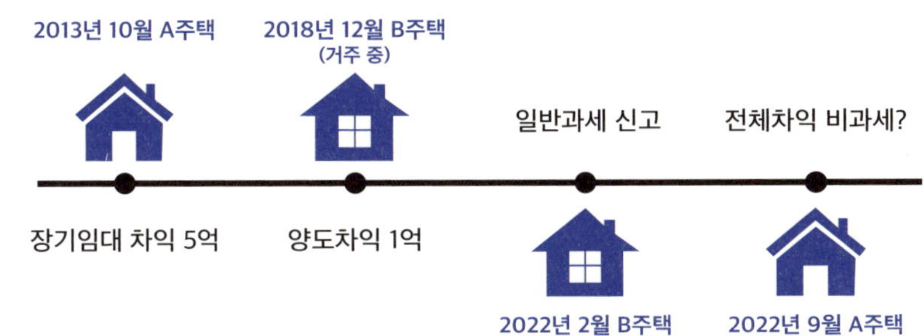

거주주택 비과세를 선택사항이라고 생각하는 사람들이 많습니다. 하지만 과세당국은 거주주택 비과세 요건을 갖춘 거주주택을 과세로 양도하고, 장기임대주택을 1주택 상태에서 양도하더라도 장기임대주택의 전체 양도차익이 아닌 B주택 양도일 이후 발생한 차익에 대해서만 비과세를 적용해줄 수 있다고 이야기하고 있습니다.

거주주택 특례 적용 시 양도하는 거주주택 선택 가능 여부(사전-2023-법규재산-0393 [법규과-1948])

장기임대주택을 보유한 상태에서 거주주택을 양도하는 경우 소득령§155⑳ 특례요건을 갖춘 거주주택은 양도가액 12억 원 범위 내에서 소득령§154①에 의해 당연 비과세되는 것으로 비과세 적용 여부의 임의적 선택은 불가함

주택임대소득 발생에 따른 건강보험료 체크해보기

세금만큼 사람들이 관심을 갖는 것이 바로 건강보험료(이하 건보료)입니다. 아프거나 큰일을 당했을 때는 유용하게 활용될 수 있지만, 젊은 이들이나 건강하게 살고 계신 은퇴자들의 경우 너무나도 아까운 돈으로 생각되어, 어떻게 하면 건보료를 줄일 수 있는지 고민하는 경우가 많습니다. 특히 주택임대소득이 발생해 종합소득세 신고를 하게 된다면 지역가입자가 되어 건보료를 추가로 납부해야 할 수 있습니다. 건보료 납부대상자는 크게 직장가입자와 지역가입자로 나뉩니다.

합법적으로 덜 내는 부동산 절세법

직장가입자의 건강보험료 산정방법

급여에 대한 건강보험료

직장가입자는 소득에만 건보료를 부과하기 때문에 매우 단순한 구조입니다. 또한 실제 월급을 받을 때 건보료를 먼저 떼고 남은 금액만 수령하기 때문에 매달 얼마의 건보료를 내고 있는지 모르는 경우가 많습니다.

직장인은 급여에 보험료율(8.13%: 건보료율 7.19%, 장기요양보험료율 0.9448%)을 곱하여 산정한 금액만큼 건보료를 납부합니다. 다만 직장가입자는 회사가 50%를 부담하기 때문에 직장인이 실제 납부하는 건보료는 약 4%가 됩니다. 예를 들어 보수가 400만 원이라고 가정하면 400만 원 × 8.13% = 325,200원이 되고, 50%만 부담하기 때문에 근로자가 납입해야 하는 건보료는 매월 162,600원이 됩니다. 또한 급여가 아무리 많아도 상한선이 존재하기 때문에 건보료가 무조건 올라가지는 않습니다(2026년 기준 직장가입자의 보수월액의 보험료 상한액 9,183,480원, 보수 외 소득월액의 보험료 상한액 4,591,740원).

급여 외 소득에 대한 건강보험료

직장가입자라 하더라도 보수(급여) 외 소득이 크다면 보험료 부담이 높아질 수 있습니다. 즉, 연간 2천만 원이 넘는 급여 외 소득에 대해 추가적인 건보료가 발생하게 되며, 사업·이자·배당·기타소득은 100%, 연금과 근로소득은 50%를 기준으로 건강보험료를 부과합니다. 다만 현재는 사적연금에 대해서는 건보료를 별도로 부과하고 있지는 않습니다.

만일 보수 외 소득이 1만 원 넘었다면 전체 2,001만 원 전체에 대해 추가적인 건보료가 부과될까요? 그렇지는 않습니다. 연 소득 2천만 원은 공제하고 2천만 원을 초과한 금액에 대해서만 추가 보험료를 부담하게 함으로써 과도한 건보료 부담을 방지했습니다. 가령 직장가입자면서 보수 외 본인 명의의 부동산에서 임대소득이 2,001만 원 발생한 경우, 1만 원에 대해서만 약 68원의 보험료를 부과합니다(1만 원 × 8.13%/12개월).

소득 종류에 따른 건강보험료 소득금액 계산방법

구분	소득금액	비고
이자소득	총수입금액	비과세소득 제외
배당소득	총수입금액	비과세소득 제외
사업소득	총수입금액 - 필요경비	-
근로소득	총급여액	비과세급여 제외
연금소득	총연금액	사적연금(퇴직연금, 연금저축) 제외 비과세연금(기초, 장애인, 유족연금) 제외
기타소득	총수입금액 - 필요경비	-

합법적으로 덜 내는 부동산 절세법

지역가입자의 건강보험료 산정방법
= 소득보험료(정률제) + 재산보험료(점수제)

직장가입자는 소득의 8.13%(건보료+장기요양보험료)만 부과하고 이 중 50%를 회사가 내줍니다. 반면 지역가입자는 100% 본인이 내야 하며, 소득뿐만 아니라 재산에 대해서도 건보료를 부과합니다. 그런 이유로 부동산을 많이 보유하고 있거나, 지역가입자인 세대주 외 세대원이 별도의 재산과 소득이 있다면 세대원 개개인의 건보료를 계산한 후 세대주에게 합산해 고지서를 발송하기 때문에 생각보다 많은 건보료를 부담할 수 있습니다. 다만 이 경우도 직장가입자와 마찬가지로 상한선을 두어 과도하게 많은 보험료가 부과되는 것을 방지하고 있습니다(2026년 기준 보험료 상한액 4,591,740원).

소득에 따른 보험료(정률제)

사업자가 6월 말까지 전년도 소득을 국세청에 신고한 금액이 10월에 공단으로 통보되어 11월 보험료가 산정됩니다. 소득세법상 종합소득 기준의 소득월액에 보험료율(7.19%)을 곱하면 소득에 따른 보험료가 산정됩니다.

이 중 금융소득(이자 및 배당소득)은 개인별 연 1천만 원 이하면 다른 소득과 합산되지 않고, 1천만 원 초과 시에만 다른 소득과 합산하여 보험료가 산정됩니다. 예를 들어 부부 모두 지역가입자이고 금융소득 외 다른 소득이 없다고 가정했을 때, 부부 각자의 금융소득이 연 800만 원이라면 인별 금융소득이 1천만 원 이하이기 때문에 금융소득에 대한 지역가입자의 건강보험료는 부과되지 않습니다.

재산에 따른 보험료(점수제)

2023년까지는 4천만 원 이상의 차량의 경우 건보료를 부과하는 재산에 포함했지만, 2024년부터 제외됩니다. 또한 지역가입자의 재산에 대한 공제액을 기존의 5천만 원에서 1억 원으로 상향하였습니다. 재산에 대한 건보료는 기본적으로 재산세 과세대상만 기준이 된다고 생각하면 되고, 총 60등급(최소 22점~최대 2,341점)으로 구분하여 부과합니다.

지역가입자 재산점수 계산법

1) 보유재산 과세표준합계액 - 기본공제 1억 원

2) 보유재산 등급구간 별 점수를 부과 × 점수당 211.5원

대상재산	재산세 과세표준
주택	60%(1주택자는 재산세 과세표준이 3억 원 이하는 43%, 6억 원 이하 44%, 6억 원 초과 시 45%)
기타 부동산(건물, 토지)	70%
선박, 항공기	별도 재산세 부과 시가표준액
전세금	전세보증금 × 30%
월세	월세보증금 + 월세 / 0.025 × 30%

합법적으로 덜 내는 부동산 절세법

건강보험료 직접 계산해보고 싶다면?

개개인별로 소득과 재산은 다양합니다. 만약 내가 얼마의 건보료를 내는지 궁금하다면, 건강보험공단에서 모의계산이 가능합니다. 소득과 재산을 입력하면 예상 보험료를 조회할 수 있습니다. 이때 소득은 연간소득금액을, 재산금액은 재산세 과세표준을 기준으로 입력해야 합니다.

예를 들어 소득이 5천만 원에 공시가격 9억 원(재산세 과세표준 5억 4천만 원)인 지역가입자의 건보료를 계산해보겠습니다.

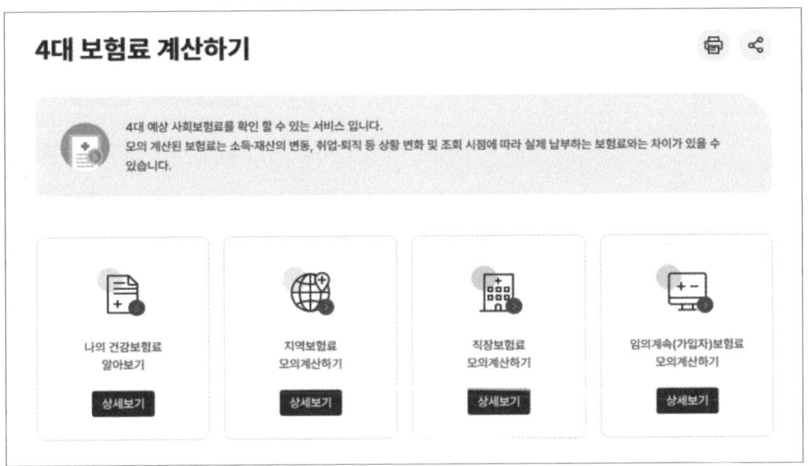

먼저 소득금액에 대한 건보료를 계산해보면 5천만 원 소득에 7.19%를 곱한 금액으로 29만 9,583원이 됩니다(5천만 원 × 7.19% /12개월).

다음으로 재산 5억 4천만 원의 건보료는 재산가액에 1억 원을 공제한 4억 4천만 원의 등급을 찾으면 됩니다. 해당 구간은 32등급(43,200만 원 초과~48,100만 원 이하)으로 785점이 됩니다. 1점당 211.5원을 곱하면 166,027원이고, 따라서 소득과 재산점수를 합산하면 465,610원이 됩니다(장기요양보험료 포함 시 526,790원). 위 예시(소득 5천만 원, 공시가격 9억 원)를 모의계산기에 넣고 계산해보면 같다는 것을 아래 표를 통해 확인할 수 있습니다.

예상지역보험료(02월) 526,790원	
구분	**금액**
① 소득월액보험료(사업·금융·연금·근로·기타소득)x건강보험료율	299,583원
② 재산(주택·건물·토지·전월세 등) 점수	785점
③ 재산보험료(②x211.5)	166,027원
④ 건강보험료 (①+③)	465,610원
⑤ 장기요양보험료(④x0.9448%/7.19%) (2026년 기준)	61,180원
⑥ 지역보험료(④+⑤)	526,790원

건강보험료 피부양자 유지하는 법

내년에 퇴직을 앞두고 있습니다. 직장가입자인 자녀의 피부양자로 등재하고 싶은데, 이자소득이 2천만 원만 넘지 않으면 가능한가요?

피부양자란 직장가입자의 배우자 및 직계존비속 등으로 직장가입자가 부양할 의무가 있는 사람을 말합니다. 따라서 직장가입자의 피부양자가 되면 별도의 건보료를 납부하지 않아도 됩니다. 피부양자의 자격을 유지하기 위해서는 소득요건과 재산요건을 모두 충족해야 합니다.

피부양자 자격 유지를 위한 요건

직장가입자의 피부양자가 되려는 사람은 아래의 소득요건과 재산요건을 모두 충족해야 합니다.

구분	현재
소득요건	① 종합소득금액 2천만 원 이하 ② 2천만 원 미만이어도, 사업소득이 있는 경우(사업자등록 ×: 500만 원까지, 사업자등록 ○: 0원)
재산요건	① 재산세 과세표준 5.4억 원 이하 ② 재산세 과세표준 5.4억~9억 원 & 종합소득금액 1천만 원 이하

이때 소득요건 판단 시 주의해야 할 점이 있습니다.

먼저, 이자와 배당 같은 금융소득입니다. 이자·배당소득이 2천만 원 이하인 경우 종합소득세 분리과세 대상이지만, 건보료 피부양자 자격요건을 파악하는 경우에는 1천만 원만 넘으면 모두 소득금액으로 포함합니다. 예를 들어 이자소득이 1,500만 원이고 연금소득이 600만 원이라면 종합소득금액은 600만 원이지만, 건보료 피부양자 자격 유지를 위한 연간소득금액인 2천만 원을 넘기 때문에 피부양자 자격이 박탈됩니다.

두 번째로 연금소득입니다. 세법상 국민연금과 같은 공적연금의 경우 2001년 이전 불입분을 연금으로 받는 경우 세금이 없습니다. 2001년까지는 국민연금 불입액에 대해서 소득공제의 혜택이 없었기

    합법적으로 덜 내는 부동산 절세법

때문입니다. 다만 2002년부터 국민연금 불입액에 대해서 소득공제의 혜택이 주어졌고, 그에 맞추어 국민연금을 수령할 때 소득세를 내도록 법이 개정되었습니다. 즉, 소득세를 미리 내고 국민연금을 불입하는 방식에서 소득세 없이 국민연금을 불입했다가 나중에 국민연금을 받을 때 소득세를 내는 방식으로 변경된 것입니다. 그렇기 때문에 국민연금은 수령액 전부가 아니라 2002년 이후 불입액 부분을 산정해서 소득세 과세대상이 됩니다. 그럼에도 불구하고 피부양자 자격 유지를 위한 소득 파악 시 공적연금은 비과세 여부와 상관없이 100% 전액 포함됩니다. 다만 이로 인하여 지역가입자로 변경되어 건보료를 산정할 경우에는 50%의 소득만을 기준으로 계산합니다.

	금융소득		사업소득	근로소득	연금소득		기타소득	퇴직소득	양도소득
보험료 산정 소득	이자소득	배당소득	2천만 원 이하 분리과세 주택임대소득		공적연금	사적연금 제외			
	1천만 원 초과 분리과세 소득								
필요경비 공제	N/A	N/A	필요경비 공제				필요경비 공제		
소득평가	100%	100%	100%	100%	100%		100%		
보험료산정 소득평가율 (**)					50%	50%			

* 보험료 산정 소득에는 기본적으로 종합과세 소득이 포함되며, 금융소득 1천만원 초과 분리과세 소득과 2천만원 이하 분리과세 주택임대소득 추가

** 법제처 해석사례(2019.09.06) - 근로소득, 연금소득요건은 100%로 판정, 보험료 산정 소득 평가율은 50%

피부양자 자격 유지를 위한 요건: 부부의 경우

피부양자 자격 유지를 위한 재산요건은 부부 각자의 재산을 따로 계산

부부 중 한 사람이 재산요건 초과로 피부양자 자격을 상실해도 다른 한 사람은 피부양자 자격이 유지됩니다. 재산요건으로 인하여 남편의 피부양자 자격이 박탈되더라도 아내의 피부양자 요건이 충족된다면, 남편이 보유한 재산과 소득에 대해서만 건강보험료가 부과되고, 아내의 재산과 소득에는 건보료가 부과되지 않습니다.

피부양자 자격 유지를 위한 소득요건은 부부 합산해 판단

둘 중 한 명이라도 소득요건 미충족으로 피부양자 자격이 상실된다면, 부부 모두 피부양자 자격이 상실되므로, 부부의 모든 소득과 재산을 합산한 금액에 건보료가 부과됩니다. 지역가입자의 건보료는 세대 단위로 계산하기 때문입니다.

예를 들어 부부 공동명의로 주택 한 채(시가 15억 원, 50%씩 공동명의, 과세표준은 시가의 60%인 9억 원으로 가정)를 보유하고 있고, 남편은 국민연금으로 연 2,400만 원, 아내는 국민연금으로 연 1천만 원의 소득이 있다고 있다고 가정해보겠습니다.

재산요건: 아파트 과세표준은 시가의 60%인 9억 원, 공동명의로 각각 4억 5천만 원이 됩니다. 피부양자 자격 유지를 위한 재산요건은 변동이 없기 때문에 과세표준 5억 4천만 원 이하여서 여전히 유지가 가능합니다.

 앞서 연금소득에 대해 피부양자 자격 유지 여부를 판단할 때는 30% 또는 50% 소득이 아니라 전체 소득을 기준으로 한다고 이야기했습니다. 따라서 남편의 경우 연 2천만 원이 넘기 때문에 피부양자 자격이 상실되며, 아내의 경우 연 2천만 원이 안 되어 자격이 유지되어야 합니다. 하지만 피부양자로 되어있던 부부 중 한 명이라도 소득요건 미충족으로 피부양자 자격이 상실되면, 다른 사람도 같이 피부양자 자격이 상실되기 때문에 이때는 두 분 모두 지역가입자로 전환됩니다.

건강보험료를 줄일 수 있는 다섯 가지 방법

1) 금융소득 만기일을 분산 또는 가족에게 증여하면 피부양자 유지 가능

예금의 만기일을 한 해에 집중되지 않도록 관리하거나, 월이자지급식 상품을 활용해 이자 수입을 매달 나누어서 받는 것도 방법이 될 수 있습니다. 해외주식이나 비상장주식에 투자 중이라면 주식을 한 번에 매도하지 말고, 해를 달리해서 분산하는 것도 좋은 방법이 될 수 있습니다. 투자상품을 통한 수익금액이 많다면 배우자나 자녀에게 증여를 통해 이자·배당소득을 분산하는 것도 좋은 방법이 될 수 있습니다.

2) 사적연금(연금저축, IRP) 활용하기

건보료를 산정할 때 국민연금과 같은 공적연금은 포함하지만, 개인연금이나 퇴직연금과 같은 사적연금은 포함하지 않습니다. 즉, 연금저축 계좌나 IRP 등과 같은 사적연금을 통해 불입한 금액과 발생한 소득에는 건보료를 부과하지 않기 때문에 적극적으로 활용하는 것이 좋습니다.

3) 비과세 금융상품(ISA) 활용하기

건보료를 산정할 때 비과세 금융상품은 소득으로 합산하지 않고 있습니다. 따라서 비과세 금융상품을 활용하면 좋습니다. 10년 비과세 저축성보험이나 ISA(개인종합자산관리계좌)가 대표적인 상품이라 할 수 있습니다. ISA에서 발생한 이자와 배당소득은 최대 200만 원(서민형과 농어민형은 400만 원)까지 비과세가 되고, 200만 원 초과이익에 대해 9.9%의 분리과세가 적용됩니다. 3년 의무가입기간이 있지만 이를 지킬 수만 있다면 세금도, 건보료도 줄일 수 있는 좋은 상품입니다.

4) 임의계속가입제도 활용하기

부동산과 별도의 투자소득이 많은 분이 퇴직하고 지역가입자로 전환되면서 건보료 부담이 급격하게 늘어나는 경우가 발생하기도 합니다. 이런 경우 임의계속가입 신청을 하면 퇴직하고 3년 동안은 직장에 다닐 때 부담하던 수준의 건보료만 내면서 건강보험 혜택을 누릴 수 있습니다. 임의계속가입자가 되기 위해서는 퇴직 직전 18개월간 직장가입자 자격을 1년 이상 유지해야 하며, 이 경우 여러 직장을 다녔더라도 직장가입자로 건보료를 낸 기간이 1년 이상이면 임의계속가입제도를 활용할 수 있습니다.

5) 재취업제도를 고려해보기

주택, 토지, 건물 등 부동산에 부과되는 재산보험료가 많이 나오는 경우에는 재취업을 하는 것도 건보료를 줄이는 좋은 방법이 될 수 있습니다. 직장가입자는 소득에만 보험료를 부과하고 재산에는 부과하지 않기 때문입니다. 직장가입자라고 해서 꼭 큰 회사에 근무해야 하는 것은 아닙니다. 사업자 외에 월 60시간 이상 근로자가 한 명이라도 있는 곳이라면 사업자 포함 모두 직장가입자가 될 수 있기 때문입니다. 건보료를 줄이고자 취업하는 것은 쉽지 않겠지만, 자기가 좋아하는 일을 할 수 있는 곳이 있다면 그곳을 활용해 삶의 보람과 건보료 절감 두 가지 효과를 누릴 수 있습니다.

Part 5

조합원입주권, 주택 분양권 절세법

입주권 기본지식
다지기

조합원입주권과 분양권은 부동산을 취득할 수 있는 권리입니다. 따라서 원칙적으로 주택이라고 할 수 없습니다. 그럼에도 불구하고 입주권과 2021년 이후 취득한 분양권은 이제 세법에서만큼은 주택으로 봅니다. 특히 양도세 중과대상 주택수를 판단할 때 2021년 이전에 취득한 분양권은 주택으로 보지 않았지만, 2021년 이후 취득한 분양권은 주택수에 포함하게끔 법이 개정되었습니다(취득세의 경우 2020년 8월 12일 이후 취득한 분양권은 주택수에 포함).

부동산에서 조합원입주권으로의 전환

「도시 및 주거환경정비법」(이하 「도정법」)에 따른 재건축사업 또는 재개발사업, 「빈집 및 소규모주택정비에 관한 특례법」(이하 「소규모주택정비법」)에 따른 자율주택정비사업, 가로주택정비사업, 소규모재건축사업 또는 소규모재개발사업을 시행하는 정비사업조합의 조합원으로서 취득한 입주자로 선정된 지위를 조합원입주권이라고 합니다.

「도정법」과 「소규모주택정비법」 모두 기존주택을 멸실하고 새로운 주택을 만드는 과정이라는 점에서는 동일하지만 「소규모주택정비법」은 사업 초반에 정비계획을 별도로 수립하고 지정고시 하지 않아도 조합설립만 되면 진행할 수 있습니다. 또한 일반 재건축의 경우에는 안전진단이 필수로 진행되는 데 반해, 「소규모주택정비법」은 안전진단을 받지 않아도 주민들의 찬성이 있다면 진행이 가능합니다. 이런 이유로 일반 재개발·재건축이 평균 8~10년 소요되는 데 비해 사업기간이 평균 3~4년으로 단축됩니다.

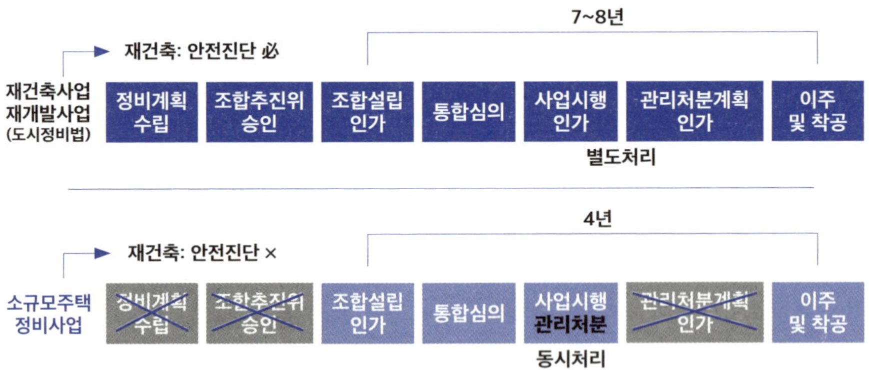

합법적으로 덜 내는 부동산 절세법

주택이 조합원입주권으로 변경되는 시기

「도정법」에 의한 재개발·재건축사업

세법에서 종전주택이 주택을 취득할 수 있는 권리로 변경되는 시점은 '관리처분계획인가일'입니다.

주택이 조합원입주권으로 변경되는 시기

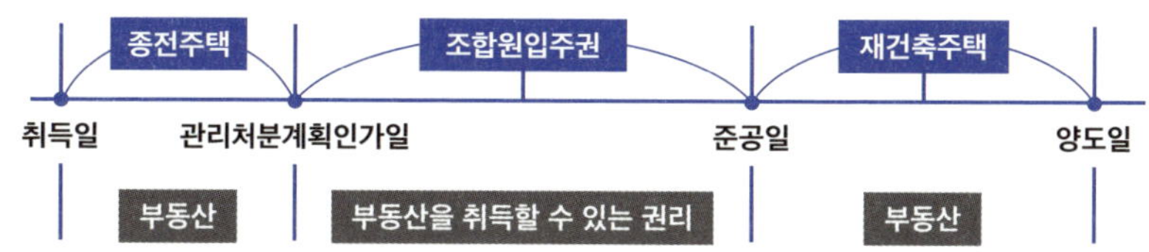

「소규모주택정비법」에 의한 가로주택정비사업 등

「소규모주택정비법」에 의한 가로주택정비사업 등은 「도정법」과는 달리 관리처분계획인가 절차가 존재하지 않습니다. 그래서 이 경우 사업시행인가일을 주택에서 주택을 취득할 수 있는 권리로 전환되는 시점으로 봅니다.

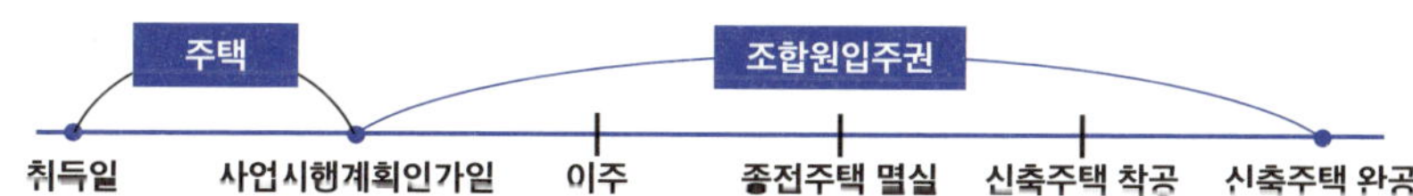

구분	2003.06.30. 이전	2003.07.01.~ 2005.05.30.	2005.05.31. 이후
재건축사업	사업계획승인일	사업시행인가일	관리처분계획인가일
재개발사업	관리처분계획인가일	관리처분계획인가일	
소규모 재건축사업	사업시행계획인가일(2018.02.09. 이후)		
자율주택정비사업	사업시행계획인가일(2022.01.01. 이후)		
가로주택정비사업			
소규모 재개발사업			

세목별 조합원입주권 전환일 비교

부동산이 조합원입주권으로 전환되는 시점이 모든 세목이 동일하지는 않기 때문에 주의를 요합니다.

① **취득세, 재산세, 종합부동산세**: 관리처분계획인가일과 상관없이 '종전주택 멸실일'을 기준으로 종전주택이 조합원입주권으로 전환됩니다. 즉, 실질을 중요하게 여깁니다.

② **양도소득세**: 양도소득세의 경우 실질과 상관없이 '관리처분계획인가일'(「소규모주택정비법」의 경우에는 사업시행인가일)을 기준으로 종전주택이 조합원입주권으로 전환됩니다.

원조합원과 승계조합원의 구분

「도정법」에 따른 재개발·재건축사업의 경우 '관리처분계획인가일'을 기준으로 이전에 조합원의 자격을 취득했다면 원조합원, 이후에 취득했다면 승계조합원이라고 합니다.

「소득세법」에서는 조합원입주권과 관련된 비과세 특례를 크게 세 가지로 구분하고 있습니다. ① 조합원입주권 양도 시 비과세 특례 ② 조합원입주권 승계취득 후 종전주택 양도 시 비과세 특례 ③ 사업시행기간 중 취득한 대체주택 양도 시 비과세 특례, 이 중 조합원입주권 양도 시 비과세 특례와 사업시행기간 중 취득한 대체주택 양도 시 비과세 특례는 원조합원만 적용받을 수 있고, 조합원입주권 승계취득 후 종전주택 양도에 따른 비과세는 승계조합원만 적용받을 수 있습니다. 따라서 원조합원과 승계조합원을 잘 구분해야 하며, 비슷하면서도 아래와 같이 두 조합원은 차이가 있습니다.

구분	원조합원	승계조합원
조합원지위 취득 시점	관리처분계획인가일 이전	관리처분계획인가일 이후
조합원입주권 비과세	적용 가능	적용 불가
신축주택 취득시기	종전주택 취득일	신축주택 사용승인일
신축주택 보유기간	종전주택 보유기간 + 공사기간 + 신축주택 보유기간	신축주택 보유기간

조합원입주권 양도 시
적용세율 및 다주택자 중과세율 적용 여부

조합원입주권 양도 시 적용되는 세율은 조정대상지역 소재 유무와 상관없이 보유기간에 따라 1년 미만 보유 시 70%, 1년 이상~2년 미만 보유 시 60%, 2년 이상 보유 시 일반양도세율(6~45%)이 적용됩니다. 또한 조합원입주권은 주택을 취득할 수 있는 권리에 해당하므로 조정대상지역에 위치한 입주권을 다주택자가 양도하더라도 입주권 자체는 주택이 아니기 때문에 양도소득세 중과세율을 적용받지 않습니다.

조합원입주권 양도 시 비과세를 받는 법

1세대 1주택 비과세 요건을 충족한 주택이 재개발·재건축되는 경우, 종전주택을 양도하거나 완공 후의 신축주택을 양도하는 경우에는 1세대 1주택 비과세 규정을 적용받을 수 있습니다. 이는 재건축된 신축주택을 종전주택의 연장으로 보기 때문에, 입주권을 양도하는 경우에 비과세 적용을 받을 수 없다면 억울할 수 있습니다. 따라서 세법에서는 입주권의 비과세 관련 규정을 별도로 정하고 있으며, 비과세 요건은 다음과 같습니다.

조합원입주권 비과세를 받으려면?

양도일 현재 조합원입주권만 소유하고 있는 경우 조합원입주권 비과세를 받을 수 있습니다. 비과세 요건은 다음과 같습니다.

관리처분계획인가일 현재 비과세 요건을 갖추었을 것

비과세 요건이란 2년 이상 보유를 말하며, 조정대상지역 지정 후 취득했다면 보유기간 2년뿐만 아니라 거주기간 2년을 충족해야 합니다.

관리처분계획의 인가일까지 2년 보유 요건을 충족하지 못한 상태인 박민수 씨, 관리처분계획인가일 이후에도 기존주택이 철거되지 않고 사실상 주거용으로 거주하고 있다면 입주권 비과세를 판단하는 보유 및 거주기간에 관리처분계획인가일 이후 기간도 포함할 수 있을까요?

「소득세법」에서는 관리처분계획인가일까지만 주택으로 본다고 하고 있지만, 실질과세의 원칙에 따라 1세대 1주택 비과세 특례 적용을 위한 보유기간 및 거주기간에는 관리처분계획인가일과 상관없이 사

합법적으로 덜 내는 부동산 절세법

실상 주택으로 사용하고 있는 보유 및 거주기간을 기준으로 비과세를 판단하고 있습니다.

관리처분계획인가일 이후에도 철거되지 않고 주택으로 사용한 기존주택의 보유기간 산정방법[사전-2019-법령해석재산-0739(2021.07.23)]
관리처분계획인가일 이후에도 기존주택이 철거되지 않고 사실상 주거용으로 사용되고 있는 경우에는 해당 기간을 1세대 1주택 비과세 특례 적용을 위한 보유기간 및 거주기간에 합산하는 것임

입주권 양도 당시 무주택자일 것

관리처분계획인가 당시 비과세 요건을 갖춘 주택이 조합원입주권으로 전환되고, 해당 입주권 양도 당시 다른 주택이나 조합원입주권, 2022년 1월 1일 이후 취득한 분양권이 없다면 입주권에 대해 비과세 적용이 가능합니다.

TIP

2021.1.1. 이후 취득한 분양권은 주택 비과세 판단 시 주택수에 들어가는데 입주권은 왜 2022.1.1. 이후 취득한 분양권이라고 표현하나요?

분양권은 2021.1.1. 이후 취득분부터 다른 주택의 비과세 여부를 판단할 때 주택수에 포함되지만 재정경제부에서 「소득세법」을 개정할 때 조합원입주권 비과세가 규정되어 있는 「소득세법」 제89조 1항 4호의 개정을 누락해서 반영이 되지 않았다가 2021년 말 「소득세법」을 개정하면서 뒤늦게 반영하

조합원입주권이 12억 원을 초과하는 경우 장기보유특별공제 적용방법

입주권을 관리처분계획인가일 이후 양도 시 장특공 적용을 위한 기간은 실제 거주기간인가요? 아니면 관리처분계획인가일까지의 거주기간만 적용할까요?

1세대 1주택 12억 원 비과세 및 연 8%(보유기간 4%, 거주기간 4%)의 장특공 적용을 받기 위해서는 2년 거주요건을 충족해야 합니다. 이때 연 8% 장특공 적용을 위한 거주기간을 판단할 때는 관리처분계획인가일 이후 계속 거주한 거주기간도 포함합니다. 다만 장특공은 기본적으로 주택에 대해서만 적용하고 입주권의 경우에는 적용하지 않기 때문에, 관리처분계획인가일까지의 보유 및 거주기간에 대해서만 적용해주는 것이 맞습니다.

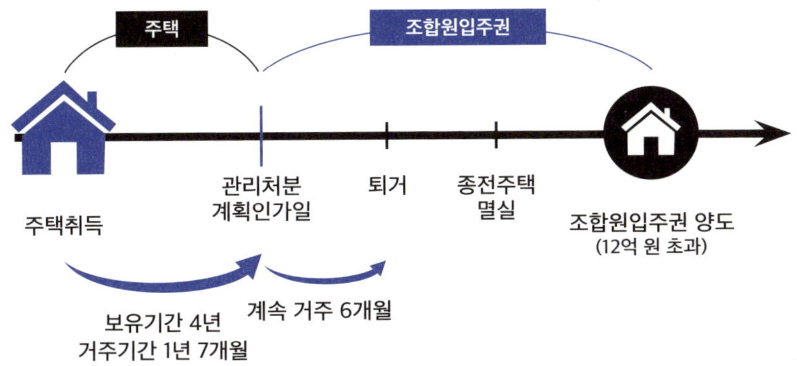

위 사례처럼 관리처분계획인가일 전에 거주기간이 1년 7개월, 관리처분계획인가일 후 거주기간이 6개월이라면 실제 거주기간이 2년 요건을 충족했기 때문에 보유 및 거주에 따라 각각 연 4% 장특공 적용이 가능합니다. 다만 장특공의 경우 보유기간은 3년 이상부터, 거주기간은 2년 이상부터 적용받을 수 있습니다. 따라서 위 사례에서는 16%(보유기간 4년 × 4%)만 적용이 가능합니다.

비과세 요건을 갖춘 조합원입주권을 동일세대원으로부터 상속받아 양도 시 비과세 가능할까?

관리처분계획인가일 현재 비과세 요건을 갖춘 조합원입주권을 보유한 자가 사망하여 해당 입주권을 동일세대원이 상속받은 경우 비과세가 적용될까요? 아니면 관리처분계획인가일 당시 상속인이 2년 이상 보유하고 있지 않았으므로 비과세가 적용되지 않는 것일까요?

　1세대 1주택 비과세나 조합원입주권 비과세는 인별로 요건 충족 여부를 판단하는 것이 아니라 세대별로 비과세 요건 충족 여부를 판단합니다. 따라서 관리처분계획인가 당시 비과세 요건(2년 이상 보유, 조정대상지역 지정 후 취득한 경우 2년 이상 거주)을 갖춘 주택이 조합원입주권으로 전환되고, 해당 조합원입주권을 동일세대원이 상속받아서 입주권 상태에서 양도한 경우 피상속인과 상속인의 보유 및 거주기간을 통산하여 관리처분계획인가일 현재 2년 이상 보유(조정대상지역 지정 후 취득한 주택이면 2년 이상 거주)했다면 상속받은 입주권 양도 시 비과세가 가능합니다.

> **동일세대원에게 조합원입주권을 상속받아 조합원입주권으로 양도하는 경우 비과세 적용 여부(서면-2023-부동산-4170, 2024.07.25)**
> 관리처분계획인가일 현재 1주택과 1조합원입주권을 소유한 동일세대원으로부터 상속받은 조합원입주권을 양도하는 경우에도 해당 조합원입주권 양도 당시 1조합원입주권만 소유한 경우에는 비과세 적용 가능

양도일 현재 대체주택을 소유한 경우 조합원입주권 비과세

비과세 요건을 갖춘 입주권을 보유한 자가 관리처분계획인가일 이후 조합원입주권을 양도하기 전에 대체주택을 취득하고, 해당 대체주택 취득일로부터 3년 이내 입주권을 양도하면 비과세 적용이 가능합니다.

　　　　　　　　합법적으로 덜 내는 부동산 절세법

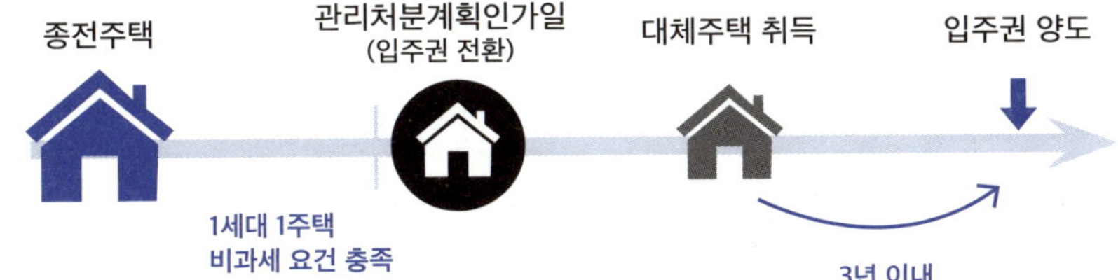

그렇다면 대체주택 대신 조합원입주권을 취득하여 해당 입주권이 완공된 후 종전 조합원입주권 양도 시에도 비과세 적용이 가능할까요? 대체주택 취득으로 인한 조합원입주권 비과세 특례는 취득 당시 주택이 아닌 다른 조합원입주권이나 주택분양권을 취득해 주택이 완공된 경우에도 해당 주택의 완공일로부터 3년 이내 조합원입주권을 양도하면 비과세를 적용받을 수 있습니다(재정경제부 재산세제과-50, 2023.01.10).

1주택 보유자가 조합원입주권
취득 시 비과세 받는 법

종전주택이 있는 상황에서
입주권 취득 시 비과세 받는 법

조합원입주권 취득 후 3년 이내 종전주택 양도 시 비과세 요건

1주택 보유자가 현재 재건축 중인 아파트로 이사할 목적으로 입주권을 승계취득하는 경우에는 입주권을 대체주택으로 보아 입주권 승계취득 후 3년 이내 종전주택 양도 시 1세대 1주택 비과세 대상으로 규정하고 있으며, 비과세 요건은 다음과 같습니다.

① 종전주택을 취득한 날부터 1년이 지난 후에 조합원입주권을 취득할 것(승계

취득)

② 조합원입주권을 취득한 날부터 3년 이내 종전주택을 양도할 것

③ 종전주택이 1세대 1주택 비과세 요건을 갖출 것

* 재건축(재개발, 자율주택정비, 가로주택정비, 소규모재건축, 소규모재개발 포함)

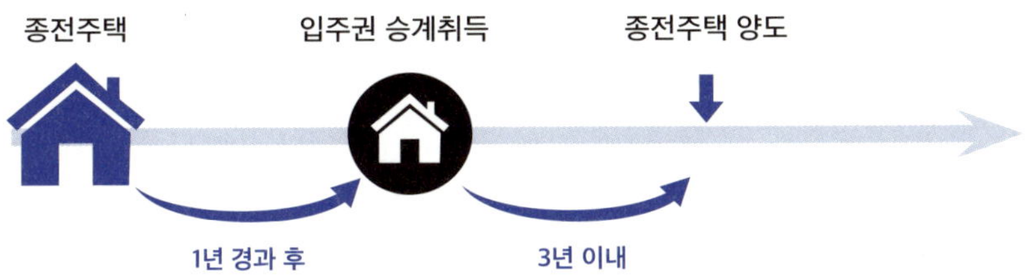

따라서 일시적 2주택과 혼돈해 입주권을 승계취득한 후, 재건축주택의 준공일로부터 3년 이내 종전주택 양도 시에도 비과세 된다고 생각하면 생각지 못한 세금을 내야 할 수 있습니다.

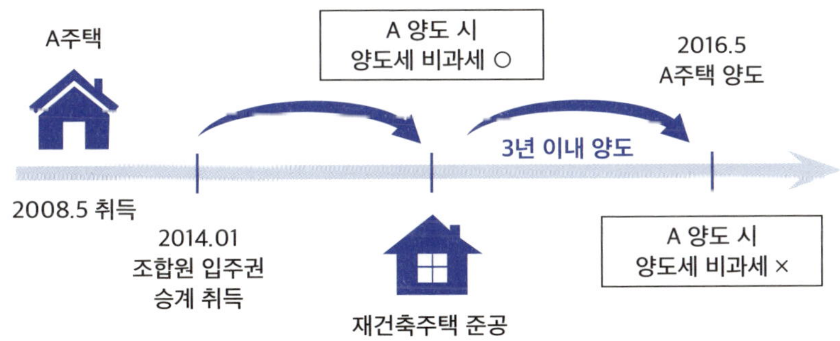

다만 다음에 소개하는 것처럼 일정요건 충족 시에는 비과세 받을 수 있는 방법이 있습니다.

조합원입주권 취득 후 3년 지나 종전주택 양도 시 비과세 요건

간혹 공사가 불가피하게 분쟁 등으로 3년 이내 마무리되지 못할 수도 있습니다. 이러한 경우에는 입주권 취득 후 3년이 경과했더라도 완공 후 3년 내 종전주택을 양도할 때도 비과세 적용을 허용하는데, 그 대신 세대원 전원이 신축주택으로 이사하여 1년 이상 계속 거주해야 하는 사후관리 요건이 있습니다. 대체주택을 취득하고 1년 이상 거주한 사실을 확인하는 경우가 있으니 이 규정은 꼭 지켜야 내 돈을 지킬 수 있습니다.

① 종전주택을 취득한 날부터 1년이 지난 후에 조합원입주권을 취득할 것
(2022년 2월 14일 이전 취득한 조합원입주권은 1년 이내 취득해도 적용)

② 재건축주택 완공 후 3년 이내 재건축주택으로 세대 전원이 이사(취학, 근무상 형편, 질병의 요양 등의 경우는 세대원 일부가 이사하지 않더라도 가능)하고 1년 이상 계속하여 거주할 것

③ 재건축주택 완공 전 또는 완공 후 3년 이내에 종전주택을 양도할 것

④ 종전주택이 1세대 1주택 비과세 요건을 갖출 것

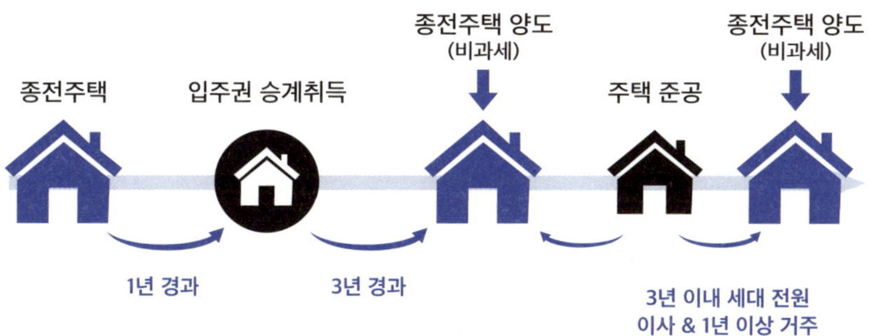

종전주택이 입주권으로 전환된 후 새로운 입주권 취득 시 비과세 받는 법

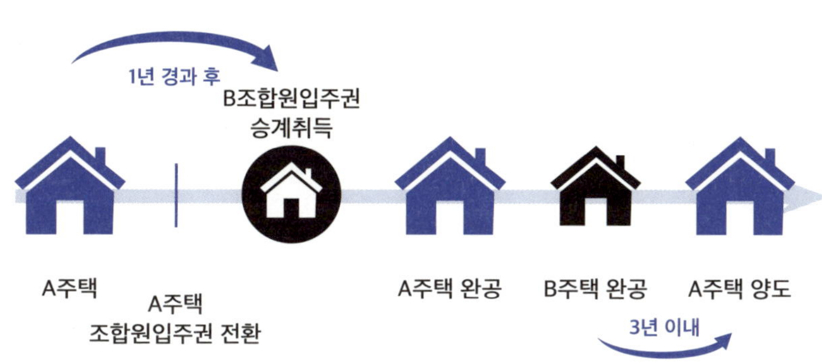

위와 같이 종전주택이 입주권으로 전환된 상태에서 새로운 조합원
입주권을 취득했다면, 이 경우도 A주택이 입주권 전환 여부와 상관없
이 승계취득한 B입주권이 주택으로 완공된 날로부터 3년 이내 A주택
을 양도(B주택 완공일로부터 3년 이내 세대 전원이 이사하여 1년 이상 계속하

여 거주한 경우에 한함)해도 비과세 적용이 가능합니다(재정경제부 재산세

제과-856, 2022.08.01).

재개발·재건축으로 상가가 주택으로 변경 시 양도세 비과세 받는 법

A라는 거주주택이 있습니다. 그리고 투자 목적으로 B라는 상가를 보유 중이고요. 그런데 B상가가 재개발되면서 동호수를 배정받아 내년 1월 임차인 입주예정입니다. A주택을 비과세 받고 팔고 싶은데, 어떻게 하면 될까요?

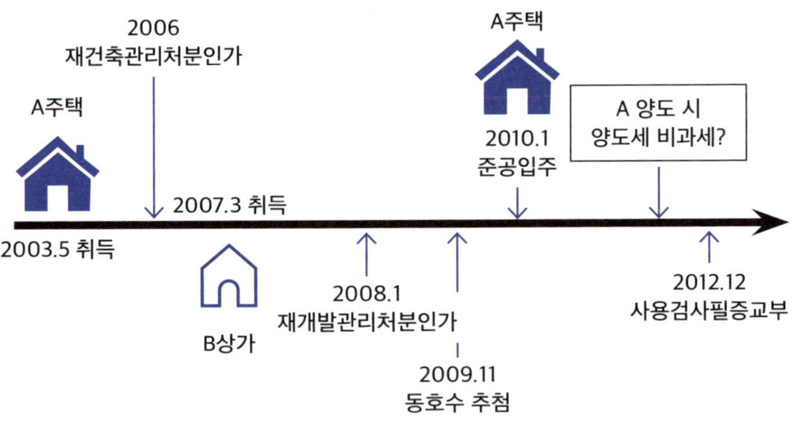

상가가 주택으로 변경된 케이스로, 상가가 조합원입주권으로 전환되면 관리처분계획인가일에 주택의 조합원입주권을 승계취득한 것으

합법적으로 덜 내는 부동산 절세법

로 봅니다. 이때 이 상가가 주택으로 취득한 시기를 언제로 보아야 할까요?

결국은 상가의 경우도 주택이 조합원입주권으로 변경된 것과 같이 관리처분인가일에 취득한 것으로 봅니다. 따라서 양도세 비과세를 받기 위해서는 ① 조합원입주권 취득일부터 3년 내 A주택을 처분하거나, ② 3년이 경과했다면 완성일부터 3년 내 세대원 전원이 들어가 1년 이상 거주하고 2년 내 A주택을 파는 방법을 선택해야 합니다.

상가를 재건축조합에 제공하는 경우 종전주택 양도 시 비과세 적용

국내에 1주택을 소유한 1세대가 그 주택을 양도하기 전에 조합원입주권을 취득(상가를 조합에 제공하고 조합원입주권을 취득하는 경우 포함)함으로써 일시적으로 1주택과 1조합원입주권을 소유하게 된 경우 「소득세법시행령」 제156조의2 제3항 및 제4항에 따라 양도하는 종전의 주택은 이를 1세대 1주택으로 보아 「소득세법시행령」 제154조 제1항을 적용하는 것임(서면-2019-부동산-4470, 2020.03.23)

사업시행기간 중 취득한 대체주택 비과세 받는 법

사업시행기간 중 취득한 주택 비과세 받는 법

종전주택이 입주권으로 전환되어 잠시 거주할 목적으로 대체주택을 취득하는 경우, 나중에 신축주택이 완공되어 대체주택을 양도할 때 1세대 1주택 비과세 규정을 적용할 수 있도록 규정하고 있습니다. 이는 대체주택에 대하여 1세대 1주택 비과세 요건인 보유기간과 거주기간의 제한을 받지 않는 혜택을 주는 것이므로 신축주택에 세대 전원이 이사하여 1년 이상 거주해야 하는 사후관리 요건이 있습니다.

① 사업시행인가일 현재 1주택자일 것

　　　　　　　　합법적으로 덜 내는 부동산 절세법

② 사업시행인가일 이후 대체주택을 취득하고 1년 이상 거주할 것

③ 입주권으로 전환된 종전주택(신축주택)이 완공되기 전 또는 완공된 후 3년 이내 대체주택을 양도할 것

④ 신축주택 완공 후 3년 이내 세대 전원이 신축주택에 이사하여 1년 이상 계속하여 거주할 것

사업시행인가일이 변경되었다면?

사업이라는 것이 우리가 원하는 대로 진행되지 않는 경우도 많습니다. 주택사업도 마찬가지입니다. 사업상 이유 등 여러 가지 이유로 관리처분계획인가 또는 사업시행인가일이 변경된다면 비과세 등을 적용하기 위한 적용기준일은 최초인가일일까요? 아니면 변경된 인가일일까요? 과세 관청은 기본적으로 최초의 관리처분 또는 사업시행인가일을 기준으로 비과세 충족 여부를 판단하고 있습니다.

구「주택건설촉진법」제33조 및 같은 법 시행령 제32조에 따라 최초 주택재건축

사업계획승인일(2005.05.31.이전) 이후에 조합원의 지위를 승계취득한 후 주택재건축의 시공사가 변경되어 사업계획변경승인을 얻은 경우, 「소득세법 시행령」 제154조 제1항의 주택 보유기간 계산, 같은 법시행령 제166조 제5항의 양도차익을 산정함에 있어 주택재건축 사업계획승인일은 <u>최초의 사업계획승인일로</u> 하는 것입니다(부동산거래관리과-827, 2010.06.17)

재정경제부 재산세제과-131, 2023.01.19

(질의) 당초 사업시행인가가 취소된 후 새로이 사업시행인가 고시가 된 경우, 소득령§156의2⑤ 적용 여부 판단의 기준이 되는 사업시행인가일

<u>(제1안) 당초 사업시행인가일</u>(대체주택 특례 적용 가능)

(제2안) 새로운 사업시행인가일(대체주택 특례 적용 불가)

(회신) 귀 질의의 경우 제1안이 타당합니다.

2주택이 동일 사업지구 내 재건축으로 1조합원입주권으로 전환된 경우에도 비과세를 받을 수 있을까?

동일 사업지구 내 두 채의 주택을 보유하다 1개의 조합원입주권으로 전환된 후 대체주택을 취득한 경우에는 대체주택에 대한 비과세 적용이 불가능합니다. 대체주택 비과세 특례는 1주택을 보유하다 해당 주택이 조합원입주권으로 전환된 경우에만 적용되기 때문입니다.

합법적으로 덜 내는 부동산 절세법

3주택이 재건축사업으로 1조합원입주권으로 변환되는 경우 대체주택 특례 적용 여부

동일 단지 내 3주택을 소유하고 있는 1세대가 그 3주택에 대한 재건축사업으로 1조합원입주권으로 전환된 경우로서 사업시행기간 동안 거주하기 위하여 다른 주택을 취득하고 그 다른 주택을 양도하는 때에는 「소득세법 시행령」 제156조의 2 제5항을 적용받을 수 없는 것임(서면-2023-법규재산-1397, 2024.09.02)

입주권 양도소득세 계산구조
(입주권 양도 시&신축주택 양도 시)

조합원입주권의 양도소득세 계산은 상당히 복잡합니다. 입주권 상태로 양도하던, 주택으로 완공되어서 양도하던 우리가 매도하는 부동산은 하나이지만 세법에서는 기존주택의 취득과 추가분담금 지급에 따른 취득 두 가지를 나누어서 각각의 취득시기에 따른 장기보유특별공제(이하 장특공)를 별도로 적용해주어야 하기 때문에 그 계산과정이 복잡할 수밖에 없습니다. 이번 장에서는 조금은 복잡하지만 큰 흐름을 잡는 데 도움이 될 수 있기에 입주권 양도 시, 그리고 입주권이 주택으로 완공된 후 양도 시의 계산방법에 대해 살펴보도록 하겠습니다. 계산의 편의상 필요경비는 없다고 가정하겠습니다.

                                    합법적으로 덜 내는 부동산 절세법

입주권 양도 시 양도소득세 계산구조

(편의상 필요경비는 없고 일반과세 가정)

① 취득일자 2019.05.15.

② 취득가액 3억 원

③ 관리처분계획인가일 2023.09.20.

④ 권리가액 5억 원

⑤ 추가분담금 2억 원

⑥ 양도가액 10억 원

⑦ 양도일자 2025.06.15.

1단계: 관리처분계획인가 전·후 양도차익 계산하기

전체 양도차익을 계산할 때 실제 들어간 돈은 취득가액 3억 원과 추가분담금 2억 원입니다. 총 5억 원을 투자해서 10억 원에 양도했으니 5억 원의 양도차익이 발생합니다. 이때 취득시기가 다르기 때문에 관리처분계획인가 전·후로 양도차익을 나누어서 생각해야 합니다.

관리처분계획인가 전 양도차익	관리처분계획인가 후 양도차익
권리가액 - 취득가액 - 필요경비 5억 원 - 3억 원 = 2억 원	양도가액 - (권리가액 + 추가분담금) - 필요경비 10억 원 - (5억 원 + 2억 원) = 3억 원

2단계: 기존주택 부분만 장기보유특별공제 적용해주기

장특공은 주택의 취득일부터 관리처분계획인가일까지의 기간에 대해서만 적용해줍니다. 따라서 관리처분계획인가일 이후 불입한 추가분담금은 적용받을 수 없고, 기존주택의 취득일부터 관리처분계획인가일까지의 기간으로 계산하면 되기에 연 2%씩 6년인 12%를 적용합니다.

3단계: 관리처분계획인가 전·후 양도차익 합산해 계산하기

구분	전 양도차익	후 양도차익	전체 양도차익
양도가액	500,000,000	1,000,000,000	
취득가액	300,000,000	700,000,000	
양도차익	200,000,000	300,000,000	
장기보유특별공제	24,000,000(12%)	-	
양도소득	176,000,000	300,000,000	476,000,000
기본공제			2,500,000
과세표준			473,500,000
세율			40%
양도소득세			163,460,000
지방소득세			16,346,000
계			179,806,000

신축주택 양도 시 양도소득세 계산구조
(편의상 필요경비 없고, 12억 비과세 적용 않고 일반과세 가정)

① 취득일자 2015.05.15.

② 취득가액 3억 원

③ 관리처분계획인가일 2020.09.20.

④ 권리가액 6억 원

⑤ 추가분담금 2억 원

⑥ 양도가액 13억 원

⑦ 양도일자 2025.06.15.

합법적으로 덜 내는 부동산 절세법

1단계: 관리처분계획인가 전·후 양도차익 계산

전체 양도차익을 계산할 때 실제 들어간 돈은 취득가액 3억 원과 추가 분담금 2억 원입니다. 총 5억 원을 투자해서 13억 원에 양도했으니 우리는 8억 원의 양도차익이 발생합니다. 이때 취득시기가 다르기 때문에 관리처분계획인가 전·후로 양도차익을 나누어서 생각해야 합니다.

관리처분계획인가 전 양도차익	관리처분계획인가 후 양도차익
권리가액 - 취득가액 - 필요경비 6억 원 - 3억 원 = 3억 원	양도가액 - (권리가액 + 추가분담금) - 필요경비 13억 원 - (6억 원 + 2억 원) = 5억 원

2단계: 관리처분계획인가 후 양도차익 안분계산

① 종전주택 양도차익과 추가분담금 양도차익으로 안분계산하기

관리처분계획인가일 이후 양도차익은 종전주택에 대한 양도차익과 분담금에 대한 양도차익으로 나누어 볼 수 있습니다. 따라서 아래와 같은 산식으로 각각의 양도차익을 안분계산해야 합니다.

종전주택 양도차익	추가분담금 양도차익
관리처분계획인가 후 양도차익 $\times \dfrac{\text{권리가액}}{\text{(권리가액 + 분담금)}}$	관리처분계획인가 후 양도차익 $\times \dfrac{\text{분담금}}{\text{(권리가액 + 분담금)}}$
5억 원 × 6억 원/8억 원 = 3.75억 원	5억 원 × 2억 원/8억 원 = 1.25억 원

② 장기보유특별공제 적용하기

종전주택분에 대해서는 취득일부터 양도일까지의 기간을 계산합니다. 즉 입주권 상태의 기간까지 포함합니다. 반면 추가분담금에 대해서는 관리처분계획인가일부터 양도일까지의 기간을 계산합니다. 주택이 된 이후부터 보유기간을 계산하여 장특공을 적용해줍니다.

만일 추가분담금을 납부한 신축주택이 양도세 비과세 요건을 충족한 고가주택에 해당한다면 장특공을 거주기간과 보유기간을 다시 나누어서 생각해야 합니다. 종전주택에서 2년을 거주했지만, 신축주택에서 2년을 거주하지 못했다면 종전주택의 양도차익에 대해서는 보유 및 거주기간에 대해 각각 연 4%의 장특공을 적용하지만, 추가분담금에 대한 양도차익 계산 시에는 비과세 요건을 충족하지 못하였기 때문에 연 2% 장특공을 적용해야 합니다.

다만 이 사례는 계산의 편의를 위해 비과세는 없는 것으로 가정하고 장특공을 적용해 보면 종전주택은 10년인 20%, 추가분담금은 4년에 대한 장특공인 8%를 적용받습니다.

구분	종전주택 양도차익	분담금 양도차익
보유기간 계산	종전주택 취득일 ~신축주택 양도일	관리처분계획인가일 ~신축주택 양도일
거주기간 계산	종전주택 취득일 ~신축주택 양도일 중 거주기간	사용승인일 이후 거주기간

3단계: 관리처분계획인가 전·후 양도차익 합산해 계산하기

구분	관리처분계획인가 전	관리처분계획인가 후		전체
	종전주택분	종전주택분	청산금분	
양도가액	600,000,000	1,300,000,000		
취득가액	300,000,000	800,000,000		
양도차익	300,000,000	375,000,000	125,000,000	800,000,000
장기보유 특별공제	60,000,000(20%)	75,000,000(20%)	10,000,000(8%)	145,000,000
양도소득 금액				655,000,000
기본공제				2,500,000
과세표준				652,500,000
세율				42%
양도 소득세				238,110,000
지방 소득세				23,811,000
합계				261,921,000

꼭 알아야 하는 부동산 상속·증여 절세법

상속 vs. 증여
무엇이 같고, 무엇이 다를까?

우리나라의 상속과 증여의 세율은 최소 10%에서 최대 50%까지로 동일합니다. 따라서 30억 원이 넘는 재산에 대해서는 상속이 되었든, 증여가 되었든 절반을 세금으로 낼 수밖에 없는 구조입니다.

죽어서 납부하는 상속세와 살아서 납부하는 증여세의 세율이 동일하다면, 왜 굳이 사전에 증여하는 것이 절세가 되는 것일까요? 그 이유는 상속과 증여의 과세방식의 차이에 있습니다.

과세표준	세율	누진공제액
1억 원 이하	10%	
1억 원 초과~5억 원 이하	20%	1천만 원
5억 원 초과~10억 원 이하	30%	6천만 원
10억 원 초과~30억 원 이하	40%	1.6억 원
30억 원 초과	50%	4.6억 원

상속·증여 세율이 같은데 왜 세금이 다를까?

상속은 피상속인, 즉 돌아가신 분이 상속개시 당시 보유하고 있던 모든 재산(부동산, 현금, 주식, 자동차 등)을 합해서 세금을 부과하는 방식인 유산과세형입니다. 반면 증여는 수증자, 즉 재산을 물려받은 사람이 받은 재산가액을 기준으로 세율을 적용하는 유산취득세로 세금이 결정됩니다. 그렇기 때문에 상속과 증여의 세율이 동일함에도 불구하고 세 부담의 차이가 발생합니다.

예를 들어보겠습니다. 김한국 씨는 100억 원 자산가이고, 100명의 자녀가 있습니다. 100억 원을 상속으로 물려줄 때와 생전에 100명의 자녀에게 1억 원씩 물려줄 때(증여 후 10년 생존 가정) 세금 차이는 얼마나 발생할까요? 쉬운 이해를 위해 상속 및 증여재산공제는 고려하지 않겠습니다.

합법적으로 덜 내는 부동산 절세법

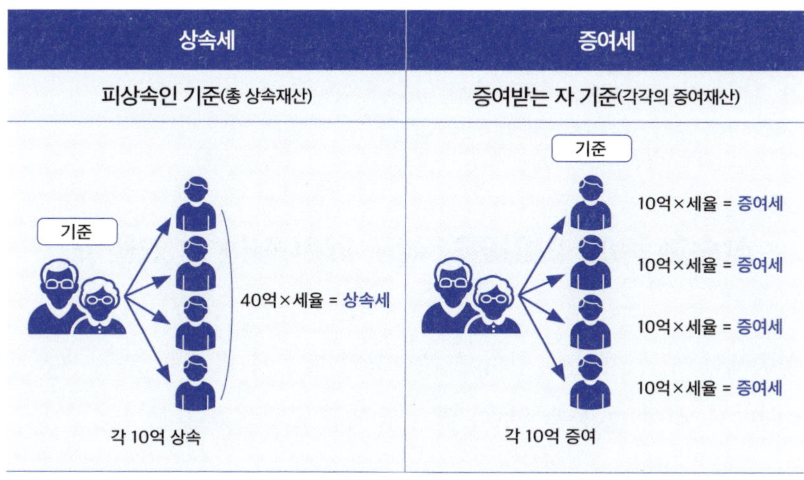

1명에게 1억 원 증여 시 → 1억 원 × 10% = 1천만 원 → 100명 증여 시 10억 원 (10% 세율)

100억 원 상속 발생 시 → 100억 원 × 50% - 4.6억 원 → 45.4억 원(50% 세율)

사전증여 없이 상속이 개시된다면 50%의 상속세를 내야 하지만 상속개시 10년 이전에 자녀들에게 1억 원씩 증여했다면 10%의 증여세를 각각의 자녀가 부담하면 됩니다. 수치로 보았을 때 사전증여를 하지 않았을 때와 비교해보면 약 35억 원이 절세되는 것을 알 수 있습니다.

다만 사전증여를 한다고 무조건 절세가 되지는 않습니다. 이런 세 부담의 차이를 활용해 상속세 회피하는 것을 막기 위하여 상속 이전 10년 내 자녀나 배우자에게 증여한 재산을 모두 상속재산에 합산하도록 규정하고 있기 때문입니다. 따라서 고령이거나 건강이 좋지 않은 상황에서 증여 후 바로 상속이 일어난다면 절세효과를 기대할 수 없습니다.

상속과 증여, 얼마까지 세금 없이 받을 수 있을까?

상속세는 모든 재산을 합쳐서 계산하기 때문에 비교적 높은 세금이 나올 가능성이 높아 증여보다 많은 금액을 공제해줍니다.

상속세	증여세
[상속공제 종합한도] 일괄공제: 5억 원 배우자상속공제: 5억~30억 원 금융재산공제: 최대 2억 원 동거주택공제: 최대 6억 원	배우자: 6억 원 직계존비속: 5천만 원 　　　　　　(미성년자 2천만 원) 기타친족: 1천만 원

증여의 경우 10년에 5천만 원(미성년자는 2천만 원)까지만 줄 수 있는 반면, 상속의 경우에는 일괄공제 5억 원, 배우자가 살아있다면 배우자상속공제 최소 5억 원을 추가로 받을 수 있습니다. 따라서 배우자가 살아있고, 상속재산이 10억 원을 넘지 않는다면 증여보다는 상속이 유리할 수 있습니다.

만일 자녀에게 사전증여를 했다면 5천만 원만 공제되고 초과분에 대해서는 증여세를 납부하게 되는데, 이렇게 미리 납부한 증여세는 상

합법적으로 덜 내는 부동산 절세법

속시점에 계산한 상속세보다 크더라도 돌려주지 않습니다. 또한 사전 증여한 재산은 상속공제의 한도를 차감시키기 때문에 상속공제 금액이 적어져서 납부하지 않아도 될 상속세를 내야 하는 상황이 발생할 수 있습니다.

예를 들어 10억 원 상당의 토지가 전 재산이었던 부친이 배우자와 상의 끝에 상속세 절세 목적으로 사형제에게 25%씩 증여하고, 4년 후 상속이 개시되었다고 가정해보겠습니다. 사전증여를 하지 않았다면, 일괄공제 5억 원과 배우자공제 5억 원을 합산해 총 10억 원의 상속공제를 적용받기 때문에 납부할 상속세가 없었겠지만, 지금처럼 사전증여를 한다면 상속세 과세가액 10억 원에서 사전증여재산(증여재산공제 차감 금액) 8억 원을 뺀 2억 원만 상속공제를 적용받을 수 있기 때문에 불필요한 상속세를 납부하게 될 수 있습니다.

상속공제 관련 자세한 내용은 『합법적으로 덜 내는 상속증여 절세법』(이환주·김재현 지음) 2장 '합법적으로 덜 내는 상속세 절세 노하우'를 참조해주시기 바랍니다.

상속·증여세를 한번에 납부하지 않으려면?

증여와 다르게 상속은 연대납세의무

수증자가 세법상 거주자인 경우 증여세 납세의무자는 수증자, 즉 받는 사람입니다. 따라서 증여세를 증여자인 부모가 대신 납부한다면 이 재산 또한 증여로 보아 납부해야 할 증여세가 커집니다.

2억 원 증여: 수증자가 증여세 납부 시 vs. 증여자가 대신 납부 시 세금 차이

구분	수증자가 직접 납부하는 경우	증여자가 증여세 대납하는 경우
증여재산가액	200,000,000원	200,000,000원
+ 증여세대납액		24,069,479원
- 증여재산공제	50,000,000원	50,000,000원
= 증여세 과세표준	150,000,000원	174,069,479원
× 세율	20%	20%
- 누진공제액	10,000,000원	10,000,000원
= 산출세액	20,000,000원	24,813,896원
- 신고세액공제(3%)	600,000원	744,417원
= 차감납부세액	19,400,000원	24,069,479원

계산구조

{[(증여재산가액 + 증여세대납액(A)-증여재산공제) × 증여세율] - 누진공제} × (1-0.03)=증여세대납액(A)

{[(200,000,000 + 증여세대납액(A)-50,000,000) × 20%] - 10,000,000} × (1-0.03)=증여세대납액(A)

→ 증여세대납액(A=24,069,479)

반면 상속세는 상속인과 수유자(유증에 의해 재산을 받는 사람)가 상속재산 중 각자가 받았거나 받을 재산의 비율에 따라 상속세를 납부해야 하고, 각자가 받았거나 받을 재산을 한도로 연대하여 납부할 의무가 있습니다. 즉, 연대납세의무자로서 각자가 받았거나 받을 상속재산의 한도 내에서 다른 상속인이 납부해야 할 상속세를 대신 납부하더라도 추가로 증여세가 부과되지 않습니다(재산세과-454, 2011.09.27). 따라서 상속재산으로 부동산과 금융자산이 함께 있다면, 배우자가 금융자산을 상속받고 자녀들이 아파트 등 부동산을 나누어 상속받는 방법이 좋습니다. 이렇게 배우자가 물려받은 금융자산으로 상속세를 대신 납부한다면, 자녀들은 세금 부담 없이 부친의 재산을 온전히 물려받을 수 있습니다.

증여는 5년, 상속은 10년간 연부연납 가능

대한민국 자산가들의 자산 중 상당수가 부동산에 편중되어 있습니다. 사전증여로 미리 상속재산을 줄이지 않는다면, 상속받는 자녀 입장에서도 납부해야 할 상속세가 상당히 부담스러울 수밖에 없습니다. 증여세 또는 상속세 납부세액이 많을 때 활용할 수 있는 것이 바로 연부연납제도입니다.

증여세의 경우 납부할 세액이 2천만 원을 초과하고, 다음의 요건을 충족한다면 납부금액을 5년 이내에서 납세자가 신청한 기간에 걸쳐 납부할 수 있습니다.

- 각 회분의 분납세액이 1천만 원을 초과해야 힘
- 연납한 세액에 대하여 이자(연부연납가산금)를 부담(2026년 현재 3.1%)
- 연납할 상속세 본세와 이자의 합계액의 120% 상당의 담보 제공

상속세 연부연납 신청요건

상속세의 경우 납부할 세액이 2천만 원을 초과하고, 다음의 요건을 충족한다면 납부금액을 10년 이내에서 납세자가 신청한 기간에 걸쳐 납부할 수 있습니다.

- 각 회분의 분납세액이 1천만 원을 초과해야 함
- 연납한 세액에 대하여 이자(연부연납가산금)를 부담(2026년 현재 3.1%)
- 연납할 상속세 본세와 이자의 합계액의 120% 상당의 담보 제공

 합법적으로 덜 내는 부동산 절세법

대한민국 자산가들이 가장 많이 활용하는 절세비법

우리나라의 상속과 증여세율은 최소 10%부터 최대 50%로 동일합니다. 그럼에도 불구하고 상속과 증여의 차이를 잘 활용하면 많게는 수억 원의 세금을 줄일 수 있습니다. 오래전부터 많은 자산가들은 이 방법으로 세금을 줄여 자녀 세대에게 부의 이전을 실천해왔습니다. 상속·증여세를 줄이기 위한 절세방법은 어떤 것이 있을까요?

자산가라면 상속 전에 미리 증여하라

우리나라는 상속세는 유산세 방식을, 증여세의 경우에는 유산취득세

방식을 취하고 있습니다. 유산세란 피상속인 전체 재산에 대하여 과세하는 방법을 의미하고, 유산취득세란 수증자가 수령하는 각자의 증여재산에 대하여 과세하는 방법을 의미합니다. 이런 과세방법의 차이로 인하여 상속보다 사전증여가 유리한 상황이 발생합니다. 한 사람이 가진 재산(아파트, 상가, 토지, 현금 등)을 모두 합한 재산 전체를 기준으로 세금을 내는 것보다 자녀와 배우자 등에게 재산을 분배하면 세율을 낮출 수 있기 때문입니다.

60억 원 자산가인 80세의 유명한 씨. 현재 재산으로 상속세를 계산해보니 약 22억 원 정도의 상속세를 내야 합니다. 만약 3명의 자녀에게 10년 전에 증여했다면 얼마나 세금이 줄어들까요?

60억 상속세:약 22억 원

구분	계산내역
총상속재산가액	6,000,000,000
공과금, 장례비, 채무	-
상속세과세가액	6,000,000,000
일괄공제	500,000,000
배우자상속공제	-
금융재산상속공제	-
동거주택상속공제	-
과세표준	5,500,000,000
산출세액	2,290,000,000

합법적으로 덜 내는 부동산 절세법

| 신고세액공제 | 68,700,000 |
| 상속세 | 2,221,300,000 |

* 장례비공제, 배우자공제, 금융재산상속공제 등은 없다고 가정

10년 전 3명의 자녀에게 10억씩 증여, 상속재산 30억일 경우 전체 세금: 약 14.6억 원

① 증여세: 약 6.5억 원(자녀 3인 합계)

구분	계산내역
증여재산가액	1,000,000,000
증여세과세가액	1,000,000,000
증여재산공제	50,000,000
과세표준	950,000,000
산출세액	225,000,000
합계	225,000,000
신고세액공제	6,750,000
증여세	218,250,000

② 30억에 대한 상속세: 약 8.1억 원

구분	계산내역
총상속재산가액	3,000,000,000
공과금, 장례비, 채무	-

상속세과세가액	3,000,000,000
일괄공제	500,000,000
배우자상속공제	-
금융재산상속공제	-
동거주택상속공제	-
과세표준	2,500,000,000
산출세액	840,000,000
신고세액공제	25,200,000
상속세	814,800,000

사전증여 없이 상속이 개시된다면 30억 원이 넘는 재산에 대하여 50%의 상속세를 내야 합니다. 하지만 상속개시 10년 이전에 자녀들에게 10억 원씩 증여했다면 30%의 증여세인 2.2억 원 정도만 각각의 자녀가 부담하면 됩니다. 이로 인하여 상속재산이 줄어 실제 상속이 개시되더라도 사전증여를 하지 않았을 때와 비교해보면 약 7억 4천만 원의 세금이 줄어드는 것을 알 수 있습니다.

다만 사전증여를 한다고 무조건 절세가 되지는 않습니다. 이런 세부담의 차이를 활용하여 상속세 회피하는 것을 막기 위해 상속 이전 10년 내 자녀나 배우자에게 증여한 재산을 모두 상속재산에 합산하도록 규정하고 있기 때문입니다. 따라서 너무 고령이거나 건강이 좋지 않은 상황에서 증여 후 바로 상속이 일어난다면 절세효과를 기대할 수 없습니다.

     합법적으로 덜 내는 부동산 절세법

증여는 빠르면 빠를수록 좋다!

증여세도 상속세와 마찬가지로 증여일로부터 10년 이전에 증여한 재산이 있다면 기증여재산을 합산하여 증여세를 계산합니다. 10%의 세율구간을 활용하여 매년 1억 원씩 증여한다고 해서 매년 증여세 1천만 원을 내고 끝나는 것이 아니라, 작년에 1억 원, 그리고 올해 1억 원을 증여했다면 합산하여 총 2억 원에 대해서 20%의 세율을 적용해 계산한 금액에 작년에 낸 증여세만큼을 공제해주는 구조입니다. 따라서 10년 단위로 증여계획을 세워야 절세가 가능합니다.

80세에 30억 원을 한 번 증여하는 경우와 60세부터 10년 단위로 10억 원씩 증여하는 경우, 세 부담 차이가 얼마나 발생할까요?

구분	1회 증여	10년 단위로 3회 증여		
	80세에 30억 원	60세 10억 원	70세 10억 원	80세 10억 원
증여세	① 9.9억 원	② 2.18억 원	2.18억 원	2.18억 원
총 세 부담		6.5억 원		
절세효과		3.4억 원 절세		

① {(30억 원-5천만 원)×**40%**-1.6억 원}×0.97=9.89억 원

② {(10익 원-5친민 원)×**30%** 0.6억 원}×0.97-2.18어 원

분산할수록 세금이 줄어든다

증여세는 재산을 받는 자, 즉 수증자를 기준으로 세금을 계산하는 구조입니다. 따라서 같은 재산을 증여하더라도 증여받는 사람의 수를 늘리면 세율이 낮아집니다. 또한 증여가 발생하면 인별로 직계존비속(성인) 5천만 원, 미성년자 2천만 원, 배우자 6억 원, 기타친족 1천만 원의 증여재산공제를 적용받을 수 있습니다.

예를 들어 결혼한 아들에게 12억 원의 재산을 증여하고 싶다면, 아들뿐만 아니라 며느리와 손자까지 포함해 증여한다면 세금이 줄어듭니다. 아들이 단독으로 12억 원을 받으면 40%의 증여세를 납부해야 하지만, 3명으로 분산함으로 인하여 20%의 증여세율이 적용되어 세율을 낮추는 효과가 있을 뿐만 아니라, 인별로 적용되는 증여재산공제도 여러 번 활용할 수 있기 때문입니다.

아들에게 12억 원을 줄 경우와, 아들 며느리 손자에게 각각 4억 원씩 줄 경우, 세부담 차이는 얼마나 될까요?

구분	단독증여 (아들)	아들	며느리	손자
증여재산	1,200,000,000	400,000,000	400,000,000	400,000,000
(-) 증여재산공제	50,000,000	50,000,000	10,000,000	20,000,000
(=) 과세표준	1,150,000,000	350,000,000	390,000,000	380,000,000
(x) 세율	40%	20%	20%	20%

(=) 산출세액	300,000,000	60,000,000	68,000,000	66,000,000
(+) 세대생략할증	-	-	-	19,800,000
(-) 신고세액공제	9,000,000	1,800,000	2,040,000	2,574,000
(=) 납부세액	291,000,000	58,200,000	65,960,000	83,226,000
		분산증여 합계 207,386,000		
	절세 차액 83,614,000			

가치 상승 예상 자산을 증여하라

증여와 관련해 많이 받는 질문 중 하나는 바로 "어떤 자산을 증여하는 것이 좋을까요?"입니다. 결론부터 이야기하자면 향후 가치 상승이 예상되는 자산을 우선적으로 증여해야 합니다. 현재 가치가 같더라도 시간이 흘러 자산 가치가 높아진 뒤에 증여하면, 그만큼 더 많은 증여세를 부담해야 하기 때문입니다.

이는 상속세 절세 측면에서도 매우 유리합니다. 앞서 살펴본 것처럼 자녀에게 증여한 후 10년 이내에 상속이 발생하면 증여재산을 합산해 상속세를 계산합니다. 이때 상속재산에 가산되는 금액은 상속 시점의 시세가 아니라 사전증여 당시의 저평가된 가액입니다. 즉, 추후 자산 가치가 크게 올랐더라도 증여 당시의 낮은 가액으로만 과세되는 효과가 있습니다.

따라서 앞으로 가치가 크게 오를 것으로 예상되는 자산이라면 당장의 증여세가 부담스럽더라도 적극적으로 증여를 고려해야 합니다.

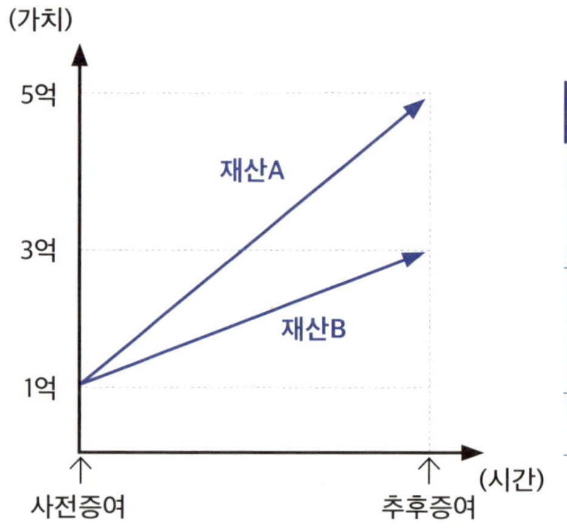

구분		A재산	B재산
추후 증여	증여가액	5억 원	3억 원
	증여세	7,760만 원	3,880만 원
사전 증여	증여가액	1억 원	1억 원
	증여세	485만 원	485만 원
절세효과		7,275만 원	3,395만 원

전세보증금(대출)과 함께 증여하면 절세가 가능하다

증여는 재산을 무상으로 이전받는 것을 의미하며, 세법상 납세의무는 재산을 받는 사람인 수증자에게 있습니다. 현금 증여라면 받은 돈으로 세금을 내면 되지만, 부동산은 소득이 적은 수증자가 거액의 증여세를 마련하기 어려워 증여 자체를 포기하는 경우가 있습니다.

이럴 때 활용할 수 있는 것이 '부담부증여'입니다. 뒤에서 '부담부증여를 활용한 절세법' 편에서 자세히 다루겠지만, 부담부증여란 부동산을 증여받을 때 해당 자산에 담긴 전세보증금이나 대출금 같은 채무까지 함께 인수하는 방식입니다. 수증자는 전체 자산가액에서 채무액을 제외한 증여분에 대해서만 증여세를 내면 되므로 세금 부담을

합법적으로 덜 내는 부동산 절세법

덜 수 있습니다.

또한 증여자(부모)는 자녀보다 상대적으로 자금 여력이 있어 양도소득세 납부 부담이 적으며, 단순 증여 시의 증여세 총액보다 양도세와 증여세를 합한 금액이 더 적어지는 절세 효과도 기대할 수 있습니다. 다만 다주택자 중과세율이 적용되는 주택이라면 양도세 부담이 급격히 늘어 오히려 역효과가 날 수 있으므로, 세무전문가와 함께 시뮬레이션해보는 것이 좋습니다.

순수증여와 부담부증여 계산 예시

- 증여대상 부동산의 평가금액: 8억 원

- 취득가액(취득세 등 부대비용 포함): 2억 원

- 보유기간: 15년

- 대출금액: 4억 원

구분	순수증여	부담부증여		
		증여세	양도소득세	
증여재산가액	800,000,000	800,000,000	양도가액	400,000,000
채무액	0	400,000,000	취득가액	100,000,000
증여재산공제	50,000,000	50,000,000	공제 등*	92,500,000
과세표준	750,000,000	350,000,000	과세표준	207,500,000
산출세액	165,000,000	60,000,000	양도소득세	58,910,000
납부세액	160,050,000	58,200,000	총납부세액	64,801,000

* 장기보유특별공제: 30%

  양도소득기본공제: 250만 원

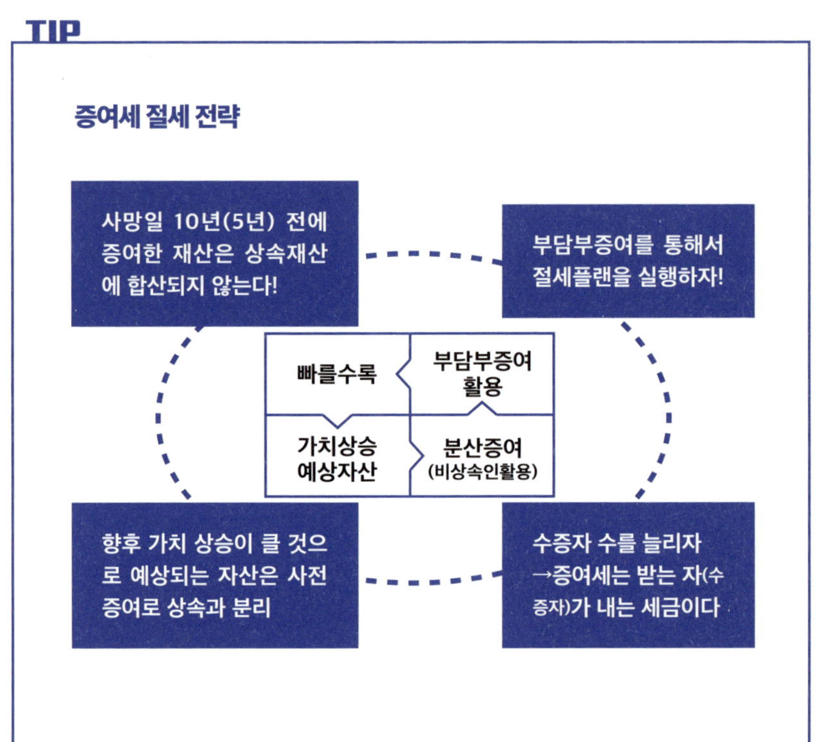

합법적으로 덜 내는 부동산 절세법

저가양도를 이용한 절세법

이번에 큰 아이가 결혼합니다. 제가 가지고 있는 집으로 신혼집을 마련해주고 싶은데, 부모와 자식 간에도 부동산 거래를 할 수 있나요? 만약 할 수 있다면 얼마까지 싸게 팔 수 있나요?

부모와 자식 간에도 부동산을 사고파는 건 가능합니다. 다만 국세청에서는 가족 간 양도를 정상적인 거래가 아닌 증여로 추정합니다. 하지만 정상적인 대가를 지불한 사실이 확인된다면 정당한 거래로 인정받을 수 있습니다. 그럼에도 자녀에게 조금이라도 낮은 가격에 넘겨 부담을 덜어주고 싶은 것이 부모 마음입니다. 하지만 세법에서는 일정금액 이하로 저가양도 거래를 못 하도록 방지하는 제도를 두고 있습니다.

자녀에게 발생할 수 있는 세금 이슈: 증여세

부모가 자녀에게 저가로 부동산을 양도한다면 자녀 입장에서는 차액만큼 이득을 얻은 것이므로 증여세 문제가 발생합니다. 자녀가 부모에게 시가 12억 원짜리 주택을 9억 원에 매수한다고 가정해보겠습니다. 이는 부모로부터 3억 원을 증여받고 본인 자금 9억 원을 보태 12억 원짜리 주택을 구매한 것과 같습니다.

세법에서는 특수관계인으로부터 재산을 저가로 매수하는 경우 거래가액과 시가와의 차액에 대해 증여세를 과세합니다. 하지만 현행 세법은 시가의 30%를 기준으로 최대 3억 원까지는 저가로 팔아도 정상적인 거래로 간주해 증여세를 부과하지 않습니다.

따라서 이 사례처럼 3억 원에 대해서는 증여세 문제가 발생하지 않습니다. 만약 자녀가 12억 원의 주택을 부모로부터 7억 원에 구매한다면 어떻게 될까요? 이 경우에는 시가와의 차액 5억 원 중 3억 원을 제외한 2억 원에 대해 증여세가 부과됩니다.

특수관계인으로부터 저가 양수

구분	과세요건	증여재산가액
저가양수	(시가-대가)≥시가의 30% 또는 3억	(시가-대가) - Min[시가의 30%, 3억]

부모에게 발생할 수 있는 세금 이슈: 양도소득세

부모 입장에서는 집을 파는 것이기 때문에 양도소득세를 내야 합니다. 가족에게 주택을 파는 경우가 아니라면 3억 원의 손해를 보며 거래할 이유는 없으므로 세무 당국은 이를 엄격히 들여다봅니다.

양도소득세를 판단할 때는 정상거래로 보는 범위가 증여세와 다릅니다. 양도소득세는 시가의 5%와 3억 원 중 적은 금액 이내에서 거래했을 때만 정상가액으로 인정해줍니다. 주의해야 할 점이 하나 있습니다. 증여의 경우 정상거래 범위를 초과한 부분에 대해서만 증여세를 부과하지만, 양도소득세는 정상가액 범위를 초과하는 경우 시가를 기준으로 양도소득세를 재계산합니다.

즉, 시가 12억 원짜리 집을 자녀가 9억 원에 매수하는 경우 양도소득세는 실제 받은 돈인 9억 원이 아니라 원래 시가인 12억 원을 양도가액으로 하여 계산해야 합니다.

양도소득세 과세문제

구분	양도가액	부당행위계산부인
저가양수	양도가액이 시가	(시가-대가) ≥ 시가의 5% 또는 3억

특수관계자 간 저가 양도를 통한 절세효과

자녀에게 주택을 저가로 양도하는 것은 자칫 증여세와 양도소득세를 동시에 추징당할 우려가 있습니다. 하지만 세법상 주택에 대한 양도소득세는 1세대 1주택 비과세 또는 일시적 2주택 비과세라는 특별 혜택이 있습니다.

자녀에게 양도하는 주택이 양도소득세 비과세 요건만 충족한다면 앞서 사례에서 주택 양도금액 12억 원은 비과세, 양도금액 12억 원 초과분에 대한 양도차익에 대해서는 최대 80%까지 장기보유특별공제가 가능합니다. 이렇듯 양도소득세 비과세가 되는 주택은 별도세대인 자녀에게 저가양도 거래 시 증여세 절세뿐만 아니라 조정대상지역 2주택 보유에 따른 보유세(특히 종합부동산세)와 양도소득세 절세도 가능합니다.

또한 증여가 아니라 양도거래이기 때문에 자녀로부터 받은 매각자금을 부모의 노후생활자금으로 활용할 수 있습니다. 이렇게 생긴 현금성 자산은 추후 상속 시 금융재산상속공제를 통해 최대 2억 원까지 공제가 가능합니다.

그럼에도 불구하고 최근 국세청은 특수관계자 간 거래를 우선 조사하는 추세입니다. 또한 조세 회피 의도를 가지고 저가양수도를 한 경우 증여세가 추징된 사례가 있기 때문에 사전에 철저한 준비가 필요합니다.

1가구 1주택 비과세일 경우와 다주택중과일 경우 양도소득세 부담

구분	1가구 1주택	조정 2주택 중과 세율 적용 시	일반세율 적용 시
양도가액	12억 원	12억 원	12억 원
(-) 취득가액	5억 원	5억 원	5억 원
양도차익	(양도금액 12억 원 비과세)	7억 원	7억 원
(-) 장기보유특별공제		-	1.4억 원
양도소득금액	-	7억 원	5.6 억 원
(-) 기본공제		250만 원	250만 원
과세표준	-	6억 9,750만 원	5억 5,750만 원
세율		62% (20% 중과세율 적용)	42%
산출세액 (지방소득세 포함)	-	4억 3,616만 원	2억 1,803만 원

* 취득가액 5억 원, 양도가액 12억 원, 10년 보유 및 거주 후 양도 가정

** 산출세액 산정은 과세표준별 세율 적용

2025년 5월 9일까지 다주택자 조정대상지역 주택 양도 시 양도세 중과 한시적 배제

TIP

2026년 저가거래에 따른 취득세 규정 개정

2025년까지는 배우자 또는 직계존비속 간 부동산 거래는 원칙적으로 증여로 보아 무상취득세율(3.5%, 조정대상지역 3억 원 이상 주택 증여 시에는 12%)이 적용되지만 대가 지급 사실과 소득이 입증되면 유상취득세율(주택 1~3%)을 적용받을 수 있었습니다.

그러나 이를 악용하여 시가보다 현저히 낮은 가액으로 거래하는 변칙 증여를

방지하기 위해 지급한 대가가 현저히 낮은 경우에는 소득 등을 입증하더라도 증여로 간주하여 무상취득세율을 적용하도록 아래와 같이 개정했습니다.

구분	개정 전	개정 후
개정 내용	대가 지급 사실 증명 시 유상취득 인정	시가와 대가 차액이 3억원 또는 30% 이상 시 증여 의제
개정 취득 세율	1%~3% 유상취득세율	증여로 보아 무상취득세율 3.5% 적용, 단, 조정대상지역 3억 원 이상 주택 증여시 12% 중과
적용 시기	2026.1.1. 이후 부동산 등을 취득하는 경우부터 적용	

즉, 개정된 취득세제에서는 부당행위로 판단되는 저가양수도 거래를 '유상 거래에서 제외(즉, 증여로 간주)'하는 법을 신설했습니다.

※ 2026년 이후 저가양도 시 주의사항(취득세 중과 여부 검토 필요)
앞선 사례처럼 3억 원까지 저가로 부모님의 집을 구매하는 것은 「증여세법」 상으로는 문제가 없습니다. 다만, 이 경우 개정된 「취득세법」상으로는 증여 의제에 해당하게 되어 12%의 증여취득세를 적용받을 수 있습니다.

할아버지에게 받은 부동산!
세금 절세하는 방법은?

세대생략증여란 조부모가 자녀를 건너뛰고 손주에게 직접 재산을 증여하는 것을 말합니다. 쉽게 '손자녀증여'라고도 부릅니다. 100세 시대가 도래해 평균 수명이 늘어나면서 50~60대가 된 자녀보다는 어린 손자녀에게 증여를 고민하는 사람들이 많아졌습니다. 또한 자녀에게는 이미 40% 세율구간까지 증여해 추가적인 증여로 인한 절세효과가 적다고 느낄 때 손자녀에게 증여하는 것을 같이 고려하는 경우도 많습니다. 세대생략증여의 장점 네 가지를 살펴보겠습니다.

1) 증여세 2번 낼 것을 1번만 낼 수 있다

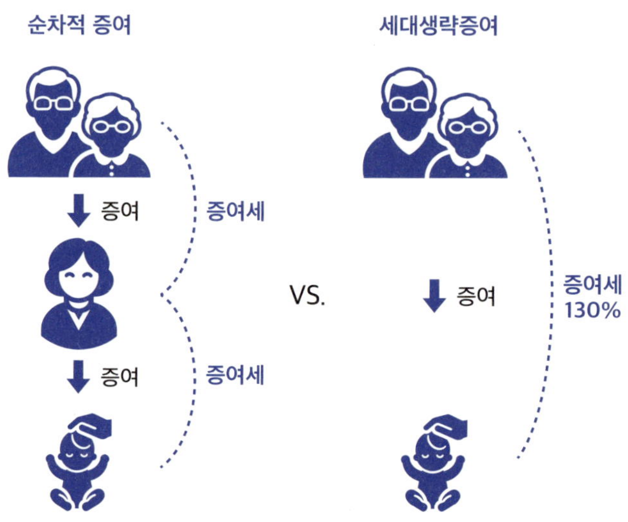

일반적으로 조부모가 자녀에게 증여할 때 증여세를 납부하고, 추후 그 자녀가 손자녀에게 증여할 때 한 번 더 증여세를 부담해야 합니다. 그에 비해 바로 손자녀에게 증여하게 되면 증여세를 한 번만 낼 수 있습니다.

대신 세대생략증여를 활용한 조세 회피행위를 막기 위해 세법에서는 세대생략증여에 대해 증여세의 30%(미성년자에게 재산가액 20억 원을 초과한 증여에 대해서는 40%)를 할증 가산세로 추가 납부하도록 하는데요. 그럼에도 불구하고 증여세 2번보다는 한 번에 1.3배의 증여세를 내는 것이 절세에 더 유리하다고 할 수 있습니다. 숫자로 한 번 접근해볼까요?

　　　　　　　합법적으로 덜 내는 부동산 절세법

세대생략증여 절세 사례

- 순차적 증여는 현금 20억 원 증여 후 세후 현금을 재차 증여한다고 가정

- 세대생략증여는 20억 원 증여 가정

구분	순차적 증여	세대생략증여
증여재산가액	20억 원	20억 원
1차 증여세	6억 원	7.8억 원
세후 증여재산가액	14억 원	-
2차 증여세	3.7억 원	-
증여세 합계액	9.7억 원	7.8억 원
차이	1.9억 원 (▼20%)	

* 손자녀는 성인이고, 기증여가 없음을 가정(증여재산공제 5천만 원)

** 증여세 신고세액공제 3% 반영

2) 손자녀에게 증여한 후 5년이 지나면 상속재산에 합산하지 않는다

상속세 계산을 위한 상속재산가액에는 상속개시일로부터 10년 내 상속인에게 한 증여재산가액을 합산합니다. 사전증여를 통해 낮은 10~30% 세율을 적용받았더라도, 10년 안에 상속이 발생하게 되면 증여가액이 상속재산에 합산되어 다시 40~50%의 높은 세율로 추가 납부해야 하는 상황이 됩니다. 따라서 상속세 절세효과를 위해서는 사전증여 후에 상속재산 합산 기간이 지나야 합니다.

다만 상속인 외의 자에게 한 증여는 상속개시일로부터 5년 내 증여재산가액만 상속세 합산대상이 되는데, 이때 손자녀는 상속인 외의 자에 해당합니다. 따라서 손자녀에게 증여한 경우 5년이 지나게 되면 조부모의 상속세 계산 시 합산과세를 피할 수 있습니다.

마찬가지로 사위, 며느리도 상속인 외의 자에 속하기 때문에 사위나 며느리에게 사전증여를 하고 5년이 지나면 상속재산에 합산되지 않습니다.

3) 조부모로부터 부동산을 증여받을 경우 증여세 재원은 이렇게 준비하자!

미래가치를 생각하면 부동산을 증여받는 것이 현금을 증여받는 것보다 좋다고 이야기를 많이 합니다. 그럼에도 불구하고 부동산을 증여하기 힘든 이유는 바로 증여세 때문입니다. 증여세는 재산을 증여받는 수증자가 납부해야 하고, 만일 증여하는 사람이 세금까지 부담해준다면 그 금액까지 합산해 증여세를 다시 계산하게 되어 증여세액은 더 늘어납니다.

따라서 부동산은 조부모로부터, 증여세 등 세금을 낼 재원은 부모로부터 증여받으면 절세가 가능합니다.

앞서 이야기한 것처럼 손주증여를 실행하는 사람들은 대부분 이미 자녀들에게 상당 부분 증여가 이루어져 손주들의 부모들도 여유가 있습니다. 이럴 경우 조부와 부모는 동일인이 아니기 때문에 직계존속으로부터의 증여라 하더라도 합산되지 않습니다. 따라서 증여재산공제를 추가로 더 받을 수는 없지만, 10%, 20%의 저율세율구간을 다시 활용할 수 있게 되어 절세가 가능할 수 있습니다. 사례로 한 번 살펴볼까요?

(가정) 20억 원 부동산을 성인인 손주에게 증여 시

1. 증여세를 조부가 대납하는 경우

2. 증여세는 부모로부터 수증받는 경우

구분	증여세 대납 시	부동산 증여(조부)	현금 증여(부)
증여재산가액	2,000,000,000	2,000,000,000	781,820,000
증여세 대납액	1,757,550,744		
증여재산공제	50,000,000	50,000,000	
증여세 과세표준	3,707,550,744	1,500,000,000	781,820,000
세율	50%	40%	30%

산출세액	1,393,775,372	620,000,000	
할증세액	418,132,612	186,000,000	
증여세	1,757,550,744	781,820,000	169,309,620
차이		8억 원 (▼54%)	

4) 손주가 증여받은 후 1년이 경과한 재산은 유류분 반환대상에 포함되지 않는다!

보통 재산분할에 따른 상속분쟁은 유류분 반환대상이 될 때 문제가 됩니다. 이때 유류분 반환대상이 되는 재산은 상속인들이 받은 재산을 의미합니다. 따라서 손주는 할아버지의 상속인이 아니기 때문에 손주에게 미리 증여한 재산은 상대적으로 유류분 반환대상으로 판단하기 어렵고, 손주의 안정적인 재산형성이 가능합니다.

5) 세대생략증여는 언제 활용하는 것이 좋을까?

위의 세대생략증여의 장점을 생각할 때, 다음의 경우에 세대생략증여를 통한 상속세 절세 방법을 추천합니다.

① 자녀에게 이미 어느 정도 물려준 재산이 있어 추가로 자녀에게 증여해도 이 재산은 나중에 그대로 손자녀에게 다시 증여가 일어날 것으로 예상되는 경우

② 고령이라서 10년은 부담되지만, 5년 정도는 건강을 유지할 수 있다고 판단되는 경우

　　　　　　　　합법적으로 덜 내는 부동산 절세법

증여세 납부재원을 만드는 다섯 가지 방법

우리나라는 미국과 다르게 증여세를 받는 수증자가 납부하는 시스템입니다. 증여를 받는 것은 좋은데, 미성년자이거나 막 취업한 자녀에게 부동산을 증여할 때 증여받는 자녀는 이 증여세로 인하여 고민을 할 수밖에 없습니다.

증여세를 납부할 현금재원이 마련되지 않은 자녀가 부동산을 증여받을 때 생각해볼 수 있는 방법으로는 어떤 것이 있을까요?

PCI 분석을 통한 자기 자금 확인하는 법

현재 소득이나 과거 소득으로 증여세를 납부할 수 있습니다. 소득금액과 납부해야 할 증여세액을 비교해 계획을 세우면 됩니다. 이때 증여세를 낼 수 있는 소득이란 자신의 신고된 소득에서 신용카드 사용액이나 채무상환액 등을 차감한 순소득을 의미합니다.

국세청은 이를 검증하는 시스템인 PCI 시스템을 활용하여 본인의 소득으로 세금을 납부했는지, 아니면 부모님의 자금을 활용했는지 확인할 수 있습니다.

PCI(Property, Consumption and Income Analysis System)

재산 증가액	신고(결정) 소득금액 합계
1. 부동산 2. 금융재산 등	1. 부동산 2. 금융재산 등
소비 지출액 1. 신용카드 사용액 2. 해외 체류비 등	**탈루 혐의금액**

따라서 자신의 신고된 소득으로 가입한 예금, 적금, 주식, 펀드 등 보유하고 있는 금융자산을 활용할 수 있습니다. 다만 금융자산을 처분할 때 발생하는 세금이나 손실을 고려해야 합니다.

대출을 활용하는 법

신용대출

직장에 취업한 자녀라면 본인의 신용을 담보로 신용대출을 받아 증여세를 납부할 수 있습니다. 당연히 대출 이자율과 상환 계획을 꼼꼼히 확인해야 합니다.

담보대출

증여받는 부동산 등 담보를 제공하고 대출을 받을 수 있습니다. 담보대출은 신용대출보다 금리가 낮을 수 있지만, 담보 설정 및 해지에 따른 비용이 발생할 수 있습니다.

제3자 담보대출

신용이 부족해 신용대출이 어렵거나, 증여받는 물건에 설정된 근저당 등으로 담보대출이 불가능한 경우 증여하는 부모님의 예금이나 부동산을 담보로 대출을 받아 증여세 납부재원을 마련할 수 있습니다. 이 경우 부모님의 담보를 활용한 것이기에 또 다른 증여가 발생할 수 있지만, 이로 인해 발생하는 증여금액이 아래 금액을 넘지 않으면 증여로 보지 않습니다.

타인의 재산을 무상담보 제공받아 금융기관으로부터 금전 등 차입 시 증여세 과세대상이 됨

증여재산가액 = 무상사용 재산가액 × (4.6% - 실제 이자율)

※ 증여재산가액이 1천만 원 이상인 경우부터 과세함

차용을 통한 재원 마련

부모님으로부터 증여세 재원을 차용받아 증여세를 납부할 수 있습니다. 이때 차용증과 이자 및 원금상환방법, 차용기간을 구체적으로 작성하고 공증 또는 확정일자를 받아 보관해야 합니다. 또한 차용증에 기재한 대로 이자 등을 상환한 거래내역이 존재해야 추후 문제의 소지가 발생할 확률이 줄어듭니다.

이때도 제3자 담보대출과 마찬가지로 4.6%의 이자를 돈을 빌려준 부모에게 갚아야 합니다. 4.6%보다 적은 돈을 상환할 경우 그 차액을 증여로 보는데, 이때 그 차액(즉, 증여로 보는 금액)이 연간 1천만 원 미만일 경우 증여로 보지 않기 때문에 꼭 4.6%의 이자를 지급할 필요는 없습니다.

가족 간 차용거래

[차입금 × 4.6% - 실제 부모님에게 지급한 이자]가 연간 1천만 원 미만이면

증여로 보지 않음

또한 차용에 따른 이자를 지급한다면 지급하는 이자에 대해 27.5%의 이자소득세를 원천징수해 납부해야 하는 것이 원칙입니다. 이런 이자를 지급받는 부모 역시 차용으로 발생한 이자소득에 대한 소득세 납세의무가 생긴다는 것도 꼭 같이 기억해야 합니다.

마지막으로 대출 등을 활용해 증여세를 납부했다고 해서 모든 과

합법적으로 덜 내는 부동산 절세법

정이 끝나는 것은 아닙니다. 추후 국세청은 대출 이자를 수증자인 본인의 자금으로 납부했는지도 점검합니다. 그 이유는 대출 이자의 대납또한 증여세 과세대상이기 때문입니다.

동일인 외의 자를 활용하는 법

부동산을 증여받았을 때 증여세를 낼 돈이 없어 증여한 부모님이 세금까지 대신 내준다면, 이를 재차증여라고 합니다. 재차증여가 발생하게 되면 증여세 대납액을 증여재산에 추가하기 때문에 세금이 더 늘어나게 됩니다.

그럼 아파트는 아버지로부터 증여받고, 증여세는 어머니로부터 받는다면 세금이 줄어들까요? 그렇지 않습니다. 아버지와 어머니는 세법에서는 동일인으로 보아 합산하기 때문에 결과는 재차증여와 동일해집니다[이를 그로스업(Gross-up) 방식이라고 함]. 만약 10억 원의 부동산을 받기 위해 세금납부용 현금을 추가로 받게 된다면 얼마를 증여받아야 할까요? 이 경우 아래 산식을 활용하여 계산해야 합니다.

NET = Gross - [(Gross - 증여재산공제) × 증여세율] × (1 - 0.03)

NET: 당초 증여하고자 하는 재산의 가액

Gross: 당초 증여하고자 하는 재산의 가액과 총 증여세액의 합계액

(1-0.03): 신고세액공제를 차감하기 위한 계산

　할아버지나 할머니로부터 세금을 증여받으면 어떨까요? 아버지로부터 아파트를 증여받을 때 이미 증여재산공제 5천만 원을 적용했기 때문에 증여재산공제를 적용받을 수는 없지만, 세금납부용으로 받은 증여재산은 동일인으로부터 받은 것이 아니기 때문에 증여재산의 합산으로 인한 세 부담을 피할 수 있습니다.

구분	아버지가 증여, 어머니가 증여세 대납*	동일인 외의 자 증여	
		아버지 증여 (부동산)	할아버지 증여 (현금)
증여재산가액	1,000,000,000	1,000,000,000	218,250,000
(+) 증여세 대납액	348,692,810		
(-) 증여재산공제	50,000,000	50,000,000	
(=) 과세표준	1,298,692,810	950,000,000	218,250,000
(×) 세율	40%	30%	20%
(=) 산출세액	359,477,124	225,000,000	33,650,000
(+) 세대생략 할증과세			10,095,000
(-) 신고세액공제	10,784,314	6,750,000	1,312,350
(=) 납부세액	348,692,810	218,250,000	42,432,650
			260,682,650
차액			88,010,160

* 10억 원=G-[(G-50,000,000)×40%-160,000,000]×(1-0.03)

　　　　　　　　　　　합법적으로 덜 내는 부동산 절세법

임대료를 활용하는 법

증여받는 부동산이 월세를 받는 아파트, 또는 상가나 임대용 토지 등이라면 매월 임대료를 받습니다. 수증자는 임대료만큼의 자금출처가 생기는 것이므로 증여세에 대하여 연부연납을 신청해 매년 분할 납부할 수 있습니다. 다만 이 경우 연부연납신청 시 납세담보를 제공해야 하며, 연부연납가산금 이자를 추가로 납부해야 합니다(현재는 3.1%). 연부연납 신청요건은 아래와 같습니다.

연부연납 신청요건

① 증여세 납부세액이 2천만 원 초과

※ 각 회분의 분할납부세액이 1천만 원을 초과하도록 연부연납기간을 정해야 함

② 연부연납을 신청한 세액에 상당하는 납세담보 제공

※ 납세보증보험증권 등 납세담보가 확실한 경우에는 신청일에 세무서장의 허가를 받은 것으로 간주

③ 증여세 연부연납 신청기한 내* 연부연납허가신청서 제출

* (신고 시) 신고기한까지 (고지 시) 고지서의 납부기한까지

수증자가 비거주자일 경우 활용 가능한 증여세 대납법

수증자가 거주자일 경우 세금을 낼 현금까지 증여한다면 이를 재차증여로 보아 증여세가 더 많아진다는 것을 앞서 살펴보았습니다.

하지만 증여받는 사람이 비거주자일 경우에는 다릅니다. 국내 부동산을 증여받는 사람이 비거주자일 경우에도 받는 수증자가 증여세를 내야 하는 것이 원칙이지만, 이때는 예외적으로 수증자의 증여세 납부능력과 관계없이 증여자에게 연대납세의무를 부여하고 있습니다. 따라서 자녀가 비거주자라는 사실을 증명할 수 있는 출입국관리기록이나 해외급여명세 등의 자료를 과세 관청에 입증한다면, 부모가 증여세를 대납했더라도 연대납세의무가 있기 때문에 추가증여로 보지 않습니다.

다만 비거주자의 경우 증여재산공제는 적용되지 않는다는 점도 함께 기억해야 합니다.

부동산 절세의 기술!
부담부증여를 활용한 절세법

아무리 좋은 부동산이라도 증여를 받게 되면 수증자인 자녀가 증여세를 내야 합니다. 하지만 막 취업한 자녀에게 부동산, 특히 아파트와 같이 시세파악이 용이한 자산을 증여할 경우 공시지가가 아닌 시가가 증여재산가액으로 평가돼 자녀가 내야 하는 증여세 부담이 상당합니다.

이런 이유로 증여할 아파트의 전세보증금이나 담보대출을 최대한으로 높인 후 자녀에게 채무를 같이 증여하는 형태를 많이 취하는데, 이를 부담부증여(負擔附贈與)라 합니다. 향후 전세보증금이나 채무를 자녀가 상환해야 하기 때문에, 자녀는 증여재산가액에서 채무를 제외한 부분만큼만 증여세를 내면 됩니다. 반면 부모 입장에서는 보증금 또는 채무 부문만큼은 판 것으로 보아 양도세를 냅니다.

부담부증여 사례

- 증여대상 부동산의 평가금액: 8억 원

- 취득가액(취득세 등 부대비용 포함): 2억 원

- 보유기간: 15년

- 대출금액: 4억 원

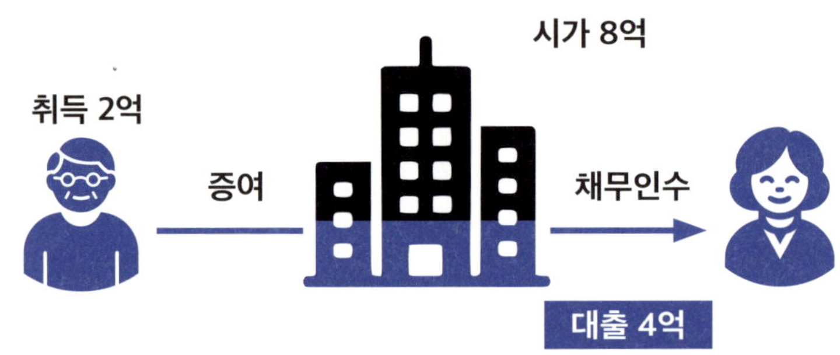

구분	세목	납세의무자
채무인수액 (담보채무 또는 보증금)	양도소득세	증여자
재산평가액 – 채무 인수액	증여세	수증자

위 사례에서 부동산의 현재 가격은 8억 원이고 대출금은 4억 원이라고 가정해보겠습니다. 부담부증여를 통해 자녀에게 증여한다면 전세보증금 4억 원에 해당하는 부분에 대해 부모가 양도세를 내고, 자녀는 4억 원(8억 원-4억 원)에 해당하는 증여세 5,800만 원만 납부하면 됩니다.

합법적으로 덜 내는 부동산 절세법

순수증여와 부담부증여 계산예시

구분	순수증여 (1.6억 원)	부담부증여(1.23억 원)			
		증여세		양도소득세	
증여재산가액	800,000,000	800,000,000	양도가액	400,000,000
채무액	0	400,000,000	취득가액	100,000,000
증여재산공제	50,000,000	50,000,000	공제 등*	92,500,000
과세표준	750,000,000	350,000,000	과세표준	207,500,000
산출세액	165,000,000	60,000,000	양도소득세	58,910,000
납부세액	160,050,000	58,200,000	총납부세액	64,801,000

* 장기보유특별공제: 30%

  양도소득기본공제: 250만 원

부담부증여의 요건과 장점

부담부증여의 요건은 다음과 같습니다.

① 증여일 현재 증여재산에 담보된 채무(대출금, 전세보증금)가 존재해야 한다.

② 수증자에게 넘어가는 채무는 반드시 증여자의 채무여야 한다.

③ 채무를 반드시 증여받는 사람이 인수해야 한다.

따라서 증여자의 신용대출이나, 증여자가 담보를 제공하고 설정된 제3자의 채무가 있는 경우에는 부담부증여가 성립하지 못합니다. 또한 부담부증여는 증여계약서상에 증여자의 채무를 수증자에게 이전

시킨다는 내용을 명확히 기재해야 하며, 소유권이전등기 및 임대차계약서 등을 재작성하는 것이 좋습니다.

부담부증여의 장점은 두 가지입니다. 첫째, 양도와 증여로 나누어 계산하기 때문에 총 세금이 줄어들 수 있습니다. 특히 양도소득세는 취득가액을 제외한 양도차익에 대하여 과세되기 때문에 취득가액이 높은 경우에는 그 효과가 큽니다.

둘째, 양도소득세는 양도하는 사람, 즉 증여자가 신고·납부합니다. 따라서 수증자인 자녀의 세 부담이 줄어듭니다. 수증자의 납부재원이 부족한 경우에는 증여세 납부를 위해 추가로 현금 증여를 해야 하는 경우가 많습니다. 따라서 부담부증여를 활용하여 자녀의 세 부담을 낮출 수 있어 유리합니다.

부담부증여 시 이것 모르면 세금폭탄 맞을 수 있다

다주택자 양도소득세 중과세 규정로 인해 부담부증여를 통해 기대했던 세액 절감효과가 크지 않거나, 도리어 더 많은 세금이 나오는 경우가 있으므로 주의해야 합니다.

증여자가 다주택자인 경우에는 양도소득세 중과규정이 적용된다

부담부증여 시 부동산의 담보채무 또는 전세보증금 등 채무가액은 양도소득세로 과세됩니다. 이때 양도소득세 계산은 제3자에게 양도할 때와 동일하게 양도자, 즉 증여자의 주택수에 따라 결정됩니다. 따

　　　　　　　　　　　　　합법적으로 덜 내는 부동산 절세법

라서 증여자가 다주택자이고 조정대상지역 내 주택을 부담부증여하게 되면 양도소득세 계산 시 다주택 중과규정이 적용됩니다. 즉, 장기보유특별공제는 적용되지 않고, 기본세율 외에 중과된 세율(2주택자는 +20%, 3주택 이상은 +30%)로 과세됩니다. 이로 인해 도리어 채무 인수 없이 순수증여했을 때보다 많은 세금이 발생하기도 합니다.

순수증여와 부담부증여 계산예시

구분	순수증여 (1.6억 원)	부담부증여(2.34억 원)			
		증여세	양도소득세	일반세율	2주택 중과세율 (+20%)
증여재산가액	800,000,000	800,000,000	양도가액	400,000,000	400,000,000
채무액	0	400,000,000	취득가액	100,000,000	100,000,000
증여재산공제	50,000,000	50,000,000	공제 등*	92,500,000	2,500,000
과세표준	750,000,000	350,000,000	과세표준	207,500,000	297,500,000
산출세액	165,000,000	60,000,000	양도소득세	59,450,000	152,610,000
납부세액	160,050,000	58,200,000	총납부세액	65,395,000	167,871,000

* 장기보유특별공제: 30%
　양도소득기본공제: 250만 원

채무 인수가 가능한지 미리 확인해보자

최근 금융권의 소득대비부채상환비율인 DTI(Debt To Income) 규정이 강화되었습니다. 기존 주택담보대출이 있는 상황이라면 바뀐 신DTI 규정에 의해 수증자의 채무 인수가 가능한지 먼저 확인해볼 필요가 있습니다. 실제로 세무상담만으로 부담부증여를 확정하고 등기부터 넘겼는데, 실제 금융권에서 대출이 되지 않아 부담부증여를 하지 못한 사례들이 종종 발생하고 있습니다. 따라서 대출이 안 된다면 채무 승계를 위해 월세를 전세보증금으로 전환하는 방법 등도 같이 사전에 조율할 필요가 있습니다.

증여자와 수증자의 보유 주택수에 따라 취득세율 중과규정이 적용된다

① 무상승계취득에 따른 중과세율

조정대상지역 내 시가표준액 3억 원 이상 주택 증여 시 12% 중과세율이 적용됩니다. 다만 1세대 1주택자가 배우자나 직계존비속에게 증여하면 중과에서 제외됩니다. 주의할 점은 배우자나 직계존비속이 아닌 사위나 며느리에게 증여할 경우, 증여자가 1주택자라도 중과세가 적용된다는 사실입니다.

② 유상승계취득에 따른 중과세율

채무승계분은 유상승계취득에 해당하므로 증여자가 아닌 수증자를 기준으로 1세대 및 주택수를 계산해야 합니다. 무상승계취득 중과와 다르게 비조정대상지역일지라도 몇 번째로 취득하는 주택인지에 따라 8% 또는 12%의 중과세율이 적용될 수 있습니다.

주택 취득세 중과세율

구분	1주택	2주택	3주택	법인·4주택~
조정대상지역	1~3%	8%(※ 일시적 2주택 제외)	12%	12%
비조정대상지역	1~3%	1~3%	8%	12%

합법적으로 덜 내는 부동산 절세법

소득이 없는 자녀에게 부담부증여를 할 때 취득세는 전체를 증여 취득세율로 과세된다

다주택자인 부모가 무주택자인 자녀에게 부담부증여를 할 때 취득세율이 크게 달라집니다.

① 증여 취득세율: 다주택자가 조정대상지역 내 주택 증여 시 최고 12%

② 매매 취득세율: 무주택자가 주택 취득 시 최고 3%

「지방세법」 제7조 제11항에서는 배우자 또는 직계존비속의 부동산을 취득하는 경우 원칙적으로 증여 취득으로 보고, 일정 요건을 충족하는 경우에만 유상 취득을 인정합니다.

이때 실무적으로 지자체에서는 수증자의 소득금액증명원이 확인되는 경우에만 유상취득으로 처리하고 있습니다. 따라서 소득이 없는 미성년자 또는 학생인 자녀에게 부담부증여를 할 때는 전체를 증여 취득세율로 과세합니다.

「지방세법」 제7조 [납세의무자 등]

⑪ 배우자 또는 직계존비속의 부동산 등을 취득하는 경우에는 증여로 취득한 것으로 본다. 다만 다음 각 호의 어느 하나에 해당하는 경우에는 유상으로 취득한 것으로 본다.

4. 해당 부동산 등의 취득을 위하여 그 대가를 지급한 사실이 다음 각 목의 어느 하나에 의하여 증명되는 경우

가. 그 대가를 지급하기 위한 취득자의 소득이 증명되는 경우

나. 소유재산을 처분 또는 담보한 금액으로 해당 부동산을 취득한 경우

다. 이미 상속세 또는 증여세를 과세(비과세 또는 감면받은 경우를 포함한다)받았거나 신고한 경우로서 그 상속 또는 수증 재산의 가액으로 그 대가를 지급한 경우

라. 가목부터 다목까지에 준하는 것으로서 취득자의 재산으로 그 대가를 지급한 사실이 입증되는 경우

피부양자에게 임대수익이 발생하는 자산 증여 시 지역가입자로 전환된다

소득이 없는 자녀는 보통 직장가입자인 부모의 피부양자 자격으로 건강보험료가 나오지 않습니다. 피부양자 자격은 연간 소득금액 3,400만 원(2022년 7월부터 2천만 원) 이하인 경우에 유지할 수 있지만, 사업소득금액은 1원이라도 발생하게 되면 바로 피부양자 자격이 박탈됩니다. 따라서 임대수익이 발생하는 상가 건물을 자녀에게 증여하는 경우에는 건강보험료 피부양자 자격 박탈로 인해 예상하지 못한 비용이 지출되기도 합니다.

구분	순수증여	부담부증여
유리한 경우	① 양도차익이 큰 부동산 ② 양도소득세 중과세율이 적용되는 부동산	① 양도차익이 적은 부동산 ② 양도차익이 크더라도 1세대 1주택 또는 일시적 2주택 비과세 혜택이 있는 경우 ③ 수증자의 세금재원이 부족한 경우

합법적으로 덜 내는 부동산 절세법

자녀 결혼을 준비한다면
반드시 알아야 할 절세전략

결혼시즌이란 게 이제는 없어졌다고 하지만 그래도 '5월의 신부'란 말처럼 봄은 결혼시즌입니다. 성인이 되어 결혼하는 자녀에게 이제는 마냥 축하만 할 수 없는 세상이 되었습니다. 너무나 높아진 집값으로 자녀에게 한 푼이라도 더 보태주고 싶은 것이 부모의 마음입니다. 다만 잘못된 상식으로 도와준다면 자녀가 생각지도 못한 세무조사로 힘든 상황을 겪을 수 있으니 다음의 내용을 반드시 숙지하기 바랍니다.

혼인증여공제는 1억 5천만 원?

아닙니다! 아직도 이렇게 생각하는 사람이 많은데요, 아마도 자극적인 기사들의 제목이 이렇게 되어 있어서 그런 거 같습니다.

혼인증여공제 요건 및 내용을 정확히 살펴보도록 하겠습니다.

증여자: 직계존속(부모 및 조부모 가능)

혼인증여의 대상은 직계존속입니다. 따라서 부모, 조부모, 외조부모 중 누구로부터 받더라도 증여세가 비과세됩니다. 조부모나 외조부모가 경제적으로 지원해줄 수 있다면 혼인증여는 부모보다는 조부모로부터 증여를 받는 것이 유리합니다. 왜냐하면 일반증여의 경우 조부모나 외조부모로부터 증여를 받게 되면 30% 할증과세되기 때문입니다.

공제한도: 1억 원

결혼하는 자녀를 지원하기 위해 증여하는 경우 1억 원까지는 증여세를 부과하지 않습니다. 이와 별개로 부모로부터 10년간 증여받는 5천만 원 이하의 증여에 대해서도 증여세를 부과하지 않습니다. 따라서 이 둘을 합치면 총 1억 5천만 원까지는 증여세 없이 부모로부터 지원받을 수 있는 것입니다. 1억 5천만 원 중 5천만 원은 일반증여로서, 과거 10년 내 증여받은 금액이 없다면 그 금액을 합쳐서 1억 5천만 원까지 비과세되는 것입니다.

혼인신고일 전후 2년(총 4년) 이내 증여한 금액

혼인증여는 혼인신고일 전후 2년 내 받은 금액만 해당합니다. 혼인신고일 이전에 증여를 받았다면 증여일로부터 2년 이내 혼인신고를 해야 합니다.

만약 2년 내 혼인신고를 하지 않는다면 증여세뿐 아니라 가산세까지 납부해야 될 수도 있습니다. 다만 약혼자의 사망 등 혼인을 할 수 없는 불가피한 상황이 생기는 경우 사유 발생일이 속한 달의 말일부터 3개월 이내 부모에게 증여받은 재산을 반환하면 처음부터 증여가 없었던 것으로 봅니다.

혼인증여로 주는 자금은 결혼자금에 사용하라는 의미이지만, 반드시 현금으로만 받아야 하는 것은 아닙니다. 현금 이외에 주식이나 부동산 또는 다른 자산으로도 증여도 가능합니다. 또 혼인자금으로 현금을 받았더라도 그 자금을 부동산이나 주식 등을 취득하거나 다른 데 소비하더라도 증여세가 과세되지 않습니다.

이미 혼인한 지 2년이 넘었다면?

혼인증여와는 별개로 출산증여공제도 가능합니다. 출산증여는 출생신고일로부터 2년 이내 증여해야 하며, 출산증여도 증여세 없이 줄 수 있는 금액은 1억 원입니다. 다만 출산증여공제는 자식을 낳을 때마다 1억 원씩 주는 것이 아니라 평생 1억 원까지 줄 수 있는 제도로, 첫째 때 5천만 원만 받았다면, 둘째를 낳았을 때 나머지 5천만 원까지는 세금 없이 받을 수 있습니다.

또한 혼인증여와 출산증여가 각각 1억 원이 아니라 합쳐서 1억 원이라는 점도 꼭 기억하기 바랍니다.

주의! 혼인증여공제는 세법상 거주자만 받을 수 있다

자산가들 중 상당수의 자녀는 해외에 거주하는 경우가 많습니다. 해외 거주하는 자녀가 결혼하는 경우에도 혼인증여공제가 가능하냐는 질문을 많이 받는데요. 우리가 받는 이런 다양한 세제혜택은 한국의 납세의무가 있는 사람들에게만 적용된다고 생각하면 됩니다. 따라서 비거주자인 자녀가 결혼하는 경우에는 증여재산공제 1억 원을 적용할 수 없습니다.

혼인증여에 대한 내용을 요약하면 아래 그림과 같습니다.

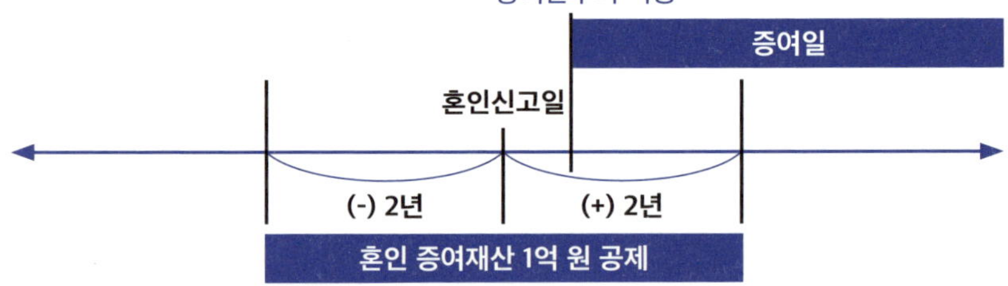

혼수비용은 모두 증여세 비과세?

혼수용품 구입비용과 결혼식 비용은 부모가 지급하더라도 일반적으로 증여세가 과세되지 않습니다. 다만 증여세가 비과세되기 위해서는 통상적으로 필요하다고 인정되는 일상생활에 필요한 가사용품에 국한됩니다. 따라서 호화·사치용품이나 주택, 차량 등을 구입해줄 경우 증여세가 과세될 수 있습니다.

축의금의 주인은 누구?

일반적인 하객 축의금은 비과세가 원칙

하객으로부터 받는 축의금은 증여세가 과세되지 않습니다. 다만 사회통념상 통상적인 금액을 넘어선 고액의 축의금에는 증여세를 과세한다고 되어있습니다. 그런데 통상적인 금액에 대한 기준이 규정되어 있지 않아 혼란스러운 것은 사실입니다. 국세청의 예규에는 "통상적인 금액이란 지급한 자별로 판단한다"라고 되어있으므로 특별한 관계가 있거나 상당한 재력을 가진 사람이 주는 축의금은 일반적인 축의금보다 많아도 된다고 해석하고 있습니다. 그렇다 하더라도 아주 큰 고액이라면 문제가 될 수 있습니다.

축의금의 주인은 누구일까?

축의금이란 혼사가 있을 때 한 번에 큰 비용이 소요되는 혼주의 경제적 부담을 덜어주려는 목적에서 하객들이 혼주인 부모에게 성의의 표시로 십시일반 부조하는 것을 의미합니다. 따라서 자산증식 목적이 아닌 경제적 부담을 덜어주려는 자금까지 증여세를 부과할 수는 없기에 비과세를 해주는 것입니다.

그래서 축의금은 결혼 당사자에게 건네지는 것이 아니라 혼주에게 주는 것이 일반적입니다. 따라서 축의금의 주인은 혼주인 부모가 되는 것이죠. 다만 축의금에는 결혼 당사자를 축하하는 의미도 있으므로 당사자의 지인들로부터 받은 축의금은 결혼 당사자의 소유로 보고 있습니다.

축의금은 원칙적으로 혼주의 소유로 보기 때문에 결혼 당사자를 축하하기 위한 축의금이라는 사실을 입증하지 못하면 입증하지 못한 금액은 모두 혼주인 부모의 소유라고 보아야 합니다. 그러므로 혼주인 부모에게 귀속되는 축의금을 자녀에게 주는 것은 증여에 해당하고 증여세가 과세되는 것이 타당하며, 실제 이를 근거로 방명록을 통해 확인 후 증여세 과세한 사례가 있습니다.

청구인이 부(父)부터 쟁점금액을 증여받았는지 여부(조심-2016-서-1353)

결혼축하금 중 결혼 당사자에게 직접 건네진 것이라고 볼 부분을 제외한 나머지는 혼주인 부모에게 귀속된다고 봄이 상당하고 OOO 청구인의 부모에게 귀속되는 금액을 청구인이 사용하였다면 청구인이 부모로부터 해당 금액을 증여받은 것이므로 증여세 과세대상에 해당된다 하겠다.

따라서 청구인의 결혼축하금 중 청구인의 친인척과 지인으로부터 받은 OOO원은 청구인과의 친분 관계에 기초하여 청구인에게 직접 건네진 것이므로 증여세

 합법적으로 덜 내는 부동산 절세법

과세대상에서 제외되나, 이를 제외한 나머지 금액은 청구인의 부모에게 귀속되는 금액을 청구인이 증여받은 것이므로, 청구인이 2014.6.25. 쟁점금액을 전부 증여받은 것으로 보아 이 건 증여세를 과세한 처분은 증여재산가액에서 OOO원을 차감하여 과세표준 및 세액을 경정하는 것이 타당하다고 판단된다.

결혼할 자녀의 신혼주택 구입을 도와주고 싶다면?

이제 서울에서 11억 원으로 살 수 있는 아파트는 많지 않습니다. 위 열거한 공제를 통해 부부가 각각의 부모로부터 1억 5천만 원씩 받아도 3억 원, 주택구입자금대출 5억 원을 받더라도 3억 원이 부족합니다. 그럴 때 활용할 수 있는 방법이 있을까요?

부모와 자식 간이라도 돈을 빌리거나 빌려줄 수 있습니다. 다만 이런 경우 보통 이자를 받지 않는 게 일반적이지요. 그럼 세법적으로 어떤 문제가 발생할까요? 세법에서는 이렇게 규정하고 있습니다. "타인(특수관계인 포함)으로부터 금전을 무상으로 또는 적정 이자율보다 낮은 이자율로 대출받은 경우에는 받지 않은 이자상당액을 빌린 사람의 증여재산가액으로 본다." 이때 적정 이자율은 4.6%이기 때문에 '빌린 돈×4.6%'만큼을 증여받은 것으로 보는 것이죠. 다만 "이렇게 계산한 금액이 연간 1천만 원이 되지 않는다면 이 경우는 증여로 보지 않는다"라고 표현하고 있습니다. 정리하자면 증여재산가액은 다음과 같습니다.

증여재산가액 = (빌린 돈 × 4.6%) - 실제 부모님에게 지급한 이자

위 사례에 접목시켜볼까요? 3억 원을 부모님으로부터 빌립니다. 그럼 3억 원 × 4.6%에 해당하는 1,380만 원을 매년 증여하는 것이 됩니다. 만약 부모님에게 매년 1.6%의 이자를 지급한다면 어떻게 될까요? 받지 않은 이자상당액을 빌린 사람의 증여재산으로 본다고 했죠? 그럼 3억 원 × (4.6 - 1.6%) = 900만 원입니다. 즉, 증여재산가액이 1천만 원이 되지 않기 때문에 증여세 과세대상에서 제외됩니다.

여기에 첨언을 하자면, 차용증까지 만들어 놓는 것입니다. 제3자와 거래할 때 우리는 돈을 그냥 빌려주지 않죠? 마찬가지로 부모님과 거래할 때도 차용증을 만들고 확정일자를 받아놓으면, 이는 사전에 객관적으로 빌린 자금이라는 것을 좀 더 명백한 증거자료로 활용할 수 있습니다.

TIP

대여금에 대한 이자는 세금이 없을까?

소득을 지급할 때 먼저 일부 소득세를 떼고 지급하는 것을 원천징수라고 합니다. 우리가 금융기관으로부터 이자 또는 배당을 받을 때는 15.4%의 원천징수 후 나머지를 수령합니다.

특수관계자 간의 금전대차거래는 어떨까요? 세법에서는 개인 간 차용에 따른 대여금을 '비영업대금이익'이라고 합니다. 이때는 15.4%가 아닌 27.5%로 원천징수해야 합니다. 즉, 돈을 빌린 자녀가 부모에게 이자를 지급할 때 이자금액의 원천징수 27.5%를 떼고 송금해야 하고, 이 원천징수한 세액을

다음 달 10일까지 세무서에 신고·납부해야 합니다. 더불어, 이자를 수령한 부모는 대여금 이자를 포함한 금융소득이 연 2천만 원을 초과하게 되면 종합소득세 합산과세로 신고해야 합니다.

과거에는 개인 간 금전거래에 있어 이자소득을 과세하는 경우가 많지 않았으나, 최근에는 이자소득 신고 누락으로 추징되는 경우가 자주 있으므로 주의해야 합니다.

가족 간 차입금을 통해 자금조달하는 경우 체크 리스트
- 사전에 차용증 작성 후 확정일자 또는 공증 받아두기
- 법정이자(4.6%)와 실제 지급 이자와의 차이가 연 1천만 원을 넘지 않도록 이자율 설정
- 연 2억 원 미만이더라도 최소한의 이자는 주고받을 것
- 차입기간은 장기보다는 1~3년 단위로 작성하여 재연장하고, 일부라도 상환하는 거래를 남기는 것이 좋음
- 소득이 없거나 미성년자 자녀에게 대여는 금전대차로 인정하지 않으므로 주의
- 자금조달계획서에 차입으로 신고한 경우에는 원금 상환에 대해 사후관리되므로 주의
- 부모가 대여하는 자금에 대하여도 자금출처조사가 나올 가능성이 있으므로 부모 역시 출처가 명확한 자금을 사용

Part 7

그 외 기억해야 하는 부동산 절세법

조합원입주권, 분양권, 오피스텔을 취득할 때 내는 세금은?

취득세는 기본적으로 「지방세법」에서 다루고 있습니다. 양도소득세와 기준이 동일하면 좋지만 주관하는 부서가 다르다 보니, 취득, 보유, 양도에 따른 규정이 상황에 따라 다를 수 있습니다. 또한 2020년 8월 12일부터는 입주권 등도 주택처럼 다주택자는 무조건 취득세 중과세율이 적용되는 것으로 알고 있는 사람들도 있습니다. 하지만 이는 다른 주택을 취득할 때 중과 여부를 판단하기 위한 규정일 뿐 해당 조합원입주권 등을 취득할 때 적용되는 것은 아닙니다.

조합원입주권

주택에서 입주권으로 변하는 시점은?

「소득세법」은 관리처분계획인가일 이후부터는 주택이 아니라 조합원입주권으로 분류합니다. 하지만 「지방세법」에서는 이와 다르게 관리처분계획인가가 났더라도 실제 해당 주택이 멸실이 되기 전까지는 주택으로 봅니다.

따라서 취득세를 판단할 때는 실제 주택의 멸실일이 중요합니다.

구분	취득세	양도소득세
입주권 판단 시기	멸실일	관리처분계획인가일

○ 지방세운영과-1, 2018.01.02(재개발·재건축 구역 멸실 예정 주택 적용 기준 통보)

(적용기준)

「도시 및 주거환경 정비법」에 따른 재개발·재건축 사업이 진행되고 있는 경우 – "주택의 건축물이 사실상 철거·멸실된 날, 사실상·철거·멸실된 날을 알 수 없는 경우에는 공부상 철거·멸실된 날"을 기준으로 주택 여부를 판단하는 것이 타당 다만 통상적인 사업진행 일정에서 벗어나 조세회피 목적으로 의도적으로 철거를 지연하는 경우 등 특별한 사정이 있는 경우에는 달리 적용 가능

(적용 예시)

• (취득세) 취득일 현재 주택 재건축 구역 내 해당 부동산이, 관리처분계획인가 이후 이주가 완료되었으나, 건축물대장상 주택으로 등재되어 있고, 주택의 구조

및 외형이 그대로 유지되고 있는 경우 → 주택으로 보아 취득세율 적용

· (재산세) 과세기준일 현재 주택 재건축 구역 내 해당 부동산이, 관리처분계획인가 이후 이주가 완료되었으나, 주택의 구조 및 외형이 그대로 유지되고 있는 경우 → 주택으로 보아 주택분 재산세 과세

주택수 포함 여부?

조합원입주권은 말 그대로 주택에 입주할 수 있는 권리입니다. 이는 부동산을 취득할 수 있는 권리라고 하여, 적어도 「지방세법」에서만큼은 주택수에 포함하지 않았습니다.

그러나 2020년 7.10 부동산 대책으로 인하여 2020년 8월 12일 이후 취득한 조합원입주권, 분양권, 오피스텔(주택분 재산세 부과대상)은 다른 주택의 취득세 중과 여부를 판단할 때 주택수에 포함됩니다. 다만 2020년 8월 11일 이전에 매매계약 또는 분양계약을 체결한 조합원입주권, 분양권, 오피스텔은 주택수에 포함하지 않습니다.

「지방세법」에서는 결국 관리처분계획인가가 났을지라도 멸실이 되지 않았다면 여전히 주택으로 봅니다. 따라서 2020년 8월 12일 이전에 관리처분인가가 난 입주권을 취득했더라도, 그 해당 주택의 멸실일이 8월 12일 이후라면 결국 「지방세법」 제13조의3에 따라 수택수에 포함됩니다. 이 내용을 모르는 상태에서 다른 주택을 취득한다면 취득세 중과세율을 적용받게 되니 주의를 요합니다.

입주권을 취득할 때 내는 세금은?

조합원입주권은 2020년 8월 12일 이후 취득한다면 다른 주택을 구

입할 때 중과대상 주택수에 포함됩니다. 다만 입주권 자체를 취득할 때는 조금 다릅니다. 조합원입주권은 부동산을 취득할 수 있는 권리이기 때문에 입주권 자체를 취득할 때는 주택을 취득한 것으로 보지 않기 때문입니다.

입주권을 취득할 때 내는 세금은 다시 두 가지로 나누어 볼 수 있습니다.

첫째, 원조합원인 경우입니다. 기존에 갖고 있던 빌라 등이 재개발, 재건축이 되어 신축이 되는 경우에는 신축주택 완공시점에 추가 분담금에 대해서만 원시취득한 것으로 보아, 원시 취득세율인 3.16%를 납부하면 됩니다.

둘째, 승계조합원인 경우입니다. 승계조합원이 취득하는 시점에는 토지만 존재하기 때문에, 먼저 토지를 취득하고, 추후 건물이 신축·완공이 되었을 때 해당 건물에 대한 취득세를 납부하는 구조를 띠고 있습니다.

취득시점	토지 취득에 대한 일반 취득세율 4.6%(농특세, 지방교육세 포함)
완공시점	건물 신축에 대한 원시 취득세율 3.16%(농특세, 지방교육세 포함)

※ 주의: 조합원입주권이더라도 취득시점에 주택으로 이용할 수 있는 상태라면 주택 취득세율이 적용됩니다.

앞서 살펴본 것처럼 「소득세법」에서는 관리처분계획인가일 이후로는 조합원입주권이 되어 더 이상 주택이 아닌 주택을 취득할 수 있는 권리로 취급합니다. 하지만 「지방세법」에서는 멸실 전에 주택으로

   합법적으로 덜 내는 부동산 절세법

사용할 수 있는 상태라면 주택으로 보기 때문에 주의해야 합니다. 따라서 조합원입주권을 승계취득할 때 취득세를 판단함에 있어 다주택자라면 멸실 전후에 따라 취득세 취급이 달라질 수 있다는 점을 유의해야 합니다.

분양권

분양권 또한 입주권과 마찬가지로 부동산을 취득할 수 있는 권리입니다. 따라서 취득시점에는 별도의 취득세가 부과되지 않으며, 완공시점에 주택으로 보아 주택의 취득세율을 적용받습니다.

취득시점	취득세 ×
완공시점	주택 취득세율 적용(단, 취득세 중과주택수 판단은 분양권 취득시점을 기준으로 판단)

※ 주의: 분양권으로 취득한 주택의 완공 전에 기존주택을 매도했어도, 취득세 중과세율을 적용받을 수 있습니다.

분양권의 취득시기는 최초분양계약인지, 중간에 매수한 승계취득인지에 따라 달라집니다.

구분	최초분양자	승계취득자
분양권 취득시기	분양계약일	분양권 잔금일

그리고 2020년 8월 12일에 개정된 「지방세법 시행령」 제28조의 4 제1항에는 분양권으로 취득하는 주택의 경우에는 분양권의 취득일을 기준으로 주택수를 판단하도록 규정하고 있습니다. 따라서 분양권으로 취득하는 주택의 취득세율을 결정하기 위한 주택수 판단시점은 주택을 취득하는 날이 아닌 분양권 취득시점(승계취득: 분양권 잔금지급일과 권리의무승계일 중 빠른 날, 분양계약: 분양계약 체결일)을 기준입니다. 예를 들어 주택이 있는 상황에서 분양권을 취득했다면, 완공 전에 주택을 처분했더라도 신규주택 완공시점에는 2주택자로서 취득세 9% 중과세율을 적용받습니다.

한편 취득세 중과규정의 시행일은 2020년 8월 12일이고, 7.10 부동산 대책 발표 전에 계약한 주택에 대하여는 기존 규정을 적용하도록 하고 있습니다. 따라서 분양권으로 인한 주택 취득세율 적용도 분양권 취득이 2020년 8월 12일 이전이라면 다음과 같이 취득세율을 적용해야 합니다.

분양권 계약시점	취득세율
2020.07.10. 이전	1~3%
2020.07.11. 이후 ~2020.08.11. 이전	입주시점 주택수에 따라 중과세율 적용
2020.08.12. 이후	계약시점 주택수에 따라 중과세율 적용

주거용 오피스텔

오피스텔의 경우 취득세를 납부하는 시점인 준공시점에는 주거용으로 사용할지, 사무실 용도로 사용할지 알 수 없습니다. 이 경우에는 보통 공부상의 용도로 취득세를 부과하도록 되어있고, 오피스텔은 공부상 근린생활시설로 되어있으므로 취득세가 중과되지 않습니다. 따라서 오피스텔을 취득할 때는 일반 취득세율인 4.6%를 적용합니다.

다만 2020년 8월 12일 이후 주택분 재산세가 과세되는 주거용 오피스텔을 취득하면 주택수에 포함됩니다. 예를 들어 임대주택으로 등록된 오피스텔을 포괄양수도로 취득하는 경우 주택수 합산되어 취득세 중과세율을 적용받을 수 있습니다.

주택수 판정 시 제외되는 주거용 오피스텔

- 2020년 8월 11일 이전에 매매계약을 체결한 경우
- 시가표준액 1억 원 이하인 주거용 오피스텔
- 오피스텔이 완공되기 전 분양권인 상태

오피스텔에 투자한다면
반드시 알아야 할 세금 이슈

얼마 전 오피스텔 분양계약을 마친 이한국 씨. 주거용으로 임대할지, 업무용으로 임대할지 고민 중입니다. 어떻게 하는 것이 유리할까요?

　노후의 안정적인 월세를 받기 위해 많이 생각하는 것이 바로 오피스텔입니다. 오피스텔 투자를 통해 안정적인 임대료를 받을 수 있는 경우가 많기 때문인데요. 이런 오피스텔은 「건축법」상 업무시설에 해당합니다. 다만 「건축법」상 업무시설이라고 해도 주택 용도로 임대할 수도 있고, 업무 용도로 임대할 수도 있는데, 이에 따라 여러 가지 세금 이슈가 발생할 수 있습니다.

합법적으로 덜 내는 부동산 절세법

부가가치세

업무용으로 임대 시

오피스텔을 업무용으로 임대하는 경우 부가가치세 과세사업자에 해당하므로, 사업자등록이 필수입니다. 사업자등록 신청은 사업개시일로부터 20일 이내 해야 합니다. 이때 사업개시일은 부동산 취득시기인 잔금지급일이나 등기접수일로 착각하는 경우가 있는데, 분양계약일입니다. 부가가치세는 분양계약금부터 발생하기 때문에 계약일로부터 20일 이내 사업자등록을 해야 계약단계부터 발생한 부가가치세를 돌려받을 수 있습니다.

오피스텔을 분양받고 「부가가치세법」상 일반과세자로 사업자등록을 한다면 부가가치세 신고를 통해 부담한 부가가치세액(건물분의 10%)을 돌려받을 수 있습니다. 이때, 주의해야 할 점이 하나 있습니다. 연간 임대료가 4,800만 원(부동산임대업)에 미달하면 세무서에서 직접 일반과세자를 간이과세자로 바꾸는 경우가 발생하게 되는데, 이렇게 되면 당초 분양받을 때 환급받은 부가가치세의 대부분을 다시 추징당할 수도 있습니다. 따라서 과세유형 변경 통지를 받는다면 '간이과세 포기 신고'를 통해 일반과세자를 유지해야 불이익을 당하지 않습니다.

만약 오피스텔을 2억(토지분 1억, 건물분 1억) 원에 분양받고 월 임대

● 간이과세자: 개인사업자 중 연간 매출액(부가가치세 포함, 부동산임대업과 과세유흥장소는 4,800만 원)이 1억 400만 원이 되지 않는 소규모 사업자를 말한다. 간이과세자는 세금계산서 발행의무가 면제되고, 부가가치세율도 업종별로 1~4%로 낮게 적용된다. 일반사업자는 세금계산서 발행 의무가 있고, 부가세율도 10%로 높게 적용된다.

료 100만 원, 보증금 5천만 원을 받고 임대를 내준다고 했을 때, 일반과세자로 등록하는 것이 유리할까요, 아니면 간이과세자로 등록하는 것이 유리할까요?

일반과세자 vs. 간이과세자 「부가가치세법」상 차이

구분	일반과세자	간이과세자
연임대료 수익	12,000,000	12,000,000
보증금에 대한 간주임대료 수익 (2026년 간주임대료 이자율 3.1% 가정)	1,550,000 (=50,000,000x3.1%)	1,550,000 (=50,000,000x3.1%)
부가세 과세표준	13,550,000	13,550,000
세율	10%	업종별 부가가치율 40% x 10%
매출세액	1,355,000	542,000
매입세액	0	0
납부할 세액	1,355,000	542,000
건물분 부가세 조기 환급분	(10,000,000)	

※ 매입세액은 없다고 가정

오피스텔 임대료 수익으로 발생하는 부가가치세만 보면 간이과세자가 더 유리할 수 있습니다. 하지만 분양 당시 일반과세자는 건물분에 대해 부가세를 10% 환급을 받을 수 있기 때문에 일반과세자가 더 유리하다고 볼 수 있습니다.

주거용으로 임대 시

주택임대는 부가가치세 면세대상이므로 「부가가치세법」상 사업자등록을 할 필요는 없습니다. 대신 매년 초에 매출 등을 보고하는 면세사업장 현황신고 대상이 됩니다. 간혹 오피스텔을 업무용 부동산임대로 사업자등록을 하고 실제 주거용으로 월세를 받는 경우가 있는데, 이 경우 세무서에서 모른다고 생각하는 경우가 많습니다. 하지만 국세청은 임차인의 월세세액공제나 확정일자, 주민등록주소지 전입신고 등의 자료를 바탕으로 실제 거주용 임대 현황을 파악할 수 있으므로 주의해야 합니다.

취득세

현재 서울에 두 채의 집을 가지고 있습니다. 강남역에 월세가 잘 나오는 주거용 오피스텔을 구입하려고 하는데, 취득세가 중과되나요?

오피스텔은 취득 당시 업무용인지 거주용인지 그 용도가 불분명한 경우가 많습니다. 따라서 오피스텔 자체를 취득하는 경우 설녕 서주용으로 사용하려는 의도라 하더라도, 일반 부동산을 취득하듯이 4.6%의 취득세율이 적용됩니다. 다만 세법개정으로 2020년 8월 12일 이후 취득한 조합원입주권, 분양권, 주거용 오피스텔(주택분 재산세 부과대상)은 다른 주택의 취득세 중과 여부 판단 시 주택수에 포함됩니다(단, 2020년 8월 12일 이전에 매매계약 또는 분양계약을 체결한 조합원입주권, 분양권, 오피스텔은 주택수에 포함하지 않음).

사례처럼 내가 두 채의 주택을 갖고 있고, 조정대상지역의 오피스텔을 취득하더라도 중과세율이 아닌 4.6%의 단일세율을 적용받습니다. 하지만 반대의 경우에는 조심해야 합니다. 즉, 해당 오피스텔을 주거용으로 사용하는 상황에서 조정대상지역의 아파트를 추가로 매수하게 될 경우 2주택자는 8%, 3주택자의 경우에는 12%의 중과세율이 적용될 수 있기 때문입니다.

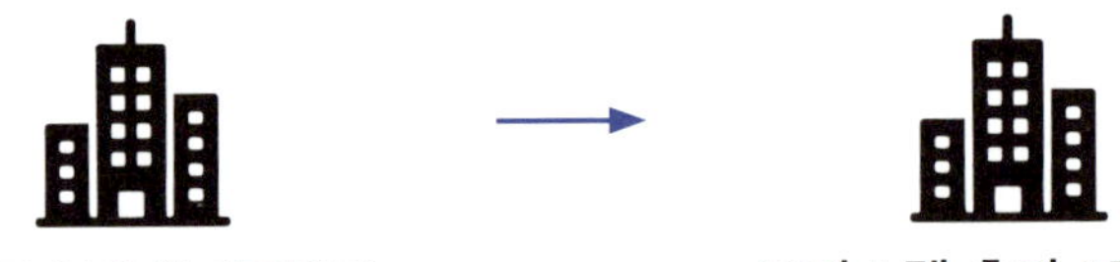

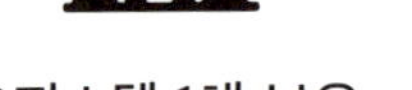

현행 다주택자에 대한 취득세 중과세율

구분	1주택	2주택	3주택	4주택이상·법인
조정대상지역	1~3%	8%	12%	12%
비조정대상지역	1~3%	1~3%	8%	12%

합법적으로 덜 내는 부동산 절세법

　2021년 8월 12일 이후 취득한 아파트의 분양권은 취득세 중과를 판단할 때 주택수에 포함되지만, 오피스텔 분양권은 취득시기와 관계없이 다른 주택의 취득세 중과 여부 판단 시 주택수에 포함되지 않습니다.

보유세

재산세

재산세는 매년 6월 1일 자로 보유하는 사람에게 부과되는 세금입니다. 오피스텔은 건축물관리대장상 업무시설로 되어 있으나, 실제로는 주거용으로 사용하는 경우도 많습니다. 다만 재산세를 부과하는 지방자치단체에서는 실무적으로 주거용인지 업무용인지를 해당 호실에 대한 입주자의 주민등록 전입 여부로 판단을 합니다. 전입신고가 되어 있는 경우에는 주거용으로, 그렇지 않은 경우에는 업무용으로 간주하여 재산세를 부과합니다.

① 주거용 vs. 업무용 재산세 차이는?

재산세는 공시지가를 기준으로 과세합니다. 통상 주택 재산세 과세표준은 고시가격 × 공정시장가액 비율(60%)을 적용하며, 상가 재산세 과세표준은 고시가격 × 공정시장가액 비율(70%)로 계산합니다. 또한 재산세 과세표준에 따른 세율 역시 상이합니다.

　예를 들어 고시가격 2억 원 오피스텔을 주거용으로 사용할 경우와

주택분 과세표준	세율
6천만 원 이하	1/1,000
1.5억 원 이하	6만 원+초과분 1.5/1,000
3억 원 이하	19.5만 원+초과분 2.5/1,000
3억 원 초과	57만 원 +초과분 4/1,000

상가분 과세표준	세율
2억 원 이하	2/1,000
10억 원 이하	40만 원+초과분 3/1,000
10억 원 초과	280만 원+초과분 4/1,000

업무용으로 사용할 경우, 주택(주거용) 과세표준은 1.2억 원(2억 원 × 60%)이고, 재산세는 15만 원(6만 원 + 6천만 원 × 1.5 / 1,000)에 해당합니다. 상가(사무용) 과세표준은 1.4억 원(2억 × 70%), 재산세는 28만 원(1.4억 원 × 2 / 1,000)으로 계산됩니다.

② 주택분으로 재산세를 고지받고 싶다면?

재산세 과세기준일인 6월 1일 이전에 임차인이 전입신고를 하거나, 전입신고를 할 수 없는 경우에는 구청 세무과에 주거용 사용확인서와 오피스텔 내부 사진 등을 제출하는 방법으로 주택분으로 재산세를 부과받을 수 있습니다. 고지받은 건축분 재산세는 일단 납부한 후에, 재산세 고지서를 받은 날로부터 90일 이내 이의신청을 하여, 사실상 사용을 주택으로 하고 있음을 입증해서 주택분 재산세로 경정을 받을 수 있습니다.

종합부동산세

종합부동산세 또한 매년 6월 1일 자로 보유하는 사람에게 부과되는 세금으로, 재산세 부과현황에 따라 주택 또는 업무용으로 나뉩니다. 재산세가 주택분으로 부과되었다면 종합부동산세도 해당 오피스텔의 공시가격만큼 다른 주택의 공시가격에 합산하여 부과대상이 됩니다. 주택분 종합부동산세는 단독명의일 경우 12억 원 공제가 되고, 그 외에는 인당 9억 원 공제가 되므로, 공제금액을 초과하는 부분에 대해서 종합부동산세가 발생합니다. 만일 업무용으로 재산세가 건물분과 토지분으로 부과되었다면 건축물 부속토지 등의 토지 공시가격 합계에서 인당 80억 원이 공제되므로, 일반적으로 업무용 오피스텔에서는 종합부동산세가 발생하지는 않습니다.

종합소득세

오피스텔을 업무용으로 임대하는 경우에는 무조건 종합소득세 신고대상이 됩니다. 다른 소득이 있다면 임대소득과 합산하여 다음년도 5월 종합소득세 신고기간에 신고 및 납부를 해야 합니다. 오피스텔 임대소득 외 다른 소득이 많다면 세 부담이 높을 수 있습니다.

주택용으로 임대하는 경우에는 부부합산 주택수를 계산해봐야 합니다. 부부합산 1주택을 보유한 자가 소유 주택을 월세로 임대한 경우로서 고가주택(기준시가 12억 원 초과)이 아닌 경우 소득세 과세대상이 아니지만, 부부합산 2주택 이상을 보유한 자가 월세로 임대한 주택은 소득세를 신고·납부해야 합니다. 다만 연간 임대료가 2천만 원 이하인 경우에는 타 소득과 합산하지 않고 분리과세(14%)를 선택해서 신고가 가능합니다. 부부합산 3주택 이상 또는 기준시가 12억 원 초과하는 주택을 두 채 소유하고 있으면서 보증금의 합계가 12억 원을 초과하는 전세보증금도 과세대상이 될 수 있습니다.

주택수에 따른 과세기준

주택 수	과세여부	비고
부부 1주택	분리과세	고가주택(기준시가 12억 원) 월세는 과세
부부 2주택	월세 과세 전세보증금 과세 (기준시가 12억 원 초과 2주택 소유 & 보증금 합계 12억 원 초과)	주택 임대수입 2천만 원 초과시 타 소득과 합산하여 과세 주택 임대수입 2천만 원 이하 ① 2014~2016년(3년간): 비과세 ② 2017년 이후: 분리과세(15.4%)
부부 3주택	월세 과세 전세보증금 과세	

※ 주택 전세보증금 과세는 1인당 3억 원 초과자부터 과세함

– 소형주택(기준시가 2억 원 이하 & 전용면적 40m² 이하)은 간주임대료 계산 시 주택수 제외

※ 과세 여부 판정은 부부기준이지만, 임대소득 계산은 개인별로 계산

구분	주거용 오피스텔	업무용 오피스텔
재산세	주택분 재산세 부과 공시지가의 60%에 대한 세율(0.1~0.4%)부과	업무용 재산세 부과 건물시가표준 70%에 대한 표준세율 0.25% 부과
종부세	주택수에 포함되어 종부세 산정 시 중과	종부세 중과 × (80억 초과하는 경우만 중과)
소득세	주택임대소득으로 5월 종합소득세 신고	부가가치세 과세 사업장 소득세 ×

　　　　　　　합법적으로 덜 내는 부동산 절세법

양도소득세

양도소득세는 재산세나 종합부동산세와 달리 실질을 중시합니다. 형식은 사무실이라 하더라도 실제 주거용으로 사용하고 있다면 주택 양도로 봅니다. 따라서 주거용으로 사용하던 오피스텔을 매도하거나 주거용 오피스텔을 보유한 상태에서 조정대상지역의 주택을 매도한다면 오피스텔이 주택수에 포함되어 양도소득세 중과가 될 수 있지만, 업무용 오피스텔을 매도하는 경우에는 주택수에 포함되지 않기 때문에 2년만 보유한 후 매도한다면 일반세율을 적용받습니다.

간혹 공실인 오피스텔은 주택이 아니라고 생각하는 경우도 있는데, 공실 여부보다는 주거에 적합한 상태로서 언제든 주거용으로 사용할 수 있다면 주택으로 보아 과세한 사례가 있으니 주의해야 합니다.

용도가 분명하지 않은 경우에는 공부상의 용도에 따르는 것이나 오피스텔의 구조나 기능이 본래 주거용으로서 주거용에 적합한 상태에 있고 주거기능이 그대로 유지 관리되고 있는 경우에는 오피스텔이 일시적으로 공실이었다 하더라도 그 사용용도가 불분명한 경우에 해당한다고 보기 어려우므로 주택으로 보는 것이 타당하나(2019두49816판결).

공부상 용도와 달리 실제 주거용으로 사용하고 있는 경우 주택 비

● 보증금 수입 (이자율은 국세청장 고시, 무기장 시 차감 없음) = (주택 보증금 - 3억 원) × 60% × 이자율(3.1%) - 보증금 예치 금융소득

과세를 받기 위해서는 실제 주거용으로 사용하고 있다는 것을 증빙할 수 있는 증빙자료를 함께 준비해 양도소득세 신고를 하는 것이 좋습니다(전입신고내역, 입주자카드, 내부사진, 관리비내역 등).

업무용으로 사용하던 오피스텔, 비과세 받으려면?

이한국 씨는 4억 원에 취득한 오피스텔을 사무실로 사용하다 2024년 2월부터 주거용으로 사용하기 시작했습니다. 2024년 9월 7억 원에 오피스텔을 양도했습니다. 양도시점에 오피스텔 외 다른 주택이 없어서 별도 양도세 신고를 하지 않았습니다. 그런데 얼마 후 세무서로부터 고지서가 왔습니다. 양도세 미납 및 가산세까지… 1세대 1주택인데 왜 세금이 나오는 거죠?

사무실로 사용하던 부동산을 주거용으로 용도변경해 사용하는 경우, 주택 비과세를 받기 위한 2년 보유요건은 최초 부동산을 취득한 시점이 아닌 주거용으로 사용한 날(또는 주택으로 용도변경한 날)부터 주택보유기간을 계산해서 1세대 1주택 비과세 적용 여부를 판단합니다. 따라서 이한국 씨의 경우 주거용 오피스텔로 변경한 날로부터 2년이 경과하기 전에 오피스텔을 양도했기 때문에 2년 보유요건을 충족하지 못했고, 1세대 1주택 비과세를 적용받을 수 없는 것이 맞습니다.

  합법적으로 덜 내는 부동산 절세법

비사업용 토지를 갖고 있다면
반드시 알아야 할 절세법

비사업용 토지란 농지 및 대지 등을 일정기간 동안 그 토지의 사업 용도에 맞지 않게 토지를 운용하는 것을 의미합니다. 농지인데 농사를 짓지 않거나, 도시에 살면서 임야를 보유하거나, 건물을 짓거나 주차장 등의 용도로 사용하지 않고 나대지 상태로 보유하고 있는 경우가 그 대표적인 예라고 할 수 있습니다. 세무당국은 이렇게 투기 목적으로 보유하고 있는 토지에 대해서는 비사업용으로 보아 세금 규제를 하겠다는 취지입니다.

예를 들어 보겠습니다. 다음의 경우 사업용 토지로 인정받을 수 있을까요?

- 2020.1.1. 토지 구입

- 2020.1.1.~2022.9.30. 사업에 직접 사용

- 2022.10.1.~2023.12.31. 사업에 직접 사용하지 않음(나대지)

- 2024.1.1.~2026.1.25. 사업에 직접 사용

- 2026.1.26. 토지 양도

농지, 임야, 나대지의 사업용 토지 판정법

사업용 토지는 기간기준과 사용기준을 충족하는 토지를 말하고, 이 기준을 충족하지 못하는 경우에는 비사업용토지로 봅니다.

기간기준

다음 중 어느 하나에 해당하는 경우 사업용 토지로 인정해줍니다.

① 양도일 직전 5년 중 3년 이상의 기간 동안 사업용으로 사용

② 양도일 직전 3년 중 2년 이상의 기간 동안 사업용으로 사용

③ 토지 소유기간 중 60% 이상의 기간 동안 사업용으로 사용

부득이한 사유로 비사업용 기간계산에서 제외되는 경우

토지의 소유기간 중에 다음의 부득이한 사유가 발생한 경우, 그 기간 동안은 사업용 토지에 해당하는 기간으로 인정하여 기간기준을 판단합니다.

     합법적으로 덜 내는 부동산 절세법

- 재산세 비과세되거나 면제되는 토지(농지, 임야, 목장용지 외)

- 재산세 별도합산 또는 분리과세대상 토지(농지, 임야, 목장용지 외)

- 건축물이 멸실·철거되거나 무너진 토지(멸실·철거되거나 무너진 날부터 5년)

- 「소득세법 시행령」제168조의 11 제1항 각 호의 하나에 해당하는 토지

- 법령에 따라 사용이 금지 또는 제한된 토지(그린벨트, 개발제한구역, 군사시설보호구역, 계획관리지역, 각종 보호구역 등)

토지 지목별 사용기준

농지의 사업용 토지 판정법

전·답·과수원 등이 농지에 해당하며, 시 이상 지역의 주거·상업·공업지역 외에 소재하는 토지로 일정기간 이상 농지 소유자가 직접 재촌·자경하는 토지를 말합니다. 다만 농지의 비사업용 토지 판단 시 농지 소유자가 재촌·자경하지 않더라도 한국농어촌공사가 8년 이상 수탁한 농지는 비사업용 토지 판단 시 재촌·자경한 것으로 봅니다.

① 재촌: 농지가 소재하는 시·군·구 또는 연접(행정구역상 동일한 경계선을 사이에 두고 서로 붙어있는 시·군·구)한 시·군·구에 사실상 거주하거나 농지소재지로부터 직선거리 30km 이내 거주해야 합니다.

② 자경: 거주자가 소유농지에서 농작물의 경작 또는 다년생식물의 재배에 상시 종사하거나 농작업의 2분의 1 이상을 자기 노동력에 의하여 경작 또는 재배하는 것을 말합니다. 자경했다는 것을 입증하는 서류로는 농지원부, 농지납세증명서, 개간준공인가서, 인우보증서, 비료·농약의 구입사실, 가축매매증명서, 과수 수령 여부 등이 있습니다. 이때 사업소득금액

및 총급여 합계액이 3,700만 원 이상이면 자경으로 인정해주지 않습니다(단, 농가부업소득 및 부동산임대소득은 제외).

임야의 토지 판정법

임야라면 농지처럼 농사를 직접 지어야 한다는 자경요건은 없고 임야 근처에 거주해야 한다는 재촌 요건만 있습니다. 즉, 임야 소재 시군구와 연접 또는 직선거리 30km 이내 거주해야 합니다.

나대지의 토지 판정법

대지는 건물을 짓거나 토지소유주가 직접 주차장 사업을 하는 등 생산활동에 사용해야 사업용 토지로 인정되기 때문에 대지 위에 아무것도 없는 나대지 상태라면 비사업용 토지로 분류됩니다. 일반적으로 나대지나 잡종지의 사업성을 판단할 때는 재산세 납부내역을 많이 활용합니다. 재산세가 비과세나 면제 시, 또는 재산세가 별도합산이나 분리과세대상으로 부과된다면 사업용 토지로 볼 수 있습니다. 반대로 종합합산일 경우에는 비사업용 토지일 가능성이 높습니다.

또한 토지 위의 건축물이 토지 소유주와 다르더라도 사업용 토지로 인정해주며, 무허가 주택도 가능합니다. 다만 무허가 건물은 비사업용 토지에 해당하므로 주의해야 합니다.

비사업용 토지가 사업용 토지로 인정받는 여섯 가지 방법

1) 주차장으로 활용하자: 연 수입금액이 공시지가의 3% 이상 요건

주차장으로 이용하는 토지는 주차장 운영업을 영위하는 자가 소유해야 하며 「주차장법」에 따른 노외 주차장으로 사용되어야 합니다. 또한 토지공시지가의 3% 이상의 수입금액이 발생해야 하며, 토지 소유자가 직접 운영하는 경우만 사업용으로 인정해줍니다. 즉, 주차장용으로 임대하거나 농지를 임의로 주차장으로 사용할 경우에는 비사업용 토지가 됩니다.

2) 고물상으로 활용하자

물품의 보관 및 관리를 위하여 별도로 사용되는 하치장이나 약적장 등은 물품의 보관 등으로 사용된 최대 면적의 120%까지는 사업용 토지로 인정해줍니다. 이때 고물상 사업자에게 임대하는 경우에도 사업용 토지로 인정해줍니다.

3) 골프 연습장으로 활용하자

건축물의 부속토지로써 「지방세법」 규정에 따라 재산세가 별도로 합산되는 토지는 사업용 토지이고 체육시설의 설치 이용에 관한 법률에 따른 체육시설의 실외 골프연습장업을 영위하는 자가 그 사업에 직접 사용하는 토지로써 타석 면적과 보호막을 설치한 토지 면적을 합한 면적의 2배 이내의 면적은 사업용 토지로 인정해줍니다.

4) 건물이나 주택을 신축하자

나대지에 건물이나 주택을 지으면 사업용 토지로 인정해줍니다. 이때 용도지역별로 배율이 다르게 적용되기 때문에 세법에서 이야기하는 배율을 준수해야 사업용 토지로 인정받을 수 있으며, 건축물의 면적에 적용 배율을 곱한 면적만큼만 사업용 토지로 인정해줍니다.

구분			~2021년	2022년~
도시지역	수도권	주거지역 상업지역 공업지역	5배	3배
		녹지지역		5배
	수도권 외			5배
도시지역 외			10배	10배

5) 토지를 단기간 보유 후 매도할 계획이라면?

건축물이 정착되어 있지 않은 토지를 취득하여 사업용으로 사용하기 위하여 건설에 착공한 경우, 토지의 취득일로부터 2년 및 착공일 이후 건설이 진행 중인 동안은 비사업용 토지로 보지 않습니다(토지소유자와 건축 착공주체가 다르거나 건물이 완공되지 않았더라도 착공한 사실만 확인되면 해당됨, 재정경제부 재산세제과-541, 2009.03.20).

6) 폐가가 있는 토지를 구입 후 매도할 계획이라면?

양도일 2년 안에 폐가를 철거하면 사업용 토지로 인정받을 수 있습니

다. 건축물이 멸실되거나 철거된 토지는 멸실·철거된 날로부터 2년간
은 사업용 토지로 인정해주기 때문입니다.

이 외에도 종합합산대상 토지임에도 불구하고 체육시설용 토지,
청소년 수련시설용 토지, 예비군 훈련장용 토지, 휴양시설용 토지, 골
재채취장용 토지, 광천지, 양어장 및 지소용 토지 등은 일정요건을 갖
출 경우 사업용 토지로 인정받을 수 있다는 점도 참고로 알아두면 좋
습니다.

무조건 사업용 토지로 인정해주는 토지는?

다음의 토지는 기간기준이나 사용기준에 관계 없이 비사업용 토지로
보지 않습니다.

① 직계존속이 8년 이상 토지소재지에 거주하면서 직접 경작한 농지, 임야 및
　목장용지로서 이를 해당 직계존속으로부터 상속, 증여받은 토지. 다만 도시
　지역(녹지지역 및 개발제한구역은 제외) 안의 토지는 제외한다.

② 상속으로 취득한 농지로서 상속개시일로부터 5년 이내 양도하는 토지

③ 공익사업을 위해 수용되는 토지로서 2006년 12월 31일 이전에 사업인정고
　시가 되었거나, 사업인정고시일로부터 5년 이전에 취득한 경우에도 사업용
　토지로 인정한다.

④ 2005년 12월 31일 이전에 종중이 취득한 농지

사례를 살펴볼까요? 해당 토지는 양도일 직전 5년 중 2년 9개월만 사업에 사용하여 '직전 5년 중 3년 이상 사용' 요건을 채우지 못했습니다. 또한 전체 보유기간 6년 중 사업 사용 기간이 3년 6개월(약 62.5%)에 불과해 '전체 보유기간의 80% 이상 사용' 요건 역시 충족하지 못했습니다. 하지만 양도일 직전 3년 중 2년 이상(실제 2년)을 사업용으로 사용했으므로, 사업용 토지로 인정받을 수 있습니다.

사업용 vs. 비사업용 토지의 세금 차이

비사업용 토지는 사업용 토지와 동일하게 장기보유특별공제를 적용받을 수는 있지만, 일반적인 양도세율에 10% 중과세율이 적용됩니다. 예를 들어 15년 이상 보유한 토지로 양도차익이 5억 원이라고 가정한다면, 세금 차이는 약 5천만 원 정도 발생합니다.

구분	사업용 토지	비사업용 토지
양도가액	1,200,000,000	1,200,000,000
취득가액	500,000,000	500,000,000
양도차익	700,000,000	700,000,000
장기보유특별공제	210,000,000	210,000,000
양도소득금액	490,000,000	490,000,000
양도소득기본공제	2,500,000	2,500,000
과세표준	487,500,000	487,500,000

합법적으로 덜 내는 부동산 절세법

양도소득세	169,060,000	217,810,000
지방소득세	16,906,000	21,781,000
세 부담 합계	186,560,000	240,185,000
세금차이		53,625,000

비사업용 토지 세율표(가산 10%p 포함)

과세표준	세율	누진공제
1,400만 원 이하	16%	
5,000만 원 이하	25%	1,260,000
8,800만 원이하	34%	5,760,000
1.5억 원 이하	45%	15,440,000
3억 원 이하	48%	19,940,000
5억 원 이하	50%	25,940,000
10억 원 이하	52%	35,940,000
10억 원 초과	55%	65,940,000

이혼에 따른 세무 이슈
(재산분할 vs. 위자료)

대한민국의 이혼율은 안타깝게도 상당히 높은 편입니다. 최근 들어 〈돌싱글즈〉, 〈이혼숙려캠프〉, 〈부부클리닉 사랑과 전쟁〉과 같은 이혼과 관련된 주제로 한 드라마나 예능이 일상화될 정도로 '이혼'이란 주제가 드문 일이 아닌 시대가 되었습니다.

이혼은 부부 또는 가족 간의 인적 관계를 갈라서게 하는 과정일 뿐만 아니라 재산을 분할해 경제적으로도 갈라서는 절차를 거쳐야 하는 과정입니다. 이때 위자료의 정산, 재산분할의 과정에서 재산 명의가 바뀌는 등 재산 변동이 생기기 마련인데 이에 따른 세금문제를 정확히 이해해야 내 재산을 지킬 수 있습니다. 이혼은 협의이혼과 재판상 이혼이 있습니다.

   합법적으로 덜 내는 부동산 절세법

협의이혼(민법 제834조)

협의이혼이란 혼인 신고된 부부가 서로 헤어지기로 합의(협의)해서 함께 본적지 또는 주소지 관할법원에 나가 판사의 확인을 받은 후 남편의 본적지(또는 주소지)를 관할하는 구청(시청, 읍·면 행정복지센터)의 호적계에 이혼신고서를 제출함으로써 부부관계를 해소하는 이혼을 말합니다. 당사자 간의 합의만 된다면 그 이혼의 사유는 아무런 문제가 되지 않습니다.

재판상 이혼(민법 제 840조)

재판상 이혼이란 부부 중 한쪽 배우자는 이혼을 원하지만 다른 쪽 배우자가 그에 합의해주지 않는 경우에 주소지 관할법원에 이혼소송을 청구하여 판결로써 혼인관계를 해소하는 이혼을 말합니다. 재판상 이혼의 사유는 부정행위, 악의유기, 부당한 대우, 존속학대, 3년 이상 생사불명, 기타 혼인을 계속하기 어려운 중대사유 등이 발생했을 때 이혼을 청구할 수 있습니다.

재산분할에 따른 과세 문제

재산분할은 혼인 중 부부가 공동으로 협력해서 모은 재산을 그 재산을 형성한 기여도에 따라 분할하는 것을 말합니다. 위자료는 이혼 후 한쪽 배우자가 다른 쪽 배우자에게 지급하는 금전적 보상으로, 금전적 지원이 필요한 배우자에게 경제적 안정을 제공하기 위한 목적으로 지급됩니다. 재산분할이나 위자료 자체에 대한 지급은 증여세가 없지만 부동산을 나누는 과정에서 발생하는 취득세와 양도소득세는 그 지급 목적에 따라 다르게 적용됩니다.

증여세(과세대상 아님)

이혼 시의 재산분할제도는 공동재산에 대한 청산이므로 재산을 무상 취득 시 과세하는 증여세에 해당하지 않습니다.

양도소득세

이혼으로 인한 재산분할 시 양도한 재산은 양도소득세 과세대상이 아닙니다. 이는 혼인 후에 취득한 부동산의 소유권이 이전되는 것으로 부부 공동의 노력으로 이룩한 공동재산을 이혼으로 인하여 자기지분을 환원받는 것으로 보기 때문입니다. 따라서 재산분할청구된 공동재산(혼인 후 취득)이 아닌 혼인 전에 취득한 재산의 소유권을 이전해주는 경우에는 양도소득세가 과세됩니다.

취득세

취득세는 증여·양도세와 달리 이혼으로 인한 재산분할에 따라 취득한 재산에 대해 납부해야 합니다. 다만 취득세에서도 재산분할을 일부 인정해주어 취득세를 감면해주는 특례를 제공해서, 일반 무상 취득보다 세율이 작다는 특징이 있습니다.

취득세는 본래 취득세와 등록세가 합쳐진 세목으로 '취득'에 따른 세율과 등기등록을 위한 '등록'에 따른 세율을 합산해 과세합니다. 이혼으로 인한 재산분할은 중과기준세율(취득에 따른 세율)을 100% 감면해주는 특례로서, 부부 공동재산으로서 실제 취득한 것으로 보지는 않겠으나 등기등록은 해야 하기에 구등록세분 세율만 적용하는 형태입니다.

구분	중과기준세율	구등록세분 세율	통합취득세
유상승계취득(일반)	2%	2%	4%
상속 외 무상취득	2%	1.5%	3.5%
이혼으로 인한 재산분할	-	1.5%	1.5%

취득세를 실제 납부할 때는 지방교육세와 농어촌특별세가 추가로 부과됩니다. 이때 농어촌특별세는 국민주택규모($85m^2$) 미만에는 비과세가 되기 때문에 주택이라면 세율이 달라질 수 있으며, 주택이 아닌 일반 부동산의 경우 2.2%의 세율이 적용됩니다.

구분	취득세	지방교육세	농특세	최종 세율
$85m^2$ 미만	1.5%	0.3%	-	1.8%
$85m^2$ 이상	1.5%	0.3%	0.4%	2.2%

취득하는 사람이 다주택자인 경우 취득세 중과세율 적용대상이 되는 것이 아닌지 문의하는 일도 종종 있습니다. 하지만 이혼으로 인한

재산분할 취득세의 경우 유상취득이 아닌 무상취득에 해당하며, 다주택 중과는 유상취득일 경우에만 적용되는 것이기 때문에 중과세율을 적용받지는 않습니다.

전 배우자로부터 재산분할로 받은 임대주택! 임대기간 합산할 수 있을까?

이혼으로 인한 재산분할로 각각 1주택을 보유한 자가 재결합한 후 양도하는 주택의 1세대 1주택 적용 가능할까?

이혼에 따른 재산분할로 부동산 소유권을 이전하는 것은 양도소득세 과세대상에 해당하지 않습니다. 또한 이혼 후 재결합하여 1세대 2주택이 되었더라도, 재결합한 날부터 5년 이내(현재는 10년) 주택을 양도하면 1세대 1주택으로 보아 비과세 혜택을 받을 수 있습니다. 이때의 취득시기는 본인이 분할받은 날이 아니라, 이전 배우자가 해당 부동산을 처음 취득했던 날을 기준으로 산정합니다(사전-2015-법령해석재산-0441, 2016.01.29).

즉, 이혼해 각각 1주택 상태에서 다시 재혼함으로써 혼인에 따른 비과세 특례를 적용받을 수 있게 되어 혼인신고일로부터 10년 내 비과세 요건을 갖춘 주택을 먼저 매도할 때 비과세가 가능하다는 해석입니다.

전 배우자로부터 재산분할을 원인으로 장기임대주택을 취득한 경우 해당 장기임대주택의 임대기간 계산 시 전 배우자의 임대기간을 합산할 수 있을까?

전 배우자로부터 재산분할을 원인으로 장기임대주택을 취득한 경우 거주주택 비과세를 적용할 때 해당 장기임대주택의 임대기간 계산 시 전 배우자의 임대기간을 합산할 수 없습니다. 따라서 거주주택 비과세를 적용받기 위해서는 재산분할로 취득한 배우자가 「소득세법」 제168조에 따라 별도의 사업자등록을 한 이후 주택을 임대한 기간부터 새롭게 기산합니다(재정경제부 재산세제과-1043, 2024.09.03, 서면-2023-법규재산-0783, 2024.09.20).

위자료로 받은 재산의 세금 이슈는?

증여세(과세대상 아님)

이혼 등에 의하여 정신적 또는 재산상 손해배상의 대가로 받는 위자료는 조세포탈의 목적이 있다고 인정할 경우를 제외하고는 이를 증여로 보지 않습니다. 이혼으로 인한 위자료는 혼인 동안 그간의 기여를 정산받거나 고통에 대해 배상받는 것이기 때문에 무상으로 재산을 이전받는 증여와는 다르기 때문입니다.

양도소득세

이혼 위자료로 지급하는 부동산은 법원의 확정 판결에 따라 일정액의 위자료를 지급하기로 하고 동 위자료 지급에 갈음해 당사자 일방이

소유하고 있던 부동산을 지급하게 됩니다. 이때 위자료 지급이라는 의
무의 소멸이라는 대가가 수반되기 때문에 부동산을 유상으로 이전하
는 개념으로 보아 양도소득세를 부과합니다. 이때 양도소득세 적용대
상은 부동산은 물론 해외주식이나 국내상장주식 대주주, 비상장주식
등도 포함됩니다(대법원 1989.06.27, 선고88누 10183판결).

취득세

위자료 지급에 따른 부동산 취득은 대물변제의 개념으로 보기 때문에
취득세가 발생하며, 증여와 동일한 취득세율인 3.5%가 적용됩니다.

며느리에게 지급한 시어머니 부동산!
아들에게 증여세가 부과되는 이유는?

**아들과 며느리가 이혼할 때 시어머니 소유 부동산을 며느리에게 증여한 경
우 세금문제**

남편을 대신해 시어머니가 며느리에게 이혼위자료로 부동산을 증
여한 경우에는 「상속세 및 증여세법」 제36조에 따라 남편이 그의
어머니로부터 그 부동산의 가액에 상당하는 위자료채무를 인수 또
는 변제받은 것으로서 남편에게 증여세가 과세됩니다(재산세과-453,
2012.12.20).

     합법적으로 덜 내는 부동산 절세법

위자료로 받은 부동산을 재결합 후 반환 시 증여세 과세문제

부부가 이혼하면서 위자료조로 부동산을 받았으나 재결합 후 부동산을 환원한 경우 증여세 과세됩니다(재삼46014-93, 1995.02.21).

재산분할 vs. 위자료로 취득한 부동산의 취득시기와 취득가액 비교해보기

이혼으로 취득한 부동산을 양도할 경우 취득시기와 취득가액에 따라 내가 납부해야 할 세금이 달라질 수 있습니다. 따라서 해당 부동산의 취득시기를 정확하게 아는 것이 중요합니다.

먼저 재산분할로 취득하는 부동산은 재산분할 전 기존 소유자의 취득시기와 취득가액을 그대로 가져옵니다. 즉, 소유권을 이전해준 당초 배우자가 취득한 날을 취득시기로 보아 취득가액과 보유기간에 따른 장특공을 적용해줍니다.

반면 위자료로 취득한 부동산의 취득시기는 소유권이전 등기접수일이 됩니다. 즉, 위자료 명목으로 재산을 취득한 경우에는 취득시점에 이혼한 배우사로부터 증여받은 것으로 보며, 취득가액 또한 증여일 현재의 시가를 취득가액으로 보아 장특공을 적용해줍니다.

이혼 시 적용되는 세금문제 요약

구분	세금	주는 사람	받는 사람
재산분할	증여세	-	-
	취득세	-	1.5%(특례세율)
	양도소득세	-	-
	취득시기	-	당초 배우자의 취득 시점
	취득가액	-	당초 배우자의 취득가액
위자료	증여세	-	-
	취득세	-	3.5%
	양도소득세	발생함	
	취득시기	-	소유권이전 등기접수일 (증여받은 날)
	취득가액	-	대물변제된 가액 (증여받은 날 현재시가)

합법적으로 덜 내는 부동산 절세법

가족법인 활용 시
반드시 알아야 할 세금 이슈

수익형 부동산인 상가를 구입할 경우 개인공동사업자 명의로 할 수도 있고, 법인 명의로 구입할 수도 있습니다. 최근 가족법인을 설립해서 법인 명의로 부동산을 구입하고자 하는 문의가 많아지고 있습니다. 가족법인에는 어떤 장점이 있어서 관심을 갖는지, 그리고 주의해야 할 사항은 없는지 살펴보도록 하겠습니다.

저는 40대 가장으로 현재 운영하는 사업체도 안정적인 매출이 나오고 있습니다. 투자도 잘해서 제 명의 상가도 있는 상황이라, 이제 추가로 투자(금융자산, 부동산 등)를 하면 소득세 42%(5억 원 초과~10억 원 이하)와 건강보험료 8% 등 거의 50% 이상이 세금이 부과되는 상황이라

고민이 많습니다. 또 향후 증여하면 또 30% 이상의 증여세를 납부해야 하는데, 좋은 방법이 없을까요?

가족법인의 장점

자금출처확보가 용이

부, 모, 아들, 딸(자녀는 모두 성인) 4인으로 구성된 가족이 50억 원의 상가를 구입한다고 가정해보겠습니다. 향후 미래가치가 유망해서 자녀의 지분을 더 많이 설정하고 싶습니다(지분율: 부와 모 각각 20%, 아들과 딸 각각 30%씩).

지분율이 정해졌다면 각자 자기 지분에 해당하는 자금출처를 확보해야 합니다. 대출 20억 원을 받는다고 했을 때, 개인 명의로 투자할 경우 자녀들은 각각 30%의 지분에 해당하는 9억 원의 자금이 필요합니다. 9억 원을 부모로부터 증여받으면 해결될까요? 9억 원에 대한 증여세는 약 1억 9천만 원이고, 증여세는 수증자가 내야 하기 때문에 더 많은 자금을 증여받아야 하고 더 많은 세금을 납부해야만 합니다.

하지만 가족법인을 활용하면 전체 상가구입자금이 아닌 주식에 대한 자금출처만 준비하면 되기 때문에 부담이 많이 줄어듭니다. 예를 들어 자본금 1억 원짜리 법인을 만든다면, 자녀는 30% 지분에 해당하는 3천만 원의 자본금만 마련하면 되고, 성인인 자녀에게 5천만 원까지는 세금 없이 줄 수 있기 때문에 개인 명의일 때보다 자금출처확보가 용이합니다.

합법적으로 덜 내는 부동산 절세법

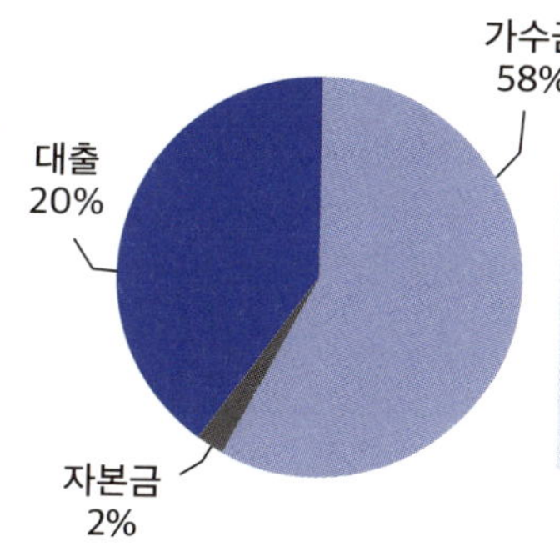

종합소득세와 건강보험료 절세 가능

맞벌이 부부이고 이들이 고소득자라면 개인명의로 상가 구입 시 상가의 임대소득을 각각 본인의 다른 소득과 합산해야 하기 때문에 세 부담이 증가합니다. 부부 모두 소득세 최고세율구간이라면 49.5%를 세금으로 납부해야 하며, 이렇게 소득이 많아진다면 건강보험료 납부 금액도 증가하게 되죠. 하지만 법인 명의로 구입하는 경우 상가 임대소득은 법인의 소득이 됩니다. 따라서 법인으로부터 개인이 급여나 배당을 받지 않는 한 개인의 추가 소득은 발생하지 않기 때문에 건강보험료는 추가로 발생하지 않습니다.

개인의 소득시기 조절이 가능

개인 공동명의사업자로 상가를 구입하는 경우 매년 발생하는 임대소득에 대한 소득세를 피해갈 수 없습니다. 다만 법인에 쌓인 상가 임대수익금은 배당이라는 절차를 통해 개인에게 귀속되기 때문에, 주주가 원하는 시기에 배당함으로써 개인의 소득세 조절이 가능합니다. 맞벌이 부부가 현재 고소득자라면 법인의 배당금을 은퇴 후로 이월시킨다면 종합소득세 절세도 가능할 수 있습니다.

가족법인 활용법

대표이사의 가수금 활용 가능

가족법인의 최대 장점은 소득이 없거나 미미한 자녀를 주주로 구성할 수 있다는 점과 대표이사(주로 부모)의 가수금을 활용할 수 있다는 점입니다. 개인이 특수관계에 있는 법인에게 금전을 빌린다면 원칙적으로 법인도 특수관계에 있는 개인에게 4.6%의 이자를 지급해야 합니다.

다만 무상 또는 적정 이자율보다 낮은 이자율로 대여하는 경우, 법인 입장에서는 지급하지 않은 이자만큼 법인세를 납부하기 때문에 세법적으로 문제는 없지만, 주주 입장에서는 이야기가 다릅니다. 특수관계에 있는 법인의 주주라면 다음의 금액을 증여받은 것으로 보아 증여세 과세문제가 발생합니다.

증여재산가액 = 대여금액 × (4.6% - 실제 이자율) × (1 - 법인세율) × 주식비율

이때 무조건 증여로 보는 것이 아니라 이렇게 계산하여 법인의 각각의 주주가 얻은 이익이 연간 1억 원 이상이 되는 경우에만 증여로 보아 과세하게 되어 있습니다. 따라서 법인에게 대출금 20억 원을 제외한 29억 원을 무이자로 빌려주더라도 자녀들이 받는 이익이 연간

합법적으로 덜 내는 부동산 절세법

1억 원 이상이 되지 않기 때문에 증여에 해당하지 않습니다.

자녀의 합법적인 자금출처마련 용이

앞에서 설명한 바와 같이 가족법인을 활용하면 자녀들은 자본금 3천만 원으로 50억 원 상가의 30% 지분을 소유할 수 있고, 이에 따른 배당이나 상가양도에 따른 시세차익을 지분율만큼 누릴 수 있습니다.

예를 들어 50억 원에 구입한 상가를 60억 원에 양도했다고 가정해볼까요? 양도차익은 10억 원, 법인세로 약 2억 원(성실신고 소규모법인에 해당하여 법인세율 19%부터 시작)을 납부하고 나면 법인의 순이익은 8억 원이 되며, 법인 주주의 지분율대로 자녀가 배당을 받는다면 약 2억 4천만 원의 (세전)배당소득이 발생합니다. 이렇게 자본금 3천만 원으로 얻은 2억 4천만 원의 소득은 추후 자녀가 합법적으로 활용할 수 있는 자금이 됩니다.

가족법인 활용 시 주의해야 할 점

가족법인 설립 후 가수금 활용 시 주의해야 할 사항이 하나 있습니다. 최근 피상속인이 특수관계법인에 금전을 무상대여 후 5년 내 상속이 개시되었을 때, 해당 법인을 상속인이 아닌 자에게 사전증여한 것으로 보아 과세하는 사례가 나오고 있습니다. 또한 가족기업을 둘러싼 편법 증여 이슈는 계속 발생하고 있으며, 이로 인해 세무조사를 받는다는 기사 또한 쉽게 접할 수 있습니다. 특히 유명 연예인이나 유튜브 크리

에이터 등 고소득자 중 일부가 가족법인을 활용한 편법증여 및 탈세 이슈로 사회적인 문제가 되기도 하는 만큼, 가족법인을 고려한다면 세무전문가와 전반적인 세금 검토를 해보고 실행해야 할 것입니다.

피상속인이 특수관계법인에 금전을 무상대여한 것과 관련하여 위 무상대출에 따른 증여이익을 피상속인이 상속인이 아닌 자에게 사전증여한 것으로 보고 상속재산가액에 가산한 처분의 당부

「상증법」 제13조 제1항 제2호는 '상속인이 아닌 자'의 범위를 한정하고 있지 아니하고 금전무상대여이익은 합산배제증여재산으로 규정하고 있지 않으며, 상속재산에 합산하더라도 청구인이 추가로 부담할 세액은 합산과세에 따른 누진세율 상당액에 불과한 점 등에 비추어 이 건 처분에 잘못이 없음(★조심2023서9363, 2023.11.23)

「상증법」 제43조 제1항은 하나의 증여에 대하여 둘 이상 동시에 적용되는 경우에는 그중 이익이 가장 많게 계산되는 것 하나만을 적용하도록 규정하고 있고 「상증법」 제13조 제1항 제2호는 상속인이 아닌 자의 범위를 한정하고 있지 않고 영리법인을 제외한다는 취지를 규정하고 있지 않는 점 등에 비추어 금전무상대여이익을 사전증여재산으로 보아 합산한 처분은 잘못이 없음(★조심2022서2030, 2022.09.07)

합법적으로 덜 내는 부동산 절세법

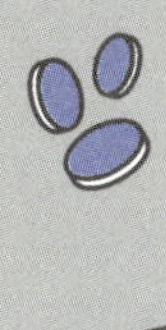

합법적으로 덜 내는 부동산 절세법

초판 1쇄 발행 2026년 4월 14일

지은이 | 이환주
펴낸곳 | 원앤원북스
펴낸이 | 오운영
경영총괄 | 박종명
기획편집 | 최윤정 김형욱 이광민
디자인 | 이영재
기획마케팅 | 문준영 김연아 박미애
디지털콘텐츠 | 안태정
등록번호 | 제2018-000146호(2018년 1월 23일)
주소 | 04091 서울시 마포구 토정로 222 한국출판콘텐츠센터 319호(신수동)
전화 | (02)719-7735   팩스 | (02)719-7736
이메일 | onobooks2018@naver.com   블로그 | blog.naver.com/onobooks2018

값 | 24,000원
ISBN 979-11-7043-745-1 03320